Bon

D0827646

Verbum caro factum est
et habitavit in nobis (Jo 1, 14)

cum benedictione

Joannes Paulus II pp.

XV mundialis Dies Juventutis
Romae, 15 - 20. VIII. 2000

IL VANGELO SECONDO MARCO
THE GOSPEL ACCORDING TO MARK
EL EVANGELIO SEGÚN SAN MARCOS
ÉVANGILE SELON MARC
EWANGELIA WEDŁUG ŚW. MARKA

Traduzione interconfessionale
in lingua corrente

Interconfessional
common language translation

**Comitato Italiano per la XV Giornata
Mondiale della Gioventù**

Questo volume è stato realizzato dalla Società Biblica Britannica & Forestiera insieme alla Società Biblica in Italia a nome dell'Alleanza Biblica Universale (United Bible Societies). L'Alleanza Biblica Universale (ABU) è un'organizzazione interconfessionale che coordina il lavoro delle Società Bibliche in 150 stati del mondo. Lo scopo è quello di fornire a ogni persona una Bibbia (o parte di essa) in una lingua che possa essere capita e a un prezzo accessibile. Per questo l'ABU compie un lavoro continuo di traduzione, stampa e diffusione del testo biblico. La Bibbia (o parte di essa) è oggi tradotta in oltre 2.200 lingue; l'ABU distribuisce circa 500 milioni di testi l'anno.

This booklet has been published by the Bible Society in Italy together with the Italian agency of the British & Foreign Bible Society on behalf of the United Bible Societies. The United Bible Societies (UBS) is a world interconfessional fellowship of 150 Bible Societies whose common purpose is the widest possible effective distribution of the Holy Scriptures in a comprehensible language and at an affordable price. For this reason the UBS is continually translating, printing and distributing the Biblical text. The Bible (or portion) is translated till today in over 2.200 languages; the UBS distributes about 500 millions texts every year.

Società Biblica in Italia / Società Biblica Britannica & Forestiera
Via Quattro Novembre 107, 00187 Roma
telefono 06.699.41.416 – fax 06.699.41.702
sito internet: www.societabiblica.it – e-mail: info@societabiblica.it

Questa edizione / This edition
© 2000 Società Biblica Britannica & Forestiera, Roma

Copertina / Cover
Elaborazione di Daniele Barletta da «La Chiamata di Levi» del Caravaggio,
San Luigi dei Francesi, Roma
Elaborated by Daniele Barletta from Caravaggio's painting «Levi's Call»,
San Luigi dei Francesi, Rome   matthew
Illustrazione originale / Original illustration
© Foto Scala, Firenze
Fotocomposizione / Typeset by
Typo, Viale delle Province 2, Roma

Stampato nel maggio 2000 da / Printed in May 2000 by
LegoPrint spa, Lavis (Trento)

ISBN 88-237-3404 X

IL VANGELO
SECONDO MARCO

Il Vangelo secondo Marco
Testo italiano da: «Parola del Signore, il Nuovo Testamento.
Traduzione interconfessionale in lingua corrente»

© 2000 Editrice Elle Di Ci, Leumann
Alleanza Biblica Universale/United Bible Societies,
Società Biblica Britannica e Forestiera, Roma
www.elledici.org – www.societabiblica.it

Il testo finale di questa traduzione è stato approvato
dall'Alleanza Biblica Universale (United Bible Societies)
e, da parte cattolica, dalla Conferenza Episcopale Italiana.

INTRODUZIONE

He read this to me in Italian. He was beautiful and his nunciation was beautiful.

Come conoscere Gesù? Come incontrarlo? Chi ne ha sentito parlare, soprattutto chi ha accolto l'annuncio di lui come Salvatore di tutti, non può fare a meno di porsi queste domande. La risposta viene dai testimoni della sua vita, da chi lo ha seguito fin dal principio.

DISCEPOLI DI GESÙ,
TESTIMONI E ANNUNCIATORI DEL VANGELO

Gesù aveva chiamato dei discepoli a seguirlo: Pietro, Andrea, Giovanni...; aveva vissuto con loro, insegnando alle folle e compiendo miracoli, aiutando i discepoli a capire la sua missione, i conflitti cui andava incontro. Essi lo avevano visto morire su una croce, affidato liberamente e totalmente alla volontà del Padre. Dopo l'amara esperienza della croce egli non spezzò il suo legame con loro: anzi, si mostrò risorto, vivo, ed essi lo riconobbero nella fede quale Signore e Figlio di Dio. Questo evento, che trasformava la loro vita, doveva essere annunciato come «vangelo», cioè «buona notizia», a tutti gli uomini. Animati dallo Spirito, presero perciò a proclamare che Dio aveva risuscitato Gesù dai morti e lo aveva costituito Messia e Signore e invitavano tutti a convertirsi e a credere in lui.

In questa attività missionaria, come pure celebrando il Battesimo o l'Eucaristia, nelle assemblee di preghiera e nella catechesi dei primi cristiani, prese forma la memoria degli insegnamenti di Gesù, dei racconti dei suoi miracoli, dei suoi gesti di misericordia, della sua passione e delle esperienze pasquali, con la preoccupazione di rendere queste parole ed eventi continuamente attuali per le diverse situazioni delle comunità.

A queste tradizioni attinsero gli evangelisti; così sono nati i quattro vangeli, che la Chiesa riconosce come testimonianze autentiche della vicenda di Gesù Cristo e della fede in lui: Vangelo secondo Matteo, secondo Marco, secondo Luca e secondo Giovanni.

IL VANGELO SECONDO MARCO

Il secondo di questi libretti è quello che hai tra le mani. Sarai curioso di sapere da chi, quando e per chi è stato scritto. La tradizione antica ci dice che l'autore è Marco, presentato come l'«interprete», oggi diremmo il segretario, di Pietro. Si ritiene che verso l'anno 70, dopo il martirio di Pietro, Marco abbia riportato nel suo Vangelo, destinato alla comunità cristiana di Roma, la memoria della predicazione dell'apostolo.

C'è un'altra domanda importante per noi, se vogliamo davvero capire quanto è contenuto in queste pagine: perché Marco ha scritto il suo Vangelo? Convinto che la fede cristiana ha il suo centro nella morte e risurrezione di Gesù, egli ha ritenuto che questi avvenimenti non potessero essere compresi se non ripercorrendo il cammino fin dagli inizi, cioè da quando Gesù aveva cominciato a proclamare la venuta del regno di Dio. Con il suo Vangelo Marco ha voluto così offrire a dei cristiani da poco venuti alla fede, animati da un forte impegno missionario ma esposti anche a tribolazioni e persecuzioni, uno strumento per comprendere e accogliere il mistero di Gesù e cosa comporta aver accettato di seguirlo.

Il Vangelo di Marco viene chiamato «vangelo del cate-
cumeno», ossia di colui che fa un cammino di fede che
lo porta ad essere integralmente e consapevolmente cristiano. «Come si diventa cristiani» è una domanda che
certo interessa anche te: nel secondo Vangelo potrai trovare un progetto di fede e di vita ben articolato per il tuo
cammino.

IL VANGELO DI GESÙ MESSIA,
FIGLIO DI DIO CROCIFISSO

Per leggere un libro è utile guardarne l'indice, sapere cioè
come l'autore ne ha disposto la materia. I vangeli non
hanno indici; possiamo però ricostruirli. Nel caso di Marco, egli stesso ci ha offerto un indizio, aprendo la narrazione con la solenne proclamazione di «Gesù, Cristo, Figlio di Dio» (Mc 1,1): il suo libro vuole introdurci alla sco-
perta di Gesù come «Messia» e come «Figlio di Dio». Pro-
viamo a individuare gli elementi principali di questo cammino in due tempi.

La prima parte del Vangelo (Mc 1,2–8,30) culmina là
dove Pietro, a nome dei discepoli, dice a Gesù: «Tu sei il
Cristo» (Mc 8,29). Vi si giunge al termine di un percorso
segnato da continue domande sull'opera e sull'identità di
Gesù, che ci coinvolge in un clima di meraviglia e di in-
terrogazione sul mistero della sua persona. Dopo una breve introduzione (Mc 1,2-13), si inizia con la proclamazione del vangelo in Galilea e la risposta dei primi discepoli,
a cui fa da contrappunto la contestazione dell'autorità di
Gesù, il rifiuto della sua «novità» (Mc 1,14–3,6). Fa seguito la scelta dei Dodici e la costituzione del gruppo dei discepoli, che sono, in contrapposizione agli increduli, la
vera «famiglia» di Gesù, a cui è riservata una particolare

formazione (Mc 3,7–6,6a). Poi Gesù si manifesta come colui che, attraverso il dono del pane eucaristico, raccoglie il popolo di Dio; ai discepoli che non comprendono, egli apre gli occhi della fede, perché finalmente possano riconoscerlo come «Messia» (Mc 6,6b–9,21).

Nella seconda parte del Vangelo (Mc 8,31–16,15) Gesù si presenta ai discepoli come il «Figlio dell'uomo» rifiutato e ucciso. Siamo sollecitati all'ascolto e alla contemplazione, per comprendere nello scandalo di Gesù crocifisso la rivelazione di lui come «Figlio di Dio» e la suprema manifestazione dell'amore di Dio. È un cammino che prende avvio sulla strada verso Gerusalemme, in cui Gesù, nell'incomprensione dei discepoli, predice la sua passione e risurrezione e li istruisce sulle condizioni per seguirlo (Mc 8,31–10,52). Giunto a Gerusalemme, Gesù si confronta con i suoi avversari sui temi della sua identità di Messia e di Figlio di Dio e parla degli ultimi tempi (Mc 11–13). Nella narrazione della passione Gesù appare come Messia condannato e rinnegato, come Re dei giudei rifiutato e deriso e, infine, come Crocifisso Figlio di Dio (Mc 14,1–15,39). Al vertice del vangelo Marco pone la professione di fede di un centurione, rappresentante dei pagani che hanno accolto il vangelo: «Davvero quest'uomo era Figlio di Dio» (Mc 15,39). Un breve epilogo ci conduce dalla contemplazione del Crocifisso all'annuncio del Risorto (Mc 15,40–16,20).

CHIAMATI AD ESSERE DISCEPOLI

Il Vangelo di Marco ci invita ad entrare in una relazione personale con Gesù e a condividerne il destino: è il vangelo del discepolato. Ci guidano su questo cammino i discepoli, assieme ad altri personaggi minori.

Possiamo rispecchiarci nella chiamata dei primi discepoli e vedervi gli inizi della nostra esistenza cristiana (Mc
1,16-20). Comprendiamo che, stando al seguito di Gesù,
possiamo essere coinvolti nella critica e nel rifiuto da parte di chi non riconosce i segni di liberazione, di perdono
e di valorizzazione della vita umana che egli opera (Mc
2,1–3,6). È però gioioso per noi sentirci parte della sua
«famiglia» (Mc 3,31-35). Ed è consolante che il Signore,
nonostante le nostre fatiche e resistenze, continui ad of-
frirci nella comunità cristiana la spiegazione della sua parola, per aiutarci a comprendere e a maturare nella fede
(Mc 4,13-20.34; 7,17-23).

Ma è faticoso entrare nella mentalità del regno di Dio:
occorre perciò che ci impegniamo seriamente nell'ascolto della Parola perché la fede non si spenga. La fede può
infatti venir meno nelle tempeste della vita, se non rico-
nosciamo in Gesù risorto colui che può salvare dal male
e dalla morte (Mc 4). Soprattutto è difficile per noi accet-
tare che il Messia debba andare incontro a un cammino di
sofferenza e di morte nel dono totale di sé e che questa sia
anche la strada che si apre per chi vuole essere suo discepolo (Mc 8,31-38). La fatica dei discepoli nell'aprirsi a
una fede matura e soprattutto il loro rifiuto del cammino
della croce ci segnalano le difficoltà che sperimenta la vita cristiana e ci ammoniscono a un impegno più risoluto
per restare fedeli alla sequela di Gesù.

Quando i discepoli vengono meno, Marco presenta al
lettore dei personaggi minori che, come meteore, appaio-
no e scompaiono nel racconto evangelico, ma la cui luce
ci orienta nell'impegno al seguito di Gesù. Ricordiamone
alcuni. Il lebbroso guarito e l'uomo di Gerasa liberato dai
demoni sono per noi modelli di azione missionaria mentre proclamano quanto Gesù ha fatto per loro (Mc 1,40-

45; 5,1-20). Un esempio è anche il cieco Bartimeo che, recuperata la vista della fede, trova il coraggio di seguire il Maestro sulla strada della croce (Mc 10,46-52). Infine, durante la passione, le donne diventano la figura esemplare dei discepoli: esse, che hanno seguito fedelmente Gesù fin dalla Galilea, ora lo contemplano sulla croce, osservano il luogo della sepoltura e, recatesi alla tomba, ricevono l'annuncio della sua risurrezione (Mc 15,40–16,8). Il loro silenzio meditativo è un invito alla contemplazione orante, che permette di colmare nella fede la distanza tra la mentalità di morte che segna l'esperienza umana e l'orizzonte di vita del Dio che ha risuscitato Gesù, di ripensare la storia di Gesù alla luce della sua risurrezione e di cogliere in essa le possibilità di esistenza nuova che si aprono per chi crede. Allora sarà possibile rompere il silenzio per annunciare e testimoniare a tutti che Gesù è la fonte della vita.

COME LEGGERE IL VANGELO

Il Vangelo di Marco che ci viene affidato chiede ora di essere letto. Leggiamolo con semplicità dall'inizio alla fine e con questa convinzione: «Vado a conoscere chi è veramente Gesù e come posso rispondere a lui che mi chiama a essere suo discepolo». Cogliamo quello che di volta in volta rivela alla nostra intelligenza e al nostro cuore. Vi troveremo una guida per il nostro itinerario, speranza e forza per affrontare ogni giorno la vita, anche le situazioni più difficili.

«Man mano che ti inoltrerai nell'affascinante storia di Gesù di Nazaret, scoprirai che egli non è un personaggio del passato. Le sue parole sono la parola di Dio che anche oggi può illuminare il cammino della tua vita; i suoi gesti sono il segno dell'amore forte e paziente del Padre celeste nei tuoi confronti. Così, passo passo, giungerai a credere e a professare con consapevolezza sempre più chiara e gioiosa che Dio ti ama, Cristo è venuto per te. Per te Cristo è via, verità e vita» (Giovanni Paolo II).

«Questo è l'Inizio del Vangelo di Gesù Cristo Figlio di Dio»: sono le prime parole del Vangelo di Marco. E in realtà il vangelo di Gesù è stato all'inizio, come fondamento, dei primi due millenni della nostra storia. Esso ti viene consegnato oggi nella XV Giornata Mondiale della Gioventù perché, con la tua generosa testimonianza, costituisca per te e per le nuove generazioni l'inizio, il fondamento per il terzo millennio.

IL VANGELO SECONDO MARCO

Giovanni il Battezzatore predica nel deserto

1 Questo è l'inizio del Vangelo, il lieto messaggio di Gesù, che è il Cristo e il Figlio di Dio. ²Nel libro del profeta Isaia, Dio dice:

Io mando il mio messaggero davanti a te
a preparare la tua strada.
³ *È una voce che grida nel deserto:*
preparate la via per il Signore,
spianate i suoi sentieri!

⁴Ed ecco, come aveva scritto il profeta, un giorno Giovanni il Battezzatore venne nel deserto e cominciò a dire: «Cambiate vita, fatevi battezzare e Dio perdonerà i vostri peccati!».

⁵La gente andava da lui: venivano da Gerusalemme e da tutta la regione della Giudea, confessavano pubblicamente i loro peccati ed egli li battezzava nel fiume Giordano.

⁶Giovanni aveva un vestito fatto di peli di cammello e portava attorno ai fianchi una cintura di cuoio; mangiava cavallette e miele selvatico. ⁷Alla folla egli annunziava: «Dopo di me sta per venire colui che è più potente di me; io non sono degno nemmeno di abbassarmi a slacciargli i sandali. ⁸Io vi battezzo soltanto con acqua, lui invece vi battezzerà con lo Spirito Santo».

Il battesimo di Gesù

⁹ In quei giorni, da Nàzaret, un villaggio della Galilea, arrivò anche Gesù e si fece battezzare da Giovanni nel fiume. ¹⁰ Mentre usciva dall'acqua, Gesù vide il cielo spalancarsi e lo Spirito Santo scendere su di lui come una colomba. ¹¹ Allora dal cielo venne una voce: «Tu sei il Figlio mio, che io amo. Io ti ho mandato».

Le tentazioni di Gesù

¹² Subito dopo, lo Spirito di Dio spinse Gesù nel deserto. ¹³ Là, egli rimase quaranta giorni, mentre Satana lo assaliva con le sue tentazioni. Viveva tra le bestie selvatiche e gli angeli lo servivano.

Gesù inizia la sua missione in Galilea

¹⁴ Poi Giovanni il Battezzatore fu arrestato e messo in prigione. Allora Gesù andò nella regione della Galilea e cominciò a proclamare il Vangelo, il lieto messaggio di Dio. ¹⁵ Egli diceva: «Il tempo della salvezza è venuto: il regno di Dio è vicino. Cambiate vita e credete in questo lieto messaggio!».

Gesù chiama i primi discepoli: quattro pescatori

¹⁶ Un giorno, mentre Gesù camminava lungo la riva del lago di Galilea, vide due pescatori che gettavano le reti: erano Simone e suo fratello Andrea. ¹⁷ Egli disse loro: «Venite con me, vi farò diventare pescatori di uomini».

¹⁸ Essi abbandonarono subito le reti e lo seguirono. ¹⁹ Poco più avanti, Gesù vide i due figli di Zebedèo: Giacomo e suo fratello Giovanni che stavano sulla barca e riparavano le reti. ²⁰ Appena li vide, li chiamò. Essi lasciarono il padre nella barca con gli aiutanti e seguirono Gesù.

Gesù insegna e agisce con autorità

²¹ Giunsero intanto alla città di Cafàrnao e quando fu sabato Gesù entrò nella sinagoga e si mise a insegnare. ²² La gente che ascoltava era meravigliata del suo insegnamento: Gesù era diverso dai maestri della Legge, perché insegnava loro come uno che ha piena autorità.

²³ In quella sinagoga c'era anche un uomo tormentato da uno spirito maligno. Costui improvvisamente si mise a gridare:

²⁴ «Che vuoi da noi, Gesù di Nàzaret? Sei forse venuto a rovinarci? Io so chi sei: tu sei mandato da Dio».

²⁵ Ma Gesù gli ordinò severamente:

«Taci ed esci da quest'uomo!».

²⁶ Allora lo spirito maligno scosse con violenza quell'uomo, poi, urlando, uscì da lui.

²⁷ Tutti i presenti rimasero sbalorditi e si chiedevano l'un l'altro: «Che succede? Questo è un insegnamento nuovo, dato con autorità. Costui comanda perfino agli spiriti maligni ed essi gli ubbidiscono!».

²⁸ Ben presto la sua fama si diffuse nella regione della Galilea e tutti sentirono parlare di Gesù.

Gesù guarisce la suocera di Pietro e molti altri

²⁹ Subito dopo, uscirono dalla sinagoga e andarono a casa di Simone e di Andrea, insieme con Giacomo e Giovanni. ³⁰ La suocera di Simone era a letto, colpita dalla febbre. Appena entrati, parlarono di lei a Gesù. ³¹ Egli si avvicinò alla donna, la prese per mano e la fece alzare. La febbre sparì ed essa si mise a servirli.

³² Verso sera dopo il tramonto del sole, la gente portò a Gesù tutti quelli che erano malati e posseduti dal demonio.

[33] Tutti gli abitanti della città si erano radunati davanti alla porta della casa. [34] Gesù guarì molti di loro che soffrivano di varie malattie e scacciò molti demoni. E poiché i demoni sapevano chi era Gesù, egli non li lasciava parlare.

Gesù predica in tutta la Galilea

[35] Il giorno dopo Gesù si alzò molto presto, quando ancora era notte fonda, e uscì fuori. Se ne andò in un luogo isolato, e là si mise a pregare. [36] Ma Simone e i suoi compagni si misero a cercarlo, [37] e quando lo trovarono gli dissero: «Tutti ti cercano!».

[38] Gesù rispose:

«Andiamo da un'altra parte, nei villaggi vicini, perché voglio portare il mio messaggio anche là. Per questo infatti ho lasciato Cafàrnao».

[39] Viaggiò così per tutta la Galilea predicando nelle sinagoghe e scacciando i demoni.

Gesù guarisce un lebbroso

[40] Un lebbroso venne verso Gesù, si buttò in ginocchio e gli chiese di aiutarlo. Diceva:

«Se vuoi, tu puoi guarirmi».

[41] Gesù ebbe compassione di lui, lo toccò con la mano e gli disse:

«Sì, lo voglio: guarisci!».

[42] E subito la lebbra sparì e quell'uomo si trovò guarito.

[43] Allora Gesù gli parlò severamente e lo mandò via dicendo:

[44] «Ascolta! Non dir niente a nessuno di quel che ti è capitato. Va' invece dal sacerdote e fatti vedere da lui; poi offri per la tua guarigione quello che Mosè ha stabilito nella Legge. Così avranno una prova».

[45] Quell'uomo se ne andò, ma subito cominciò a raccontare quello che gli era capitato. Così la notizia si diffuse, tanto che Gesù non poteva più entrare pubblicamente in una città. Se ne stava allora fuori, in luoghi isolati; ma la gente veniva ugualmente da lui da ogni parte.

Gesù guarisce e può perdonare i peccati

2 Qualche giorno dopo Gesù tornò in città, a Cafàrnao, e si sparse la voce che egli si trovava in casa. [2] Allora venne tanta gente che non c'era più posto per nessuno, nemmeno di fronte alla porta. Gesù parlava alla folla e presentava il suo messaggio.

[3] Vennero anche alcune persone che accompagnavano un paralitico, portato in barella da quattro di loro; [4] ma non riuscivano ad arrivare fino a Gesù a causa della folla. Allora scoperchiarono il tetto della casa proprio dove si trovava Gesù; poi, di lassù, fecero scendere la barella con sopra sdraiato il paralitico.

[5] Quando Gesù vide la fede di quelle persone disse al paralitico: «Figlio mio, i tuoi peccati sono perdonati».

[6] Erano presenti alcuni maestri della Legge. Se ne stavano seduti e pensavano: [7] «Perché costui osa parlare in questo modo? Egli bestemmia! Solamente Dio può perdonare i peccati!».

[8] Ma Gesù conobbe subito i loro pensieri e disse: «Perché ragionate così dentro di voi? [9] È più facile dire al paralitico: Ti sono perdonati i tuoi peccati, oppure dire: Alzati, prendi la tua barella e cammina? [10] Ebbene, io vi farò vedere che il Figlio dell'uomo ha sulla terra il potere di perdonare i peccati».

Poi si voltò verso il paralitico e gli disse:

[11] «Dico a te: alzati, prendi la tua barella e va' a casa tua!».

[12] Mentre tutti lo guardavano, l'uomo si alzò, prese la sua barella e se ne andò via subito.

Il fatto riempì tutti di stupore. E lodavano Dio e dicevano: «Non abbiamo mai visto una cosa del genere!».

Gesù chiama Levi

[13] Poi Gesù tornò presso la riva del lago. Tutta la folla gli andava dietro ed egli continuava a insegnare. [14] Passando, vide un certo Levi, figlio di Alfeo, che stava seduto dietro il banco delle tasse. Gesù gli disse: «Vieni con me». Quello si alzò e cominciò a seguirlo.

[15] Più tardi Gesù si trovava in casa di Levi a mangiare. Con lui e con i suoi discepoli c'erano molti agenti delle tasse e altre persone di cattiva reputazione. Molta di questa gente infatti andava con Gesù. [16] Alcuni maestri della Legge, i quali erano del gruppo dei farisei, videro che Gesù era a tavola con persone di quel genere. Allora dissero ai suoi discepoli: «Perché mangia con quelli delle tasse e con gente di cattiva reputazione?».

[17] Gesù sentì le loro parole e rispose:

«Le persone sane non hanno bisogno del medico; ne hanno bisogno invece i malati. Io non sono venuto a chiamare quelli che si credono giusti, ma quelli che si sentono peccatori».

La questione del digiuno. Il nuovo e il vecchio

[18] Un giorno i discepoli di Giovanni il Battezzatore e i farisei stavano facendo digiuno. Alcuni vennero da Gesù e gli domandarono:

«Perché i discepoli di Giovanni e i discepoli dei farisei fanno digiuno, i tuoi discepoli invece non lo fanno?».

[19] Gesù rispose:

«Vi pare possibile che gli invitati a un banchetto di nozze se ne stiano senza mangiare mentre lo sposo è con loro? No. Per tutto il tempo che lo sposo è con loro, non possono digiunare. [20] Verrà più tardi il tempo in cui lo sposo gli sarà portato via, e allora faranno digiuno.

«[21] Nessuno rattoppa un vestito vecchio con un pezzo di stoffa nuova, altrimenti la stoffa nuova strappa via anche parte del tessuto vecchio e fa un danno peggiore di prima. [22] E nessuno mette vino nuovo in otri vecchi, altrimenti il vino li fa scoppiare e così si perdono e il vino e gli otri. Invece, per vino nuovo ci vogliono otri nuovi».

La questione del sabato

[23] Un giorno che era sabato Gesù stava passando attraverso alcuni campi di grano. Mentre camminavano, i suoi discepoli si misero a cogliere spighe. [24] I farisei allora dissero a Gesù: «Guarda! Perché i tuoi discepoli fanno ciò che la nostra Legge non permette di fare nel giorno del riposo?».

[25] Gesù rispose:

«E voi non avete mai letto nella Bibbia quello che fece Davide un giorno che si trovò in difficoltà perché lui e i suoi avevano fame? [26] Accadde al tempo del sommo sacerdote Abiatàr: come sapete, Davide entrò nel Tempio e mangiò i pani che erano offerti a Dio. La nostra Legge dice che solamente i sacerdoti possono mangiare quei pani, eppure Davide li diede anche a quelli che erano con lui».

[27] Poi Gesù disse ancora:

«Il sabato è stato fatto per l'uomo, e non l'uomo per il sabato. [28] Per questo il Figlio dell'uomo è padrone anche del sabato».

Gesù guarisce un uomo in giorno di sabato

3 Un'altra volta Gesù entrò di nuovo in una sinagoga. Là, si trovava un uomo che aveva una mano paralizzata. [2] Alcuni dei presenti stavano a vedere se Gesù lo guariva in giorno di sabato, perché poi volevano denunziarlo.

[3] Gesù disse all'uomo che aveva la mano malata: «Vieni qui, in mezzo a tutti».

[4] Rivolto poi agli altri chiese:

«Che cosa è permesso fare in un giorno di sabato? Fare del bene o fare del male? Salvare la vita di un uomo o lasciarlo morire?».

Ma essi non rispondevano.

[5] Gesù allora li guardò con sdegno. Era molto triste per l'ostinazione dei loro cuori. Disse poi all'uomo malato: «Dammi la mano!».

Quello gliela diede e la sua mano ritornò perfettamente sana.

[6] Ma i farisei uscirono dalla sinagoga e subito fecero una riunione con quelli del partito di Erode per decidere come far morire Gesù.

Gesù e la folla

[7] Gesù si ritirò con i suoi discepoli verso il lago di Galilea e una grande folla lo seguì. Venivano dalla Galilea, dalla regione della Giudea, [8] da Gerusalemme, dall'Idumea, dai territori che sono al di là del fiume Giordano e dalle zone attorno alle città di Tiro e di Sidone. Era una gran folla di gente che aveva sentito raccontare quel che Gesù faceva e per questo veniva da lui. [9] Allora Gesù disse ai suoi discepoli di preparargli una piccola barca, per non essere schiaccia-

to dalla folla. ¹⁰Infatti, sapendo che egli aveva guarito molti malati, tutti quelli che avevano qualche male si spingevano fino a lui per poterlo toccare.

¹¹E quando gli spiriti maligni lo vedevano, si gettavano ai suoi piedi e gridavano: «Tu sei il Figlio di Dio». ¹²Ma Gesù ordinava loro severamente di non dire chi egli era.

Gesù sceglie i dodici apostoli

¹³Poi Gesù salì sopra un monte, chiamò vicino a sé alcuni che aveva scelto, ed essi andarono da lui. ¹⁴Questi erano dodici [ed egli li chiamò apostoli]. Li scelse perché stessero con lui, per mandarli a predicare ¹⁵e perché avessero il potere di scacciare i demoni. ¹⁶I Dodici erano: Simone che Gesù chiamò «Pietro», ¹⁷Giacomo e suo fratello Giovanni, che erano figli di Zebedèo – Gesù li chiamò anche «Boanèrghes», che significa «figli del tuono» – ¹⁸poi Andrea, Filippo, Bartolomeo, Matteo, Tommaso, Giacomo figlio di Alfeo, Taddeo, Simone che era del partito degli zeloti ¹⁹e Giuda Iscariota che poi fu il traditore di Gesù.

I parenti di Gesù

²⁰Gesù tornò in casa, ma si radunò di nuovo tanta folla che lui e i suoi discepoli non riuscivano più nemmeno a mangiare. ²¹Quando i suoi parenti vennero a sapere queste cose si mossero per andare a prenderlo, perché dicevano che era diventato pazzo.

Gesù e Satana

²²Certi maestri della Legge che erano venuti fin da Gerusalemme dicevano: «Beelzebùl, il diavolo, è dentro di lui. È

con l'aiuto del capo dei demoni che egli ha il potere di scacciare i demoni».

[23] Allora Gesù si rivolse alla gente e si mise a parlare servendosi di parabole: «Come è possibile che Satana scacci via Satana? [24] Se gli abitanti di una nazione si dividono e si combattono tra loro, quella nazione non può continuare a esistere. [25] Se in una famiglia manca l'accordo e ci si divide, quella famiglia non potrà più durare. [26] Se dunque Satana si mette contro se stesso e non è più unito, non può andare avanti: il suo potere è finito.

[27] «Nessuno può entrare nella casa di un uomo forte e rubare i suoi beni, se prima non riesce a legarlo; ma quando l'ha legato, può vuotargli la casa.

[28] «In verità, di una cosa vi assicuro: potranno essere perdonati tutti i peccati che gli uomini avranno commesso e tutte le bestemmie che diranno; [29] ma chi avrà bestemmiato contro lo Spirito Santo non sarà mai perdonato, perché ha commesso un peccato irreparabile».

[30] Gesù dichiarò tutto questo perché qualcuno aveva detto: «Uno spirito maligno è dentro di lui».

I veri parenti di Gesù

[31] La madre e i fratelli di Gesù erano venuti dove egli si trovava, ma erano rimasti fuori e lo avevano fatto chiamare. [32] In quel momento molta gente stava seduta attorno a Gesù. Gli dissero:

«Tua madre e i tuoi fratelli sono qui fuori e ti cercano».

[33] Gesù rispose loro:

«Chi è mia madre e chi sono i miei fratelli?».

[34] Poi si guardò attorno, e osservando la gente seduta in cerchio vicino a lui disse:

«Guardate: sono questi mia madre e i miei fratelli. [35] Chiunque fa la volontà di Dio, è mio fratello, mia sorella e mia madre».

La parabola del seminatore

4 Gesù si mise di nuovo a insegnare sulla riva del lago di Galilea. Attorno a lui si radunò una folla tanto grande che egli salì su una barca e si sedette. La barca era in acqua e tutta la gente se ne stava sulla sponda del lago.

[2] Gesù insegnava molte cose servendosi di parabole. Presentava il suo insegnamento dicendo:

[3] «Ascoltate! Un contadino andò a seminare. [4] Mentre seminava, una parte dei semi andò a cadere sulla strada: vennero gli uccelli e la mangiarono. [5] Una parte andò a finire su un terreno dove c'erano molte pietre e poca terra: i semi germogliarono subito perché la terra non era profonda; [6] ma il sole, quando si levò, bruciò le pianticelle ed esse seccarono, perché non avevano radici robuste. [7] Un'altra parte cadde in mezzo alle spine: crescendo, le spine soffocarono i germogli e non li lasciarono maturare.

[8] «Alcuni semi infine caddero in un terreno buono; i semi germogliarono, crebbero e diedero frutto: alcuni produssero trenta grani, altri sessanta, altri persino cento!».

[9] Alla fine Gesù aggiunse: «Chi ha orecchi, cerchi di capire!».

Perché Gesù usa le parabole

[10] Più tardi, quando la folla se ne fu andata, i dodici discepoli e quelli che stavano con Gesù gli fecero delle domande sulle parabole. [11] Egli disse: «A voi Dio fa comprendere

il segreto del suo regno; per gli altri, invece, tutto rimane sotto forma di parabola [12] perché, come dice la Bibbia:

> Guardano e guardano, ma non vedono;
> ascoltano e ascoltano, ma non capiscono.
> Altrimenti tornerebbero verso Dio
> e Dio perdonerebbe i loro peccati».

Gesù spiega la parabola del seminatore

[13] Poi Gesù disse: «Non capite questa parabola? Come potrete allora capire tutte le altre parabole?

[14] «Il contadino che semina è chi diffonde la parola di Dio. [15] I semi caduti sulla strada indicano quelle persone alle quali è annunziata la parola di Dio, ma quando l'ascoltano viene subito Satana e porta via la parola seminata dentro di loro.

[16] «I semi caduti dove c'erano molte pietre rappresentano quelle persone che, quando ascoltano la parola, l'accolgono con entusiasmo, [17] ma non hanno radici e non sono costanti: appena incontrano difficoltà o persecuzione a causa della parola di Dio, subito si lasciano andare.

[18] «I semi caduti tra le spine indicano altre persone ancora che ascoltano la parola, [19] ma poi si lasciano prendere dalle preoccupazioni di questo mondo, dai piaceri della ricchezza e da tante altre passioni: esse soffocano la parola di Dio, e così essa rimane senza frutto.

[20] «Infine, i semi caduti nel buon terreno indicano quelli che ascoltano la parola, l'accolgono e la fanno fruttificare molto: trenta, sessanta e cento volte di più».

La parabola della lampada

[21] E Gesù diceva: «Non si accende la lampada per poi metterla sotto un secchio o sotto il letto, ma piuttosto per met-

terla in alto. ²² Così tutto ciò che ora è nascosto sarà portato alla luce, tutto ciò che è segreto diventerà chiaro. ²³ Chi ha orecchi, cerchi di capire».

²⁴ Poi diceva ancora: «Fate bene attenzione a ciò che ascoltate. Quando Dio vi darà i suoi doni, userà la misura che usate voi, anzi vi darà anche di più. ²⁵ Chi ha molto riceverà ancor di più; ma a chi ha poco sarà portato via anche il poco che ha».

La parabola del seme che cresce da solo

²⁶ E Gesù diceva: «Il regno di Dio è come la semente che un uomo sparge nella terra. ²⁷ Ogni sera egli va a dormire e ogni mattina si alza. Intanto il seme germoglia e cresce, ed egli non sa affatto come ciò avviene. ²⁸ La terra, da sola, fa crescere il raccolto: prima un filo d'erba, poi la spiga e, nella spiga, il grano maturo. ²⁹ E quando il frutto è pronto subito l'uomo prende la falce perché è venuto il momento del raccolto».

La parabola del granello di senape

³⁰ E Gesù diceva: «A che cosa somiglia il regno di Dio? Con quale parabola ne parleremo? ³¹ Esso è simile a un granello di senape che, quando viene seminato nella terra, è il più piccolo di tutti i semi. ³² Ma poi, quando è stato seminato, cresce e diventa il più grande di tutte le piante dell'orto. E mette dei rami tanto grandi che gli uccelli del cielo possono fare il nido alla sua ombra».

Perché Gesù parla in parabole

³³ Così, con molte parabole di questo genere, Gesù parlava alla gente e annunziava il suo messaggio così come potevano capire. ³⁴ Con la gente non parlava mai senza parabole;

quando però si trovava solo con i suoi discepoli, spiegava loro ogni cosa.

Gesù calma una tempesta

[35] La sera di quello stesso giorno Gesù disse ai suoi discepoli: «Andiamo all'altra riva del lago». [36] Essi lasciarono la folla e portarono Gesù con la barca nella quale già si trovava. Anche altre barche lo accompagnarono.

[37] A un certo punto il vento si mise a soffiare con tale violenza che le onde si rovesciavano dentro la barca, e questa già si riempiva d'acqua. [38] Gesù intanto dormiva in fondo alla barca, la testa appoggiata su un cuscino. Allora gli altri lo svegliarono e gli dissero:

«Maestro, affondiamo! Non te ne importa nulla?».

[39] Egli si svegliò, sgridò il vento e disse all'acqua del lago: «Fa' silenzio! Calmati!».

Allora il vento si fermò e ci fu una grande calma. [40] Poi Gesù disse ai suoi discepoli:

«Perché avete tanta paura? Non avete ancora fede?».

[41] Essi però si spaventarono molto e dicevano tra loro: «Chi è dunque costui? Anche il vento e le onde del lago gli ubbidiscono!».

Gesù guarisce l'indemoniato di Gerasa

5 Poi arrivarono sull'altra riva del lago di Galilea, nella regione dei Geraseni. [2] Gesù era appena sceso dalla barca, quando improvvisamente un uomo uscì da un cimitero e gli venne incontro. Costui era tormentato da uno spirito maligno [3] e stava sempre in mezzo alle tombe dei morti. Nessuno riusciva più a tenerlo legato, neppure con una catena: [4] diverse volte avevano provato a mettergli ferri ai piedi e catene alle mani, ma egli aveva sempre spezzato i ferri e rotto le catene. Nessuno era capace di domarlo. [5] Se ne andava di qua e di là, in mezzo alle tombe e sui monti, di giorno e di notte, urlando e picchiandosi con le pietre.

[6] Quando vide Gesù da lontano, si avvicinò di corsa e si buttò in ginocchio davanti a lui. [7-8] Allora Gesù disse allo spirito maligno di uscire da quell'uomo; ma quello si mise a gridare forte:

«Che vuoi da me, Gesù, Figlio del Dio Onnipotente? Ti scongiuro, in nome di Dio, non tormentarmi!».

[9] Allora Gesù domandò:

«Come ti chiami?».

E quello rispose:

«Il mio nome è "Moltitudine", perché siamo in molti»; [10] e continuava a chiedergli di non cacciarli fuori da quella regione.

[11] In quel luogo c'era un grosso branco di maiali che pascolava vicino alla montagna. [12] Gli spiriti maligni chiesero con insistenza a Gesù: «Mandaci in quei maiali! Lascia che entriamo dentro di loro!».

[13] Gesù lo permise. Gli spiriti maligni uscirono da quell'uomo ed entrarono nei maiali. Allora tutti quegli animali – erano circa duemila! – si misero a correre giù per la discesa, precipitarono nel lago e affogarono.

[14] I guardiani dei maiali fuggirono e andarono a raccontare il fatto in città e in campagna. Perciò la gente venne a vedere che cosa era accaduto. [15] Quando arrivarono vicino a Gesù, videro anche l'uomo che aveva avuto molti spiriti maligni: ora egli se ne stava seduto, era vestito e ragionava bene. Ed essi si spaventarono. [16] Quelli che avevano visto il fatto raccontarono agli altri ciò che era successo all'inde-

moniato e poi ai maiali. ¹⁷ Alla fine la gente supplicò Gesù di andarsene via dal loro territorio.

¹⁸ Gesù salì sulla barca. L'uomo guarito continuava a chiedergli di poter stare con lui, ¹⁹ ma Gesù non glielo permise. «Torna a casa tua, – gli disse – dalla tua famiglia, e racconta agli altri quanto ha fatto per te il Signore che ha avuto pietà di te».

²⁰ L'uomo allora se ne andò via e cominciò ad annunziare in tutta la regione delle Dieci Città quel che Gesù aveva fatto per lui. E tutti quelli che lo ascoltavano erano pieni di meraviglia.

La figlia di Giàiro e la donna che toccò il mantello di Gesù

²¹ Gesù ritornò sull'altra sponda del lago, e quando fu sulla riva, una grande folla si radunò attorno a lui. ²² Venne allora un capo della sinagoga, un certo Giàiro. Quando vide Gesù si buttò ai suoi piedi ²³ e gli chiese con insistenza: «La mia bambina sta morendo. Ti prego, vieni a mettere la tua mano su di lei, perché guarisca e continui a vivere!».

²⁴ Gesù andò con lui, mentre molta gente continuava a seguirlo e lo stringeva da ogni parte.

²⁵ C'era là anche una donna che già da dodici anni aveva continue perdite di sangue. ²⁶ Si era fatta curare da molti medici che l'avevano fatta soffrire parecchio e le avevano fatto spendere tutti i suoi soldi, ma senza risultato. Anzi, stava sempre peggio. ²⁷⁻²⁸ Questa donna aveva sentito parlare di Gesù e aveva pensato: «Se io riesco anche solo a toccare il suo mantello, sarò guarita». Si mise in mezzo alla folla, dietro a Gesù, e arrivò a toccare il suo mantello. ²⁹ Subito la perdita di sangue si fermò, ed essa si sentì guarita dal suo male.

³⁰ In quell'istante Gesù si accorse che una forza era uscita da lui. Si voltò verso la folla e disse:
«Chi ha toccato il mio mantello?».

³¹ I discepoli gli risposero:
«Vedi bene che la gente ti stringe da ogni parte. Come puoi dire: chi mi ha toccato?».

³² Ma Gesù si guardava attorno per vedere chi lo aveva toccato.

³³ La donna aveva paura e tremava perché sapeva quello che le era capitato. Finalmente venne fuori, si buttò ai piedi di Gesù e gli raccontò tutta la verità. ³⁴ Gesù le disse:
«Figlia mia, la tua fede ti ha salvata. Ora vai in pace, guarita dal tuo male».

³⁵ Mentre Gesù parlava, arrivano dei messaggeri dalla casa del caposinagoga e gli dicono: «Tua figlia è morta. Perché stai ancora a disturbare il Maestro?». ³⁶ Ma Gesù non diede importanza alle loro parole e disse a Giàiro: «Non temere, soltanto continua ad aver fiducia».

³⁷ Prese con sé Pietro, Giacomo e suo fratello Giovanni e non si fece accompagnare da nessun altro.

³⁸ Quando arrivarono alla casa di Giàiro, Gesù vide una grande confusione: c'era gente che piangeva e gridava forte. ³⁹ Entrò e disse:
«Perché tutta questa agitazione e perché piangete? La bambina non è morta, dorme».

⁴⁰ Ma quelli ridevano di lui. Gesù li fece uscire tutti ed entrò nella stanza solo con il padre e la madre della bambina e i suoi tre discepoli. ⁴¹ Prese la mano della bambina e le disse: «Talità kum» che significa: «Fanciulla, alzati!».

⁴² Subito la fanciulla si alzò e si mise a camminare (aveva dodici anni).

Tutti furono presi da grande meraviglia, ⁴³ ma Gesù ordinò severamente di non parlarne con nessuno. Poi disse di darle qualcosa da mangiare.

La gente di Nàzaret non ha fiducia in Gesù

6 Gesù lasciò quel luogo e tornò nella sua città accompagnato dai discepoli. ² Quando fu sabato, cominciò a insegnare nella sinagoga. Molti di quelli che lo ascoltavano si meravigliavano e dicevano: «Dove ha imparato tutte queste cose? Chi gli ha dato tutta questa sapienza? Come mai è capace di compiere miracoli così grandi? ³ Non è lui il falegname, il figlio di Maria e il fratello di Giacomo, Ioses, Giuda e Simone? Le sue sorelle non vivono qui in mezzo a noi?». Per questo non volevano più saperne di lui.

⁴ Ma Gesù disse loro: «Un profeta è disprezzato soprattutto nella sua patria, tra i suoi parenti e nella sua famiglia».

⁵ Così in quell'ambiente non ebbe la possibilità di fare miracoli (guarì soltanto pochi malati posando le mani su di loro). ⁶ E si meravigliava che quella gente non avesse fede.

Gesù manda i discepoli in missione

Poi Gesù percorreva i villaggi dei dintorni e insegnava. ⁷ Chiamò i dodici discepoli e cominciò a mandarli qua e là, a due a due. Dava loro il potere di scacciare gli spiriti maligni ⁸ e diceva: «Quando vi mettete in viaggio, prendete un bastone e nient'altro; né borsa, né soldi in tasca. ⁹ Tenete pure i sandali, ma non due vestiti». ¹⁰ Inoltre raccomandava: «Quando entrate in una casa fermatevi là finché non è ora di andarvene da quella città. ¹¹ Se la gente di un paese non vi accoglie e non vuole ascoltarvi, andatevene e scuotete il fango di sotto i vostri piedi: sarà un gesto di rimprovero per loro».

[12] I discepoli allora partirono. Essi predicavano dicendo alla gente di cambiare vita. [13] Scacciavano molti demoni e guarivano molti malati ungendoli con olio.

Opinioni su Gesù

[14] In quel tempo il re Erode venne a sapere che dappertutto si parlava di Gesù. Alcuni dicevano: «Giovanni il Battezzatore è tornato dal mondo dei morti! Per questo ha il potere di fare miracoli». [15] Altri invece dicevano che Gesù era il profeta Elia; altri ancora dicevano che era un nuovo profeta, come i profeti del passato.

[16] Erode, da parte sua, quando venne a sapere queste cose pensò: «È Giovanni il Battezzatore! Gli ho fatto tagliare la testa, ma ora è risorto».

Morte di Giovanni il Battezzatore

[17] In realtà, qualche tempo prima, Erode aveva fatto arrestare Giovanni, l'aveva incatenato e gettato in prigione. Il motivo di tutto ciò era stata la faccenda di Erodìade, la donna che egli aveva voluto sposare anche se era già la moglie di suo fratello Filippo. [18] Giovanni aveva detto a Erode: «Non ti è lecito sposare la moglie di tuo fratello!».

[19] Erodìade era furiosa contro Giovanni e voleva farlo ammazzare, ma non poteva a causa di Erode. [20] Il re, infatti, aveva paura di Giovanni perché capiva che era un uomo giusto e santo, e lo proteggeva. Quando lo ascoltava si trovava a disagio, eppure lo ascoltava volentieri. [21] Ma un giorno arrivò l'occasione buona. Era il compleanno di Erode ed era stato organizzato un banchetto per gli uomini del governo, per gli alti ufficiali dell'esercito e le persone più importanti della Galilea. [22] A un certo punto entrò nella sala del

banchetto la giovane figlia di Erodìade e si mise a danzare. La sua danza piacque talmente a Erode e agli invitati che il re le disse:

«Chiedimi quel che vuoi e io te lo darò».

²³ Fece anche questo solenne giuramento:

«Giuro che ti darò quel che mi domanderai, anche se fosse la metà del mio regno!».

²⁴ La ragazza uscì dalla sala, andò da sua madre e le domandò:

«Che cosa devo chiedere?».

Erodìade rispose:

«La testa di Giovanni il Battezzatore».

²⁵ La ragazza tornò di corsa dal re Erode e disse:

«Voglio che tu mi faccia portare, subito, su un piatto, la testa di Giovanni il Battezzatore!».

²⁶ Il re diventò molto triste, ma poiché aveva giurato e c'erano lì presenti gli invitati, non volle dire di no. ²⁷ Mandò subito uno dei suoi soldati con l'ordine di portare la testa di Giovanni. Il soldato andò nella prigione, tagliò la testa a Giovanni, ²⁸ la portò su un piatto e la diede alla ragazza; e la ragazza poi la diede a sua madre.

²⁹ Quando i discepoli di Giovanni vennero a conoscere questo fatto andarono a prendere il suo corpo e lo misero in una tomba.

Gesù dà da mangiare a cinquemila uomini

³⁰ Gli apostoli tornarono da Gesù e gli raccontarono tutto quel che avevano fatto e insegnato.

³¹ C'era molta gente che andava e veniva, tanto che non avevano neppure il tempo di mangiare. Allora Gesù disse:

«Venite, voi soltanto. Andremo da soli in un posto isolato e vi riposerete un po'». ³²Salirono su una barca, da soli, e andarono verso un luogo isolato.

³³Alcuni li videro partire e molti lo vennero a sapere e, correndo a piedi da tutte le città, arrivarono sul posto prima di Gesù e dei discepoli.

³⁴Quando Gesù scese dalla barca, vide tutta quella folla ed ebbe compassione di loro perché erano come pecore che non hanno un pastore. Allora si mise a insegnar loro molte cose.

³⁵Poiché si era fatto tardi, i discepoli si avvicinarono a Gesù e gli dissero:

«È già molto tardi e il luogo è isolato. ³⁶Lascia andare la gente, in modo che possa comprarsi qualcosa da mangiare nelle campagne e nei villaggi qui attorno».

³⁷Ma Gesù rispose:

«Date voi qualcosa da mangiare a questa gente!».

I discepoli dissero:

«Ma come? Dovremmo andare a comprare pane per un valore di duecento monete d'argento e dar da mangiare a tutti?».

³⁸Gesù domandò:

«Quanti pani avete? Andate a vedere!».

Andarono a guardare, poi risposero:

«Abbiamo cinque pani e anche due pesci».

³⁹Allora Gesù ordinò di far sedere tutta la gente, a gruppi, sull'erba verde. ⁴⁰E quelli si misero seduti in ordine, a gruppi di cento e di cinquanta. ⁴¹Gesù prese i cinque pani e i due pesci, alzò gli occhi al cielo, disse la preghiera di benedizione, poi cominciò a spezzare i pani e a darli ai discepoli perché li distribuissero. Anche i due pesci li fece distribuire a tutti.

[42] Tutti mangiarono e ne ebbero abbastanza. [43] Alla fine raccolsero i pezzi avanzati, sia dei pani sia dei pesci, e ne riempirono dodici ceste. [44] Quelli che avevano mangiato erano circa cinquemila uomini.

Gesù cammina sul lago

[45] Subito dopo Gesù ordinò ai suoi discepoli di salire in barca e di andare sull'altra riva del lago, verso la città di Betsàida. Egli intanto avrebbe rimandato a casa la gente. [46] Dopo essersi separato da loro, salì sul monte a pregare.

[47] Venne la notte, e la barca con i discepoli si trovava in mezzo al lago, mentre Gesù era ancora solo, a terra. [48] Egli vide che i discepoli erano molto stanchi perché avevano il vento contrario e faticavano a remare. Allora, sul finire della notte, venne verso di loro camminando sul lago.

Stava per oltrepassarli, [49] quando lo videro camminare sull'acqua: pensarono che fosse un fantasma e si misero a gridare. [50] Infatti tutti lo vedevano, e tutti erano presi da grande paura. Ma subito Gesù parlò e disse loro: «Coraggio, sono io. Non abbiate paura!». [51] Poi salì sulla barca, e il vento cessò. I discepoli rimasero pieni di meraviglia. [52] Infatti non avevano capito neppure il miracolo dei pani: si ostinavano a non capire nulla.

Gesù guarisce i malati nella regione di Genèsaret

[53] Attraversato il lago, arrivarono nella regione di Genèsaret dove lasciarono la barca. [54] Appena sbarcati, la gente riconobbe Gesù, [55] in tutta la regione quelli che sentirono dire che Gesù era arrivato si misero a correre e gli portarono i malati sulle barelle.

⁵⁶ Dove Gesù andava, nei villaggi, nelle città o nelle campagne, la gente portava sempre i malati in piazza e lo supplicava di permettere ai malati di toccare almeno l'orlo del suo mantello. E tutti quelli che lo toccavano guarivano.

La tradizione degli uomini
e i comandamenti di Dio

7 I farisei e alcuni maestri della Legge venuti da Gerusalemme si radunarono attorno a Gesù. ² Essi notarono che alcuni dei suoi discepoli mangiavano con mani impure, cioè senza averle lavate secondo l'uso religioso.

³ Infatti i farisei e in genere tutti gli Ebrei rispettano la tradizione degli antichi: non mangiano se prima non hanno fatto il rito di purificarsi le mani; ⁴ e quando tornano dal mercato, non mangiano se non si sono purificati. Ci sono anche molte altre cose che essi hanno imparato a osservare: ad esempio, purificano i bicchieri, le stoviglie, i recipienti di rame e i letti.

⁵ I farisei e i maestri della Legge, dunque, chiesero a Gesù: «Perché i tuoi discepoli non ubbidiscono alla tradizione religiosa dei nostri padri e mangiano con mani impure?».

Gesù rispose loro:

⁶ «Il profeta Isaia aveva ragione quando parlava di voi. Voi siete degli ipocriti, come è scritto nel suo libro:

Questo popolo – dice il Signore – *mi onora a parole,*
ma il suo cuore è molto lontano da me.
⁷ *Il modo con cui mi onorano non ha valore*
perché insegnano come dottrina di Dio
comandamenti che son fatti da uomini.

⁸ Voi trascurate i comandamenti di Dio per conservare la tradizione degli uomini».

⁹ Poi Gesù aggiunse: «Siete molto abili nel mettere da parte i comandamenti di Dio per difendere la vostra tradizione.

¹⁰ «Per esempio, Mosè ha detto: *Onora tuo padre e tua madre,* e poi: *Chi parla male di suo padre o di sua madre deve essere condannato a morte.* ¹¹⁻¹² Voi invece insegnate che uno non ha più il dovere di aiutare suo padre e sua madre, se dice loro che sono korbàn, cioè doni offerti a Dio, quei beni che doveva usare per loro.

¹³ «Così, per mezzo della tradizione che voi insegnate, fate diventare inutile la parola di Dio. E, di cose come queste, ne fate molte».

Le cose che rendono impuro un uomo

¹⁴ Poi Gesù chiamò di nuovo la folla e disse: «Ascoltatemi tutti e cercate di capire! ¹⁵ Niente di ciò che entra nell'uomo dall'esterno può farlo diventare impuro. Piuttosto, è ciò che esce dall'uomo che può renderlo impuro». [¹⁶ «Chi ha orecchi, cerchi di capire».]

¹⁷ Quando Gesù fu lontano dalla folla e fu entrato in casa, i suoi discepoli lo interrogarono su questa parabola. ¹⁸ Egli disse loro: «Neppure voi siete capaci di comprendere? Non capite che tutto ciò che entra nell'uomo dall'esterno non può farlo diventare impuro, ¹⁹ perché non entra nel suo cuore ma nello stomaco e quindi va a finire in una fogna?».

Con queste parole Gesù dichiarava che si possono mangiare tutti i cibi. ²⁰ Poi disse ancora: «È ciò che esce dall'uomo che lo rende impuro. ²¹ Infatti dall'intimo, dal cuore dell'uomo escono i pensieri cattivi che portano al male: i peccati sessuali, i furti, gli assassinii, ²² i tradimenti tra marito e moglie, la voglia di avere le cose degli altri, le malizie, gli imbrogli, le oscenità, l'invidia, la maldicenza, la superbia, la stoltezza...

[23] «Tutte queste cose cattive vengono fuori dall'uomo e lo fanno diventare impuro».

La fede di una donna straniera

[24] Poi Gesù partì di là e andò nella regione vicino alla città di Tiro. Entrò in una casa e, pur desiderando che nessuno sapesse che egli era in quel luogo, non riuscì a rimanere nascosto. [25] Poco dopo venne una donna che aveva sentito parlare di lui e gli si gettò ai piedi: sua figlia era tormentata da uno spirito maligno. [26] Questa donna però non era ebrea: era di quella regione, della Fenicia. Essa pregava Gesù di scacciare il demonio da sua figlia.

[27] Gesù le disse:

«Lascia che prima mangino i figli, perché non è giusto prendere il pane dei figli e buttarlo ai cagnolini».

[28] Ma la donna rispose:

«È vero, Signore, però sotto la tavola i cagnolini possono mangiare almeno le briciole».

[29] Allora Gesù le disse:

«Hai risposto bene. Torna a casa tua: lo spirito maligno è uscito da tua figlia».

[30] La donna tornò a casa e trovò sua figlia sdraiata sul letto: lo spirito maligno se n'era andato.

Gesù guarisce un sordomuto

[31] Poi Gesù lasciò la regione di Tiro, passò per la città di Sidone e tornò ancora verso il lago di Galilea attraverso il territorio delle Dieci Città.

³²Gli portarono un uomo che era sordomuto e lo pregarono di porre le mani sopra di lui. ³³Allora Gesù lo prese da parte, lontano dalla folla, gli mise le dita negli orecchi, sputò e gli toccò la lingua con la saliva. ³⁴Poi alzò gli occhi al cielo, fece un sospiro e disse a quell'uomo: «Effatà!», che significa: «Apriti!». ³⁵Subito le sue orecchie si aprirono, la sua lingua si sciolse ed egli si mise a parlare molto bene.

³⁶Gesù ordinò di non dire nulla a nessuno, ma più comandava di tacere, più la gente ne parlava pubblicamente. ³⁷Tutti erano molto meravigliati e dicevano: «È straordinario! Fa sentire i sordi e fa parlare i muti!».

Gesù dà da mangiare a quattromila persone

8 In quei giorni, ancora una volta, si era radunata una gran folla. Vedendo che non avevano più niente da mangiare, Gesù chiamò i suoi discepoli e disse: ²«Questa gente mi fa pena. Già da tre giorni stanno con me e non hanno più niente da mangiare. ³Se li lascio tornare a casa digiuni si sentiranno male lungo la strada, perché alcuni vengono da lontano».

⁴Gli risposero i discepoli:
«Ma come è possibile in questo luogo deserto trovare cibo per tutti?».

⁵Gesù domandò:
«Quanti pani avete?».

Risposero:
«Sette».

⁶Allora Gesù ordinò alla folla di sedersi per terra. Poi prese i sette pani, fece la preghiera di ringraziamento, li spezzò e li diede ai discepoli perché li distribuissero alla folla. Ed essi li distribuirono. ⁷Avevano anche alcuni pesci,

pochi e piccoli. Gesù ringraziò Dio per quei pesci e disse di distribuire anche quelli.

[8] Tutti mangiarono e ne ebbero abbastanza. Quando poi raccolsero i pezzi avanzati, riempirono sette ceste. [9] Le persone presenti erano circa quattromila.

Poi Gesù mandò a casa tutti, [10] salì subito sulla barca insieme con i suoi discepoli e andò nella regione di Dalmanùta.

I farisei vogliono vedere un miracolo

[11] Arrivarono là alcuni farisei e si misero a discutere con Gesù. Volendo metterlo in difficoltà gli chiesero di fare un segno miracoloso come prova che veniva da Dio. [12] Gesù sospirò profondamente e disse: «Perché questa gente chiede un segno miracoloso? Vi assicuro che tutta questa gente non riceverà nessun segno».

[13] Poi si allontanò da loro, salì di nuovo sulla barca e se ne andò verso l'altra sponda del lago.

I discepoli non capiscono ancora

[14] I discepoli avevano dimenticato di prendere il pane e nella barca avevano un solo pane. [15] Gesù fece questa raccomandazione:

«State attenti! Tenetevi lontani dal lievito dei farisei e da quello di Erode!».

[16] E i discepoli si misero a discutere tra loro: «Parla così perché non abbiamo pane».

[17] Gesù se ne accorse e disse:

«Ma perché state a discutere che non avete pane? Non capite ancora e non vi rendete conto di nulla? La vostra mente è bloccata? [18] Ostinati! Avete gli occhi e non vedete, avete orecchi e non intendete? Cercate di ricordare: [19] quando ho distribuito quei cinque pani per cinquemila persone quante ceste di avanzi avete raccolto?».

Risposero:

«Dodici».

²⁰ «E quando ho distribuito quei sette pani per quattromila persone, quante ceste di pane avete raccolto?».

Risposero:

«Sette».

²¹ Allora Gesù disse:

«E non capite ancora?».

Gesù guarisce un cieco a Betsàida

²² Poi arrivarono a Betsàida. Là alcune persone portarono a Gesù un uomo cieco e lo pregarono di toccarlo. ²³ Gesù prese il cieco per mano e lo condusse fuori del villaggio. Poi gli mise un po' di saliva sugli occhi, stese le mani su di lui e gli domandò:

«Vedi qualcosa?».

²⁴ Quello guardò in su e disse:

«Sì, vedo le persone; perché vedo come alberi che camminano».

²⁵ Gesù gli mise di nuovo le mani sugli occhi, e il cieco guardò diritto davanti a sé: era guarito e vedeva bene ogni cosa.

²⁶ Allora Gesù lo rimandò a casa e gli disse:

«Non entrare neppure in paese».

Pietro dichiara che Gesù è il Messia

²⁷ Poi Gesù e i suoi discepoli partirono verso i villaggi di Cesarea di Filippo. Lungo la via Gesù domandò ai suoi discepoli:

«Chi sono io, secondo la gente?».

²⁸ Gli risposero:

«Alcuni dicono che tu sei Giovanni il Battezzatore, altri che sei il profeta Elia, altri ancora dicono che tu sei uno dei profeti».

²⁹ Gesù domandò ancora:

«E voi, che dite? Chi sono io?».

Pietro rispose:

«Tu sei il Messia, il Cristo».

³⁰ Allora Gesù ordinò loro di non parlarne a nessuno.

Gesù annunzia la sua morte e risurrezione. Il rimprovero di Pietro

³¹ Poi Gesù cominciò a insegnare ai discepoli. Diceva: «Il Figlio dell'uomo dovrà soffrire molto. È necessario. Gli anziani del popolo, i capi dei sacerdoti e i maestri della Legge lo rifiuteranno. Egli sarà ucciso, ma dopo tre giorni risorgerà». ³² Parlava di queste cose molto chiaramente.

Allora Pietro prese da parte Gesù e si mise a rimproverarlo. ³³ Ma Gesù si voltò, guardò i discepoli e rimproverò Pietro:

«Va' via, lontano da me, Satana! Perché tu ragioni come gli uomini, ma non pensi come Dio».

Condizioni per seguire Gesù

³⁴ Poi Gesù chiamò la folla insieme con i discepoli e disse: «Se qualcuno vuol venire dietro a me, smetta di pensare a se stesso, prenda la sua croce e mi segua. ³⁵ Chi pensa soltanto a salvare la propria vita la perderà; chi invece è pronto a sacrificare la propria vita per me e per il Vangelo la salverà. ³⁶ Se un uomo riesce a guadagnare anche il mondo intero, ma perde la sua vita, che vantaggio ne ricava? ³⁷ C'è

forse qualcosa che un uomo possa dare per riavere in cambio la propria vita? [38] Se uno si vergognerà di me e delle mie parole di fronte a questa gente infedele e piena di peccati, anche il Figlio dell'uomo si vergognerà di lui quando ritornerà, glorioso come Dio suo Padre, insieme con i suoi angeli santi».

9 E aggiungeva: «Io vi assicuro che alcuni tra quelli che sono qui presenti non moriranno, prima di aver visto il regno di Dio che viene con potenza».

La trasfigurazione: Gesù manifesta la sua gloria a tre discepoli

[2] Sei giorni dopo Gesù prese con sé tre discepoli, Pietro, Giacomo e Giovanni, e li portò su un alto monte, in un luogo solitario. Là, di fronte a loro, Gesù cambiò d'aspetto: [3] i suoi abiti diventarono splendenti e bianchissimi. Nessuno a questo mondo avrebbe mai potuto farli diventar così bianchi a forza di lavarli.

[4] Poi i discepoli videro anche il profeta Elia e Mosè: stavano accanto a Gesù e parlavano con lui. [5] Allora Pietro cominciò a parlare e disse a Gesù: «Maestro, è bello per noi stare qui! Prepareremo tre tende: una per te, una per Mosè e una per Elia».

[6] Parlava così, perché non sapeva che cosa dire. Infatti erano spaventati.

[7] Poi apparve una nuvola che li avvolse con la sua ombra, e dalla nuvola si fece sentire una voce: «Questo è il Figlio mio, che io amo. Ascoltatelo!».

[8] I discepoli si guardarono subito attorno, ma non videro più nessuno: con loro c'era solo Gesù.

⁹ Mentre scendevano dal monte, Gesù ordinò di non raccontare a nessuno quel che avevano visto, se non quando il Figlio dell'uomo fosse risorto dai morti. ¹⁰ I discepoli ubbidirono a quest'ordine, ma discutevano tra loro che cosa Gesù volesse dire con le parole: «risorgere dai morti».

¹¹ Poi domandarono a Gesù:

«Perché i maestri della Legge dicono che prima deve tornare il profeta Elia?».

¹² Egli rispose:

«È vero, prima deve venire Elia per mettere in ordine ogni cosa. Eppure, che cosa dice la Bibbia a proposito del Figlio dell'uomo? Dice che deve soffrire molto ed essere disprezzato. ¹³ Ebbene, io vi assicuro che Elia è già venuto ma gli hanno fatto tutto quello che hanno voluto, così come la Bibbia dice di lui».

Gesù guarisce un ragazzo tormentato da uno spirito maligno

¹⁴ Intanto arrivarono là dove si trovavano gli altri discepoli e li videro circondati da molta gente mentre i maestri della Legge stavano discutendo con loro. ¹⁵ Quando la gente vide Gesù, piena di meraviglia gli corse incontro per salutarlo. ¹⁶ Gesù domandò ai discepoli:

«Di che cosa state discutendo?».

¹⁷ Un uomo in mezzo alla gente disse:

«Maestro, ti ho portato mio figlio perché è tormentato da uno spirito maligno che non lo lascia parlare. ¹⁸ Quando lo prende, dovunque si trovi, lo getta a terra, e allora il ragazzo comincia a stringere i denti, gli viene la schiuma alla bocca e rimane rigido. Ho chiesto ai tuoi discepoli di scacciare questo spirito, ma non ci sono riusciti».

¹⁹ Allora Gesù replicò:

«Gente senza fede! Fino a quando resterò ancora con voi? Per quanto tempo dovrò sopportarvi? Portatemi il ragazzo!».

²⁰ Glielo portarono, ma quando lo spirito vide Gesù, subito cominciò a scuotere il ragazzo con violenza: il ragazzo cadde a terra e prese a rotolarsi mentre gli veniva la schiuma alla bocca.

²¹ Gesù domandò al padre:

«Da quanto tempo è così?».

«Fin da piccolo, – rispose il padre – ²² anzi, più di una volta lo spirito l'ha buttato nel fuoco e nell'acqua per farlo morire. Ma se tu puoi fare qualcosa, abbi pietà di noi e aiutaci!».

²³ Gesù gli disse:

«Se puoi? Tutto è possibile per chi ha fede!».

²⁴ Subito il padre del ragazzo si mise a gridare:

«Io ho fede! Se non ho fede, aiutami!».

²⁵ Vedendo che la folla aumentava, Gesù minacciò lo spirito maligno dicendo: «Spirito che impedisci di parlare e di ascoltare, esci da questo ragazzo e non tornarci più. Te lo ordino!».

²⁶ Gridando e scuotendo con violenza il ragazzo lo spirito se ne uscì. Il ragazzo rimase come morto, tanto che molti di quelli che erano lì attorno dicevano: «È morto». ²⁷ Ma Gesù lo prese per mano, lo fece alzare, ed egli rimase in piedi. ²⁸ Poi Gesù entrò in una casa, e i suoi discepoli, soli con lui, gli chiesero:

«Perché noi non siamo stati capaci di scacciare quello spirito?».

²⁹ Gesù rispose:

«Questo genere di spiriti non si può scacciare in nessun altro modo se non con la preghiera!».

Per la seconda volta Gesù annunzia la sua morte e risurrezione

³⁰ Poi se ne andarono via di là e attraversarono il territorio della Galilea. Gesù non voleva che si sapesse dove erano. ³¹ Infatti preparava i suoi discepoli insegnando loro: «Il Figlio dell'uomo sarà consegnato nelle mani degli uomini ed essi lo uccideranno; ma egli risorgerà dopo tre giorni».

³² Ma i discepoli non capivano queste parole e avevano paura di interrogare Gesù.

Chi è il più importante?

³³ Intanto arrivarono a Cafàrnao. Quando Gesù fu in casa domandò ai discepoli:
«Di che cosa stavate discutendo per strada?».

³⁴ Ma essi non rispondevano. Per strada infatti avevano discusso tra di loro chi fosse il più grande.

³⁵ Allora Gesù, sedutosi, chiamò i dodici discepoli e disse loro: «Se uno vuol essere il primo, deve essere l'ultimo di tutti e il servitore di tutti».

³⁶ Poi prese un bambino, e lo portò in mezzo a loro, lo tenne in braccio e disse: ³⁷ «Chi accoglie uno di questi bambini per amor mio accoglie me. E chi accoglie me accoglie anche il Padre che mi ha mandato».

Chi non è contro di noi è per noi

³⁸ Giovanni disse a Gesù:
«Maestro, abbiamo visto un uomo che usava il tuo nome per scacciare i demoni, e noi abbiamo cercato di farlo smettere perché non è uno dei nostri».

³⁹ Ma Gesù disse:
«Lasciatelo fare. Perché non c'è nessuno che possa fare un miracolo in nome mio, e poi subito si metta a parlar male di me. ⁴⁰ Chi non è contro di noi è per noi.

I discepoli di Cristo sono preziosi

⁴¹ «E se qualcuno vi darà anche soltanto un bicchiere d'acqua per il fatto che siete discepoli di Cristo, vi assicuro che riceverà la sua ricompensa.

Contro ogni occasione di male

⁴² «Se qualcuno fa perdere la fede a una di queste persone semplici che credono in me, sarebbe meglio per lui essere gettato in mare con una grossa pietra legata al collo.
⁴³ «Se la tua mano ti fa commettere il male, tagliala: è meglio per te entrare nella vera vita senza una mano, piuttosto che avere tutt'e due le mani e andare all'inferno, nel fuoco senza fine. [⁴⁴ Dove si soffre sempre e il fuoco non finisce mai.]
⁴⁵ «Se il tuo piede ti fa commettere il male, taglialo: è meglio per te entrare zoppo nella vera vita, piuttosto che essere gettato all'inferno con due piedi. [⁴⁶ Dove si soffre sempre e il fuoco non finisce mai.]
⁴⁷ «Se il tuo occhio ti fa commettere il male, strappalo via: è meglio per te entrare nel regno di Dio con un occhio solo, piuttosto che avere due occhi ed essere gettato all'inferno, ⁴⁸ dove si soffre sempre e il fuoco non finisce mai.
⁴⁹ «Chi non avrà sale in se stesso finirà nel fuoco. ⁵⁰ Il sale è una cosa buona, ma se il sale perde il suo sapore come potete ridarglielo? Cercate di avere sale in voi stessi, e vivete in pace tra voi!».

Matrimonio e divorzio

10 Poi Gesù partì e andò verso i confini della Giudea, al di là del fiume Giordano. Ancora una volta la folla si radunò attorno a lui e, come faceva sempre, Gesù si mise a insegnare. ²Alcuni che erano del gruppo dei farisei gli si avvicinarono. Essi volevano metterlo in difficoltà, perciò gli domandarono:

«Un uomo può divorziare dalla propria moglie?».

³Gesù rispose con una domanda:

«Che cosa vi ha comandato Mosè nella Legge?».

⁴I farisei replicarono:

«Mosè ha permesso di *mandar via la moglie, dopo averle dato una dichiarazione scritta di divorzio*».

⁵Allora Gesù disse:

«Mosè ha scritto questa regola perché voi avete il cuore duro. ⁶Ma da principio, al tempo della creazione, come dice la Bibbia, Dio *maschio e femmina li creò.* 7 *Perciò l'uomo lascerà suo padre e sua madre, si unirà alla sua donna* 8 *e i due saranno una cosa sola. Così essi non sono più due, ma un unico essere.* ⁹Perciò l'uomo non separi ciò che Dio ha unito».

¹⁰Quando poi furono in casa, i discepoli interrogarono di nuovo Gesù su questo argomento. Ed egli disse: ¹¹«Chi divorzia da sua moglie e ne sposa un'altra commette adulterio contro di lei. ¹²E anche la donna, se divorzia dal marito e ne sposa un altro, commette adulterio».

Gesù benedice i bambini

¹³Alcune persone portavano i loro bambini a Gesù e volevano farglieli benedire, ma i discepoli li sgridavano. ¹⁴Quando Gesù se ne accorse, si arrabbiò e disse ai discepoli: «Lascia-

te che i bambini vengano da me; non impediteglielo, perché Dio dà il suo regno a quelli che sono come loro. [15] Io vi assicuro: chi non l'accoglie come farebbe un bambino non vi entrerà».

[16] Poi prese i bambini tra le braccia, e li benediceva posando le mani su di loro.

Gesù incontra un uomo ricco

[17] Gesù stava per riprendere il cammino, quando un tale gli venne incontro, si gettò in ginocchio davanti a lui e gli domandò:

«Maestro buono, che cosa devo fare per ottenere la vita eterna?».

[18] Gesù gli disse:

«Perché mi chiami buono? Nessuno è buono, tranne Dio! [19] I comandamenti li conosci:

non uccidere,
non commettere adulterio,
non rubare,
non dire il falso contro nessuno,
non imbrogliare,
rispetta tuo padre e tua madre».

[20] E quello rispose:

«Maestro, fin da giovane ho ubbidito a tutti questi comandamenti».

[21] Gesù lo guardò con amore e gli disse:

«Ti manca soltanto una cosa: vai a vendere tutto quel che possiedi, e i soldi che ricavi dalli ai poveri. Allora avrai un tesoro in cielo. Poi, vieni e seguimi!».

[22] A queste parole l'uomo si trovò a disagio e se ne andò via triste perché era molto ricco.

²³ Gesù, guardando i discepoli che stavano attorno a lui, disse: «Com'è difficile per quelli che sono ricchi entrare nel regno di Dio!».

²⁴ I discepoli si meravigliarono che Gesù dicesse queste cose, ma egli aggiunse: «Figli miei, non è facile entrare nel regno di Dio! ²⁵ Se è difficile che un cammello passi attraverso la cruna di un ago, è ancor più difficile che un ricco possa entrare nel regno di Dio».

²⁶ I discepoli si meravigliarono più di prima e cominciarono a domandarsi l'un l'altro:
«Ma allora chi potrà mai salvarsi?».

²⁷ Gesù li guardò e disse:
«Per gli uomini è una cosa impossibile, ma per Dio no! Infatti tutto è possibile a Dio».

²⁸ Allora Pietro si mise a dire:
«E noi? Noi abbiamo abbandonato tutto per venire con te».

²⁹ Gesù rispose:
«Io vi assicuro che se qualcuno ha abbandonato casa, fratelli, sorelle, madre, padre, figli, campi... per me e per il messaggio del Vangelo, ³⁰ riceverà già in questa vita – insieme a persecuzioni – cento volte di più. Riceverà case, fratelli, sorelle, madri, figli e campi, e nel mondo futuro la vita eterna. ³¹ Tuttavia, molti di quelli che ora sono primi alla fine diventeranno ultimi; e molti di quelli che ora sono ultimi saranno primi».

Per la terza volta Gesù annunzia la sua morte e risurrezione

³² Mentre erano sulla strada che sale verso Gerusalemme, Gesù camminava davanti a tutti. I suoi discepoli lo seguivano, ma non sapevano che cosa pensare, anzi alcuni avevano

paura. Ancora una volta Gesù prese da parte i dodici discepoli e si mise a parlare di quello che gli doveva accadere.

³³ Disse loro: «Ecco, noi stiamo salendo verso Gerusalemme; là, il Figlio dell'uomo sarà dato nelle mani dei capi dei sacerdoti e dei maestri della Legge. Essi lo condanneranno a morte e poi lo consegneranno ai pagani. ³⁴ I pagani gli rideranno in faccia, gli sputeranno addosso, lo prenderanno a frustate e lo uccideranno, ma dopo tre giorni egli risorgerà».

Due discepoli chiedono i primi posti

³⁵ Giacomo e Giovanni, i figli di Zebedèo, si avvicinarono a Gesù e gli dissero:

«Maestro, noi vorremmo che tu facessi per noi quel che stiamo per chiederti».

³⁶ E Gesù domandò:

«Che cosa volete che io faccia per voi?».

³⁷ Essi risposero:

«Quando sarai un re glorioso, facci stare accanto a te, seduti uno alla tua destra e uno alla tua sinistra».

³⁸ Ma Gesù disse:

«Voi non sapete quel che chiedete! Siete pronti a bere quel calice di dolore che io berrò, a ricevere quel battesimo di sofferenza con il quale sarò battezzato?».

³⁹ Essi risposero:

«Siamo pronti».

Gesù aggiunse:

«Sì, anche voi berrete il mio calice e riceverete il mio battesimo; ⁴⁰ ma io non posso decidere chi sarà seduto alla mia destra e alla mia sinistra. Quei posti sono per coloro ai quali Dio li ha preparati».

⁴¹ Gli altri dieci discepoli avevano sentito tutto e cominciarono a indignarsi contro Giacomo e Giovanni.

⁴² Allora Gesù li chiamò attorno a sé e disse: «Come sapete, quelli che sono ritenuti sovrani dei popoli comandano come duri padroni. Le persone potenti fanno sentire con la forza il peso della loro autorità. ⁴³ Ma tra voi non deve essere così. Anzi, se uno tra voi vuole essere grande, si faccia servo di tutti; ⁴⁴ e se uno vuol essere il primo, si faccia servitore di tutti. ⁴⁵ Infatti anche il Figlio dell'uomo è venuto non per farsi servire, ma è venuto per servire e per dare la propria vita come riscatto per la liberazione degli uomini».

Il cieco Bartimèo

⁴⁶ Gesù e i suoi discepoli erano a Gèrico. Mentre stavano uscendo dalla città, seguiti da molta folla, un mendicante cieco era seduto sul bordo della strada. Si chiamava Bartimèo ed era figlio di un certo Timèo.

⁴⁷ Quando sentì dire che passava Gesù il Nazareno, cominciò a gridare: «Gesù, Figlio di Davide, abbi pietà di me!».

⁴⁸ Molti si misero a sgridarlo per farlo tacere, ma quello gridava ancora più forte: «Figlio di Davide, abbi pietà di me!».

⁴⁹ Gesù si fermò e disse:

«Chiamatelo qua».

Allora alcuni andarono a chiamarlo e gli dissero: «Coraggio, alzati! Ti chiama».

⁵⁰ Il cieco buttò via il mantello, balzò in piedi e andò vicino a Gesù. ⁵¹ Gesù gli domandò:

«Che cosa vuoi che io faccia per te?».

Il cieco rispose:

«Maestro, fa' che io possa vederci di nuovo!».

⁵² Gesù gli disse:
«Vai, la tua fede ti ha salvato».

Subito il cieco ricuperò la vista e si mise a seguire Gesù lungo la via.

Gesù entra in Gerusalemme: entusiasmo della folla

11 Gesù e i suoi discepoli stavano avvicinandosi a Gerusalemme. Arrivati al monte degli Ulivi, nei pressi dei villaggi di Bètfage e Betània, Gesù mandò avanti due discepoli. Disse loro: ² «Andate nel villaggio che è qui di fronte a voi. Appena entrati, troverete legato un piccolo asino sul quale nessuno è mai salito; slegatelo e portatelo qui. ³ E se qualcuno vi chiede: "Che cosa state facendo?". Voi risponderete così: "È il Signore che ne ha bisogno, ma ve lo rimanderà subito"».

⁴ I due discepoli andarono e trovarono un asinello legato vicino a una porta, fuori, sulla strada, e lo slegarono. ⁵ Alcune persone che si trovavano lì vicino domandarono: «Che fate? Perché lo slegate?». ⁶ Essi risposero come aveva detto Gesù, e quelli li lasciarono andare.

⁷ Portarono dunque l'asinello a Gesù, gli posero addosso i loro mantelli, e Gesù vi montò sopra. ⁸ Mentre camminavano, molta gente stendeva i mantelli sulla strada, altri invece stendevano rami verdi, tagliati nei campi. ⁹ Quelli che camminavano davanti a Gesù e quelli che venivano dietro gridavano:

«Osanna! Gloria a Dio!
Benedetto colui che viene nel nome del Signore!

¹⁰ Benedetto il regno che viene,
il regno di Davide nostro padre!
Gloria a Dio nell'alto dei cieli!».

¹¹ Gesù entrò in Gerusalemme e andò nel Tempio. Si guardò attorno osservando ogni cosa e poi, siccome ormai era sera, tornò a Betània insieme con i dodici discepoli.

Gesù e l'albero senza frutti

¹² Il giorno dopo, quando partirono da Betània, Gesù ebbe fame. ¹³ Vedendo da lontano una pianta di fichi che aveva molte foglie andò a vedere se vi poteva trovare dei frutti. Ma quando fu vicino alla pianta non trovò niente, soltanto foglie; infatti non era quella la stagione dei fichi. ¹⁴ Allora Gesù, rivolto alla pianta, disse: «Nessuno possa mai più mangiare i tuoi frutti!». E i discepoli udirono quelle parole.

Gesù scaccia i mercanti dal Tempio

¹⁵ Intanto erano arrivati a Gerusalemme. Gesù entrò nel cortile del Tempio e cominciò a cacciar via tutti quelli che stavano là a vendere e a comprare. Buttò all'aria i tavoli di quelli che cambiavano i soldi e rovesciò le sedie dei venditori di colombe. ¹⁶ Non permetteva a nessuno di trasportare carichi di robe attraverso il Tempio.

¹⁷ Poi si mise a insegnare dicendo alla gente: «Non sta forse scritto nella Bibbia:

La mia casa sarà casa di preghiera
per tutti i popoli?
Voi, invece, ne avete fatto
un covo di briganti».

¹⁸ Quando i capi dei sacerdoti e i maestri della Legge vennero a conoscenza di questi fatti cercavano un modo per far morire Gesù. Però avevano paura di lui perché tutta la gente era molto impressionata del suo insegnamento.

¹⁹ Quando fu sera, Gesù e i suoi uscirono dalla città.

Ancora l'albero senza frutti.
Fede, preghiera e perdono

²⁰ Il mattino dopo, passando ancora vicino a quella pianta di fichi, videro che era diventata secca fino alle radici. ²¹ Pietro si ricordò del giorno prima e disse a Gesù:

«Maestro, guarda! Quell'albero che tu hai maledetto, è tutto secco!».

²² Allora Gesù rispose:

«Abbiate fede in Dio! ²³ Io vi assicuro che uno potrebbe anche dire a questa montagna: Sollevati e buttati nel mare! Se nel suo cuore egli non ha dubbi, ma crede che accadrà quel che dice, state certi che gli accadrà veramente. ²⁴ Perciò vi dico: tutto quello che domanderete nella preghiera, abbiate fiducia di ottenerlo e vi sarà dato.

²⁵ «E quando vi mettete a pregare, se avete qualcosa contro qualcuno, perdonate: perché anche Dio vostro Padre che è in cielo perdoni a voi i vostri peccati». [²⁶ «Ma se voi non perdonate, nemmeno il Padre vostro celeste perdonerà a voi le vostre colpe».]

Discussione sull'autorità di Gesù

²⁷ Andarono ancora a Gerusalemme. Gesù camminava su e giù nel cortile del Tempio. I capi dei sacerdoti, i maestri della Legge e le altre autorità si avvicinarono a lui e ²⁸ gli domandarono:

«Che diritto hai di fare quel che fai? Chi ti ha dato l'autorità di agire così?».

²⁹ Gesù disse loro:

«Voglio farvi soltanto una domanda. Se mi rispondete, io vi dirò con quale autorità faccio queste cose. ³⁰ Dunque: Giovanni, chi lo ha mandato a battezzare, Dio o gli uomini? Rispondete!».

³¹ Essi cominciarono a discutere tra loro: «Se diciamo che Giovanni è stato mandato da Dio ci chiederà: Perché allora non avete creduto in lui? ³² Ma come possiamo dire che è stato mandato dagli uomini?». Il fatto è che essi avevano paura della folla perché tutti consideravano Giovanni un profeta. ³³ Perciò risposero:

«Non lo sappiamo».

E Gesù disse loro:

«Ebbene, allora neppure io vi dirò con quale autorità faccio queste cose».

Parabola della vigna e dei contadini omicidi

12 Gesù cominciò a raccontare una parabola ai capi degli Ebrei. Disse: «Un uomo *piantò una vigna, la circondò con una siepe, scavò una buca per il torchio dell'uva e costruì una torretta di guardia*; poi affittò la vigna ad alcuni contadini e se ne andò lontano.

² «Venne il tempo della vendemmia e quell'uomo mandò un servo dai contadini per ritirare la sua parte di raccolto. ³ Ma quei contadini presero il servo, lo bastonarono e lo mandarono via senza dargli niente. ⁴ Allora il padrone mandò di nuovo un altro servo. I contadini lo accolsero a parolacce e gli diedero botte in testa. ⁵ Il padrone ne mandò ancora un altro e quelli lo uccisero. Lo stesso avvenne per molti altri servi: alcuni li bastonarono, altri li uccisero. ⁶ Alla fine quell'uomo ne aveva ancora uno, suo figlio, che amava moltissimo. Per ultimo mandò lui pensando: "Avranno rispetto di mio figlio"!

⁷ «Ma quei contadini dissero tra loro: "Ecco, un giorno costui sarà il padrone della vigna! Coraggio, uccidiamolo e l'eredità sarà nostra!". ⁸ Lo presero, lo uccisero e gettarono il suo corpo fuori della vigna».

⁹ A questo punto Gesù domandò: «Che cosa farà, dunque, il padrone della vigna? Certamente egli verrà e ucciderà quei contadini e darà la vigna ad altre persone. ¹⁰ Non avete mai letto queste parole della Bibbia?

La pietra che i costruttori hanno rifiutato
è diventata la pietra più importante.
¹¹ *Questo è opera del Signore*
ed è una meraviglia ai nostri occhi».

¹² I capi degli Ebrei capirono che Gesù aveva raccontato questa parabola riferendosi a loro. Cercavano quindi un modo per arrestarlo, ma avevano paura della folla. Perciò non gli fecero nulla e se ne andarono via.

Le tasse da pagare all'imperatore romano

¹³ Alcuni farisei e alcuni del partito di Erode furono mandati a parlare con Gesù per cercare di metterlo in difficoltà. ¹⁴ Essi vennero e gli dissero:

«Maestro, noi sappiamo che tu sei sempre sincero e non ti preoccupi di quel che pensa la gente; tu non guardi in faccia a nessuno e insegni veramente la volontà di Dio. Abbiamo una domanda da farti: la nostra Legge permette o non permette di pagare le tasse all'imperatore romano? Dobbiamo pagarle o no?».

¹⁵ Ma Gesù sapeva che nascondevano i loro veri pensieri e disse:

«Perché cercate di imbrogliarmi? Portatemi una moneta d'argento, voglio vederla».

¹⁶ Gli diedero allora la moneta e Gesù domandò:
«Questo volto e questo nome, di chi sono?».

Gli risposero:

«Dell'imperatore».

¹⁷ Gesù replicò:

«Date all'imperatore quel che è dell'imperatore, ma quel
che è di Dio datelo a Dio».

A queste parole rimasero sbalorditi.

Discussione a proposito
della risurrezione

¹⁸ Si presentarono a Gesù alcuni che appartenevano al gruppo dei sadducei: secondo loro nessuno può risorgere dopo
la morte. Gli domandarono:

¹⁹ «Maestro, Mosè ci ha lasciato questo comandamento
scritto: *Se un uomo muore* e lascia la moglie *senza figli, suo
fratello deve sposare la vedova e cercare di avere dei figli per
quello che è morto.* ²⁰ Ebbene, una volta c'erano sette fratelli. Il primo si sposò e poi morì senza lasciare figli. ²¹ Allora il
secondo fratello sposò la vedova, ma anche lui morì senza
avere figli. La stessa cosa capitò al terzo ²² e così, via via, a
tutti gli altri. Tutti morirono senza lasciare figli. Infine morì
anche la donna. ²³ Ora, nel giorno della risurrezione, quando i morti risorgeranno, di chi sarà moglie quella donna?
Perché tutti e sette l'hanno avuta come moglie!».

²⁴ Gesù rispose:

«Non capite che sbagliate? Voi non conoscete la Bibbia e
non sapete cosa sia la potenza di Dio! ²⁵ Quando i morti risorgeranno, gli uomini e le donne non si sposeranno più,
ma saranno come gli angeli del cielo. ²⁶ A proposito poi dei
morti e della risurrezione, non avete mai letto nella Bibbia

l'episodio di Mosè, quando vide il cespuglio in fiamme? Quel giorno Dio gli disse: *Io sono il Dio di Abramo, il Dio di Isacco, il Dio di Giacobbe.* [27] Perciò Dio è il Dio dei vivi, non dei morti! Voi sbagliate tutto».

Il comandamento più importante

[28] Un maestro della Legge aveva ascoltato quella discussione. Avendo visto che Gesù aveva risposto bene ai sadducei, si avvicinò e gli fece questa domanda:

«Qual è il più importante di tutti i comandamenti?».

[29] Gesù rispose:

«Il comandamento più importante è questo:

Ascolta, Israele!
Il Signore nostro Dio è l'unico Signore:
[30] *Ama il Signore tuo Dio*
con tutto il tuo cuore e con tutta la tua anima,
con tutta la tua mente *e con tutte le tue forze.*
[31] Il secondo comandamento è questo:
Ama il tuo prossimo come te stesso.
Non c'è nessun altro comandamento più importante di questi due».

[32] Allora il maestro della Legge disse:

«Molto bene, Maestro! È vero: *Dio è uno solo e non c'è n'è un altro all'infuori di lui.* [33] E poi, la cosa più importante è *amare Dio con tutto il cuore, con tutta la mente, e con tutte le forze e amare il prossimo come se stesso.* Questo vale molto più che tutte le offerte e i sacrifici di animali».

[34] E Gesù, vedendo che quell'uomo aveva risposto con saggezza, gli disse:

«Tu non sei lontano dal regno di Dio».

E nessun altro aveva più il coraggio di fargli domande.

Il Messia e il re Davide

[35] Mentre insegnava nel Tempio Gesù fece questa domanda: «I maestri della Legge dicono che il Messia sarà un discendente del re Davide. Com'è possibile? [36] Davide stesso, guidato dallo Spirito Santo ha scritto in un salmo:

Il Signore ha detto al mio Signore:
Siedi alla mia destra,
finché io metterò i tuoi nemici
come sgabello sotto i tuoi piedi.

[37] Se Davide stesso dice che è Signore, come può il Messia essere un discendente di Davide?».

Gesù parla contro i maestri della Legge

[38] Mentre insegnava Gesù diceva alla gente: «Non fidatevi dei maestri della Legge. A loro piace passeggiare con vesti di lusso, essere salutati in piazza, [39] avere i posti d'onore nelle sinagoghe e i primi posti nei banchetti. [40] Con avidità cercano di portar via alle vedove tutto quel che hanno e intanto, per farsi vedere, fanno lunghe preghiere. Queste persone saranno giudicate con estrema severità».

La piccola offerta
di una povera vedova

[41] Gesù andò a sedersi vicino al tesoro del Tempio e guardava la gente che metteva i soldi nelle cassette delle offerte. C'erano molti ricchi i quali buttavano dentro molto denaro.

[42] Venne anche una povera vedova e vi mise soltanto due monetine di rame. [43] Allora Gesù chiamò i suoi discepoli e disse: «Io vi assicuro che questa vedova, povera com'è, ha dato un'offerta più grande di quella di tutti gli altri! [44] Infatti gli altri hanno offerto quel che avevano d'avanzo, mentre

questa donna, povera com'è, ha dato tutto quel che posse-
deva, quel che le serviva per vivere».

Gesù annunzia che il Tempio sarà distrutto

13 Mentre Gesù usciva dal Tempio uno dei discepoli
gli disse:

«Maestro, guarda come sono grandi queste pietre e come
sono magnifiche queste costruzioni!».

² Gesù gli rispose:

«Vedi queste grandi costruzioni? Ebbene, non rimarrà una
sola pietra sull'altra: tutto sarà distrutto!».

Gesù annunzia dolori e persecuzioni

³ Quando giunsero al monte degli Ulivi Gesù si sedette
guardando verso il Tempio. Pietro, Giacomo, Giovanni e
Andrea, in disparte, gli chiesero: ⁴ «Puoi dirci quando av-
verranno queste cose? E quale sarà il segno che tutte queste cose stanno per accadere?».

⁵ Allora Gesù cominciò a dire ai discepoli: «Fate attenzione e non lasciatevi ingannare da nessuno! ⁶ Molti verranno e cercheranno di ingannare molta gente; si presen-
teranno con il mio nome e diranno: "Sono io il Messia!".
⁷ Quando sentirete parlare di guerre, vicine o lontane, non
abbiate paura: bisogna che ciò avvenga, ma non sarà ancora la fine. ⁸ I popoli combatteranno l'uno contro l'altro, un
regno contro un altro. Ci saranno terremoti e carestie in
molte regioni. Sarà come quando cominciano i dolori del
parto. ⁹ Fate attenzione a voi stessi! Vi porteranno nei
tribunali, nelle sinagoghe vi tortureranno, dovrete stare davanti a governatori e re per causa mia e sarete miei testimoni di fronte a loro.

[10] «È necessario anzitutto che il messaggio del Vangelo sia annunziato a tutti i popoli. [11] E quando vi arresteranno per portarvi in tribunale, non preoccupatevi di quel che dovrete dire: dite ciò che in quel momento Dio vi suggerirà, perché non siete voi a parlare, ma lo Spirito Santo. [12] Allora ci sarà chi tradirà un fratello per farlo morire; i padri faranno lo stesso verso i loro figli; i figli si ribelleranno contro i genitori e li faranno morire. [13] E voi sarete odiati da tutti per causa mia; ma Dio salverà chi avrà resistito sino alla fine.

Gesù annunzia grandi tribolazioni

[14] «Un giorno vedrete colui che commette l'orribile sacrilegio: lo vedrete in quel luogo dove non dovrebbe mai entrare (chi legge cerchi di capire!). Allora quelli che saranno nel territorio della Giudea fuggano sui monti; [15] chi si troverà sulla terrazza del tetto non scenda in casa a prendere qualcosa; [16] chi si troverà nei campi non torni indietro a prendere il mantello.

[17] «Saranno giorni tristi per le donne incinte e per quelle che allattano! [18] Pregate che queste cose non avvengano d'inverno! [19] Perché quei giorni saranno giorni di tribolazione, la più grande che ci sia mai stata fino ad oggi, da quando Dio ha creato il mondo, e non ne verrà più una uguale. [20] E se Dio non accorciasse il numero di quei giorni, nessuno si salverebbe. Ma Dio li ha accorciati a causa di quegli uomini che egli si è scelto. [21] Allora, se qualcuno vi dirà: "Ecco, il Messia è qui! ecco, è là!", voi non fidatevi. [22] Perché verranno falsi profeti e falsi messia i quali faranno segni miracolosi per cercare di ingannare, se fosse possibile, anche quelli che Dio si è scelto. [23] Voi però fate attenzione! Io vi ho avvisati di tutto.

Gesù annunzia il ritorno del Figlio dell'uomo

²⁴ «Ma in quei giorni,
dopo quelle tribolazioni,
il sole si oscurerà,
la luna perderà il suo splendore,
²⁵ le stelle cadranno dal cielo,
e le forze del cielo saranno sconvolte.

²⁶ «Allora vedranno il *Figlio dell'uomo venire sulle nubi*, con grande potenza e splendore. ²⁷ Egli manderà i suoi angeli in ogni direzione. E da un confine all'altro del cielo e della terra egli radunerà tutti gli uomini che si è scelti.

Parabola del fico

²⁸ «Dall'albero del fico imparate questa parabola: quando i suoi rami diventano teneri e spuntano le prime foglie, voi capite che l'estate è vicina. ²⁹ Allo stesso modo, quando vedrete accadere queste cose, sappiate che egli è vicino, è alle porte. ³⁰ Io vi assicuro che non passerà questa generazione prima che tutte queste cose siano accadute. ³¹ Il cielo e la terra passeranno, ma le mie parole non passeranno.

Gesù invita a essere vigilanti

³² «Nessuno sa quando verranno quel giorno e quell'ora; non lo sanno gli angeli e neppure il Figlio: solo Dio Padre lo sa. ³³ Fate attenzione, rimanete svegli, perché non sapete quando sarà il momento decisivo!

³⁴ «E come un tale che è partito per un lungo viaggio, se n'è andato via e ha affidato la casa ai suoi servi. A ciascuno ha dato un incarico, e al portinaio ha raccomandato di restare sveglio alla porta. ³⁵ Ebbene, restate svegli, perché non sapete quando il padrone di casa tornerà: forse alla se-

ra, forse a mezzanotte, forse al canto del gallo o forse di mattina. ³⁶ Se arriva improvvisamente, fate in modo che non vi trovi addormentati.

³⁷ «Quel che dico a voi lo dico a tutti: state svegli!».

I capi degli Ebrei vogliono uccidere Gesù

14 Mancavano intanto due giorni alla Pasqua degli Ebrei e alla festa dei Pani non lievitati. I capi dei sacerdoti e i maestri della Legge cercavano un modo per arrestare Gesù con un inganno, per poi ucciderlo. ² Infatti dicevano: «Non possiamo arrestarlo in un giorno di festa, perché altrimenti c'è pericolo di una rivolta popolare».

Una donna versa profumo su Gesù

³ Gesù si trovava a Betània, in casa di Simone, quello che era stato lebbroso. Mentre era a tavola, venne una donna con un vasetto di alabastro pieno di un profumo molto prezioso, nardo purissimo. La donna spaccò il vasetto e versò il profumo sulla testa di Gesù.

⁴ Alcuni dei presenti, scandalizzati, mormoravano tra loro: «Perché tutto questo spreco di profumo? ⁵ Si poteva venderlo per trecento monete d'argento e poi dare i soldi ai poveri!». Ed erano furibondi contro di lei.

⁶ Ma Gesù disse loro: «Lasciatela in pace! Perché la tormentate? Questa donna ha fatto un'opera buona verso di me. ⁷ I poveri, infatti, li avete sempre con voi e potete aiutarli quando volete, ma non sempre avete me. ⁸ Essa ha fatto quel che poteva, e così ha profumato in anticipo il mio corpo per la sepoltura. ⁹ Io vi assicuro che in tutto il mondo, dovunque sarà predicato il messaggio del Vangelo, ci si ricorderà di questa donna e di quel che ha fatto».

Giuda tradisce Gesù

[10] Poi, Giuda Iscariota, uno dei dodici discepoli, andò dai capi dei sacerdoti per aiutarli ad arrestare Gesù. [11] Essi furono molto contenti della sua proposta e promisero di dargli dei soldi. Allora Giuda si mise a cercare un'occasione per fare arrestare Gesù.

Due discepoli preparano la cena pasquale

[12] Il primo giorno della festa dei Pani non lievitati, quando gli Ebrei uccidevano l'agnello pasquale, i discepoli domandarono a Gesù:
«Dove vuoi che andiamo a prepararti la cena di Pasqua?».
[13] Gesù mandò due discepoli con queste istruzioni:
«Andate in città. Là incontrerete un uomo che porta una brocca d'acqua. Seguitelo [14] nella casa dove entrerà e lì parlate con il padrone. Gli direte: "Il Maestro desidera fare la cena pasquale con i suoi discepoli, e ti chiede la sala". [15] Allora egli vi mostrerà al piano superiore una grande sala già pronta con i tappeti. In quella sala preparate per noi la cena».
[16] I discepoli partirono e andarono in città. Trovarono tutto come Gesù aveva detto e prepararono la cena pasquale.

Gesù indica il traditore

[17] Quando fu sera Gesù venne con i dodici discepoli, [18] e mentre erano a tavola e stavano mangiando, disse: «Io vi dico che uno di voi mi tradirà: quello che mangia con me».
[19] I discepoli diventarono tristi e cominciarono a domandargli, uno dopo l'altro:

«Sono forse io?».

²⁰ Gesù disse:

«È uno dei Dodici, uno che intinge con me il pane nel piatto. ²¹ Il Figlio dell'uomo sta per morire, così come è scritto nella Bibbia. Ma guai a quell'uomo per mezzo del quale è tradito. Per lui sarebbe stato meglio non essere mai nato».

La Cena del Signore

²² Mentre stavano mangiando, Gesù prese il pane, fece la preghiera di benedizione, spezzò il pane, lo diede ai discepoli e disse: «Prendete: questo è il mio corpo».

²³ Poi prese la coppa del vino, fece la preghiera di ringraziamento, la diede ai discepoli e tutti ne bevvero.

²⁴ Gesù disse: «Questo è il mio sangue, offerto per tutti gli uomini. Con questo sangue Dio conferma la sua alleanza. ²⁵ Io vi assicuro che non berrò più vino, fino al giorno in cui berrò il vino nuovo nel regno di Dio».

²⁶ Cantarono i salmi della festa, poi andarono verso il monte degli Ulivi.

Gesù sarà abbandonato da tutti

²⁷ Gesù disse ai discepoli:

«Tutti voi perderete ogni fiducia in me. Infatti nella Bibbia è scritto:

Ucciderò il pastore
e le pecore saranno disperse.

²⁸ Ma quando sarò risuscitato vi aspetterò in Galilea».

²⁹ Allora Pietro gli disse:

«Anche se tutti gli altri perderanno ogni fiducia, io no!».

³⁰ Gesù replicò:

«Io invece ti assicuro che oggi, proprio questa notte, prima
che il gallo abbia cantato due volte, già tre volte avrai detto
che non mi conosci!».

³¹ Ma Pietro con grande insistenza continuava a dire:
«Non dirò mai che non ti conosco, anche se dovessi morire
con te!».

Anche gli altri discepoli dicevano la stessa cosa.

Gesù prega nel Getsèmani

³² Intanto raggiunsero un luogo detto Getsèmani. Gesù disse ai suoi discepoli: «Restate qui, mentre io pregherò». ³³ E
si fece accompagnare da Pietro, Giacomo e Giovanni. Poi
cominciò ad aver paura e angoscia, ³⁴ e disse ai tre discepoli: «Una tristezza mortale mi opprime. Fermatevi qui e state svegli».

³⁵ Mentre andava più avanti, cadeva a terra e pregava.
Chiedeva a Dio, se era possibile, di evitare quel terribile
momento. ³⁶ Diceva: «Abbà, Padre mio, tu puoi tutto. Al-
lontana da me questo calice di dolore! Però, non fare quel
che voglio io, ma quel che vuoi tu».

³⁷ Poi tornò dai discepoli, ma li trovò che dormivano. Allora disse a Pietro: «Simone, perché dormi? Non sei riusci-
to a vegliare un'ora? ³⁸ State svegli e pregate per resistere
nel momento della prova; perché la volontà è pronta, ma la
debolezza è grande!».

³⁹ Si allontanò di nuovo e ricominciò a pregare ripetendo
le stesse parole. ⁴⁰ Poi tornò dai discepoli e li trovò che ancora dormivano. Non riuscivano a tenere gli occhi aperti e
non sapevano che cosa rispondergli.

⁴¹ Quando tornò da loro la terza volta disse: «Ma come?
Voi ancora dormite e riposate? Ormai, dormite pure e ripo-

sate. È finita. L'ora è giunta. Il Figlio dell'uomo sta per essere consegnato nelle mani dei suoi nemici.

[42] «Alzatevi, andiamo! Colui che mi tradisce sta arrivando».

Gesù è arrestato

[43] Mentre Gesù ancora parlava, subito arrivò Giuda, uno dei Dodici, accompagnato da molti uomini armati di spade e bastoni. Erano stati mandati dai capi dei sacerdoti, dai maestri della Legge e dalle altre autorità. [44] Il traditore si era messo d'accordo con loro. Aveva stabilito un segno e aveva detto: «Quello che bacerò è lui. Voi prendetelo e portatelo via con cautela».

[45] Subito Giuda si avvicinò a Gesù e disse: «Maestro!». Poi lo baciò. [46] Allora gli altri lo presero e lo arrestarono.

[47] Ma uno di quelli che erano lì presenti tirò fuori la spada e colpì il servo del sommo sacerdote staccandogli un orecchio.

[48] Gesù disse: «Siete venuti a prendermi con spade e bastoni, come se fossi un delinquente! [49] Tutti i giorni ero in mezzo a voi, insegnavo nel Tempio, e non mi avete mai arrestato. Ma tutto questo avviene perché si compia quel che dice la Bibbia». [50] Allora i discepoli lo abbandonarono e fuggirono tutti.

[51] Dietro a Gesù veniva un ragazzo, coperto soltanto con un lenzuolo. Le guardie cercarono di prenderlo, [52] ma egli lasciò cadere il lenzuolo e scappò via nudo.

Gesù davanti al tribunale ebraico

[53] Portarono Gesù alla casa del sommo sacerdote e là si riunirono i capi dei sacerdoti, i maestri della Legge e le altre autorità. [54] Pietro lo seguiva da lontano. Entrò anche nel

cortile della casa e andò a sedersi in mezzo ai servi che si
scaldavano vicino al fuoco.

[55] Intanto i capi dei sacerdoti e gli altri del tribunale cercavano un'accusa contro Gesù per poterlo condannare a
morte, ma non la trovavano. [56] Molte persone, infatti, portavano false accuse contro Gesù, ma dicevano uno il contrario dell'altro.

[57] Infine si alzarono alcuni con un'altra accusa falsa. [58] Dicevano: «Noi l'abbiamo sentito dire: io distruggerò questo
Tempio fatto dagli uomini e in tre giorni ne costruirò un altro non fatto dagli uomini». [59] Ma anche su questo punto
quelli che parlavano non erano d'accordo.

[60] Allora si alzò il sommo sacerdote e interrogò Gesù:
«Non rispondi nulla? Che cosa sono queste accuse contro
di te?».

[61] Ma Gesù rimaneva zitto e non rispondeva nulla. Il sommo sacerdote gli fece ancora una domanda:
«Sei tu il Messia, il Cristo, il Figlio di Dio benedetto?».

[62] Gesù rispose:
«Sì, sono io.
   E voi vedrete *il Figlio dell'uomo*
   seduto accanto a Dio Onnipotente.
   Egli verrà tra le nubi del cielo!».

[63] Allora il sommo sacerdote, scandalizzato, si strappò la
veste e disse: «Non c'è più bisogno di testimoni ormai! [64] Avete sentito le sue bestemmie. Qual è il vostro parere?». E
tutti decisero che Gesù doveva essere condannato a morte.

[65] Alcuni dei presenti cominciarono a sputargli addosso.
Gli coprivano la faccia, poi gli davano pugni e gli dicevano:
«Indovina chi è stato!». Anche le guardie lo prendevano a
schiaffi.

Pietro nega di conoscere Gesù

66-67 Pietro intanto era ancora giù nel cortile a scaldarsi. A un certo punto passò di là una serva del sommo sacerdote, lo vide, lo osservò bene e disse:
«Anche tu stavi con quell'uomo di Nàzaret, con Gesù».

68 Ma Pietro negò e disse:
«Non so proprio che cosa vuoi dire, non ti capisco».

Poi se ne andò fuori del cortile, nell'ingresso; e intanto il gallo cantò.

69 Quella serva lo vide e di nuovo cominciò a dire alle persone vicine:
«Anche lui è uno di quelli!».

70 Ma Pietro negò di nuovo.

Poco dopo, alcuni dei presenti gli dissero ancora:
«Certamente tu sei uno di quelli, perché vieni dalla Galilea».

71 Ma Pietro cominciò a giurare e a spergiurare che non era vero:
«Io neppure lo conosco quell'uomo che voi dite!».

72 Subito dopo un gallo cantò per la seconda volta. In quel momento Pietro si ricordò di ciò che gli aveva detto Gesù: «Prima che il gallo abbia cantato due volte, già tre volte tu avrai dichiarato che non mi conosci». Allora scappò via e si mise a piangere.

Gesù davanti a Pilato, il governatore romano

15 Appena fu mattina i capi dei sacerdoti insieme con le altre autorità e i maestri della Legge – cioè tutto il tribunale – si riunirono per prendere una decisione. Alla fine fecero legare e portar via Gesù e lo consegnarono a Pilato.

2 Pilato gli fece questa domanda:
«Sei tu il re dei Giudei?».

Gesù rispose:
«Tu lo dici».

³ Siccome i capi dei sacerdoti portavano molte accuse contro di lui, ⁴ Pilato lo interrogò ancora:
«Perché non rispondi nulla? Vedi bene di quante cose ti accusano!».

⁵ Ma Gesù non disse più niente e Pilato ne fu molto meravigliato.

Gesù è condannato a morte

⁶ Ogni anno, per la festa di Pasqua, Pilato liberava uno dei prigionieri, quello che la folla domandava. ⁷ In quel tempo era in prigione un certo Barabba che, insieme con altri ribelli, aveva ucciso un uomo durante una rivolta. ⁸ Allora la folla salì verso il palazzo del governatore e cominciò a chiedergli quello che egli aveva l'abitudine di concedere.

⁹ Allora Pilato rispose:
«Volete che vi lasci libero Gesù, questo re dei Giudei?».

¹⁰ Disse così perché sapeva che i capi dei sacerdoti l'avevano portato da lui solo per odio. ¹¹ Ma i capi dei sacerdoti cominciarono a mettere in agitazione la folla perché chiedesse la liberazione di Barabba.

¹² Pilato domandò di nuovo:
«Che farò dunque di quell'uomo che voi chiamate il re dei Giudei?».

¹³ Essi gridarono:
«In croce!».

¹⁴ Pilato diceva:
«Che cosa ha fatto di male?».

Ma quelli gridavano ancora più forte:
«In croce! In croce!».

¹⁵ Pilato non voleva scontentare la folla: per questo lasciò libero Barabba e invece fece frustare a sangue Gesù. Poi lo consegnò ai soldati per farlo crocifiggere.

Gli insulti dei soldati

¹⁶ I soldati portarono Gesù nel cortile del palazzo del governatore e chiamarono anche il resto della truppa. ¹⁷ Gli misero addosso una veste rossa, prepararono una corona di rami spinosi e gliela misero sul capo. ¹⁸ Poi cominciarono a salutarlo: «Salve, re dei Giudei!». ¹⁹ Con un bastone gli davano dei colpi in testa, gli sputavano addosso e si mettevano in ginocchio come per adorarlo.

²⁰ Quando finirono di insultarlo gli tolsero la veste rossa e lo rivestirono dei suoi abiti. Poi lo portarono fuori per crocifiggerlo.

Gesù è inchiodato a una croce

²¹ Un certo Simone, originario di Cirene, il padre di Alessandro e di Rufo, passava di là mentre tornava dai campi. I soldati lo obbligarono a portare la croce di Gesù.

²² Poi condussero Gesù in un luogo detto Gòlgota (che significa «Luogo del Cranio»). ²³ Vollero dargli un po' di vino drogato, ma Gesù non lo prese. ²⁴ Poi lo inchiodarono alla croce, e si divisero le sue vesti tirandole a sorte per decidere la parte di ciascuno.

²⁵ Erano le nove del mattino quando lo crocifissero. ²⁶ Sul cartello dove si scriveva il motivo della condanna c'erano queste parole: «Il re dei Giudei». ²⁷ Insieme con Gesù avevano messo in croce anche due briganti, uno alla sua destra e uno alla sua sinistra. [²⁸ E si adempì la Scrittura che dice: *e fu annoverato tra i malfattori*.]

²⁹ Quelli che passavano di là scuotevano la testa in segno di disprezzo, lo insultavano e dicevano: «Ehi, tu che volevi distruggere il Tempio e ricostruirlo in tre giorni, ³⁰ salva te stesso! Prova a scendere dalla croce!».

³¹ Allo stesso modo anche i capi dei sacerdoti e i maestri della Legge ridevano e dicevano: «Ha salvato tanti altri e ora non è capace di salvare se stesso! ³² Lui, il Messia, il re d'Israele: scenda ora dalla croce, così vedremo e gli crederemo!». Anche i due briganti crocifissi accanto a lui lo insultavano.

Gesù muore

³³ Quando fu mezzogiorno si fece buio su tutta la regione fino alle tre del pomeriggio. ³⁴ Alle tre Gesù gridò molto forte: *Eloì, Eloì, lemà sabactàni?* che significa: *Dio mio, Dio mio, perché mi hai abbandonato?*

³⁵ Alcuni dei presenti udirono e dissero: «Sentite, chiama il profeta Elia».

³⁶ Un tale corse a prendere una spugna, la bagnò nell'aceto, la fissò in cima a una canna e cercava di far bere Gesù. Diceva: «Aspettate. Vediamo se viene Elia a toglierlo dalla croce!».

³⁷ Ma Gesù diede un forte grido e spirò.

³⁸ Allora il grande velo appeso nel Tempio si squarciò in due, da cima a fondo.

³⁹ L'ufficiale romano che stava di fronte alla croce, vedendo come Gesù era morto, disse: «Quest'uomo era davvero Figlio di Dio!».

⁴⁰ Alcune donne erano là e guardavano da lontano: c'erano Maria Maddalena, Maria madre di Giacomo il più giovane e di Ioses, e anche Salome. ⁴¹ Esse avevano seguito e

aiutato Gesù fin da quando era in Galilea. E c'erano anche
molte altre donne che erano venute con lui a Gerusalemme.

Il corpo di Gesù è messo nella tomba

[42] Quel giorno, vigilia del sabato, era di preparazione alla
festa, ed era già sera. [43] Venne Giuseppe, originario di Arimatea: egli era un personaggio importante, faceva parte del
tribunale ebraico: anche lui aspettava con fiducia il regno di
Dio. Giuseppe si fece coraggio, andò da Pilato e chiese il
corpo di Gesù.

[44] Pilato si meravigliò che Gesù fosse già morto. Chiamò
allora l'ufficiale e gli domandò se era morto davvero. [45] Dopo aver ascoltato l'ufficiale, diede il permesso di prendere il
corpo di Gesù. [46] Allora Giuseppe comprò un lenzuolo, tol-
se Gesù dalla croce, lo avvolse nel lenzuolo e lo mise in una
tomba scavata nella roccia. Poi fece rotolare una grossa pietra davanti alla porta della tomba.

[47] Intanto due delle donne, Maria Maddalena e Maria
madre di Ioses, stavano a guardare dove mettevano il corpo di Gesù.

L'annunzio della risurrezione

16 Passato il sabato, Maria Maddalena, Maria, madre
di Giacomo, e Salome comprarono olio e profumi
per andare a ungere il corpo di Gesù. [2] La mattina presto
del primo giorno della settimana, al levar del sole, andarono alla tomba. [3] Mentre andavano dicevano tra loro: «Chi
ci farà rotolar via la pietra che è davanti alla porta?». [4] Ma
quando arrivarono, guardarono, e videro che la grossa pietra, molto pesante, era stata già spostata. [5] Allora entrarono
nella tomba. Piene di spavento, videro, a destra, un giova-

ne seduto, vestito di una veste bianca. ⁶ Ma il giovane disse: «Non spaventatevi. Voi cercate Gesù di Nàzaret, quello che è stato crocifisso. È risuscitato, non è qui. Ecco, questo è il posto dove lo avevano messo. ⁷ Ma andate e dite ai suoi discepoli e a Pietro, che Gesù vi aspetta in Galilea. Là, lo vedrete come vi aveva detto lui stesso».

⁸ Le donne uscirono dalla tomba e scapparono via di corsa, tremanti di paura. E non dissero niente a nessuno perché avevano paura.

Gesù appare a Maria Maddalena

⁹ Dopo essere risuscitato, la mattina presto Gesù apparve prima a Maria Maddalena (quella donna dalla quale aveva cacciato i sette spiriti maligni). ¹⁰⁻¹¹ Allora Maria andò dai discepoli, che erano tristi e piangevano, e portò la notizia che Gesù era vivo e lei lo aveva visto! Ma essi non le credettero.

Gesù appare a due discepoli

¹² Più tardi, Gesù apparve in modo diverso a due discepoli che erano in cammino verso la campagna. ¹³ Anch'essi tornarono indietro e annunziarono il fatto agli altri. Ma non credettero neanche a loro.

Gesù appare ai discepoli riuniti

¹⁴ Alla fine Gesù apparve agli undici discepoli mentre erano a tavola. Li rimproverò perché avevano avuto poca fede e si ostinavano a non credere a quelli che lo avevano visto risuscitato. ¹⁵ Poi disse: «Andate in tutto il mondo e portate il messaggio del Vangelo a tutti gli uomini. ¹⁶ Chi crederà e sarà battezzato sarà salvo; ma chi non crederà sarà condannato.

[17] «E quelli che avranno fede faranno segni miracolosi: cacceranno i demoni invocando il mio nome; parleranno lingue nuove; [18] prenderanno in mano serpenti e se berranno veleni non farà loro alcun male; poseranno le mani sui malati ed essi guariranno».

Gesù ritorna presso Dio

[19] Dopo quelle parole il Signore Gesù fu innalzato fino al cielo e Dio gli diede potere accanto a sé.

[20] Allora i discepoli partirono per portare dappertutto il messaggio del Vangelo. E il Signore agiva insieme a loro e confermava le loro parole con segni miracolosi.

ALTRA CONCLUSIONE

[9] Poi le donne raccontarono in breve a Pietro e agli altri tutto ciò che erano venute a sapere.

[10] In seguito, Gesù stesso, per mezzo dei discepoli, fece diffondere in tutto il mondo, dall'oriente fino all'occidente, il sacro e perenne messaggio della salvezza eterna. Amen.

THE GOSPEL
ACCORDING TO MARK

The Gospel according to Mark
English text from: "Today's English Version", second edition

© 1992 American Bible Society, New York
Used with permission
www.americanbible.org

*The final text of this translation has been approved
by the United Bible Societies and by the competent ecclesiastical
authorities of the Roman Catholic Church in USA, England and Wales.*

Introduction

How can I know Jesus? How can I meet Him? These questions are significant for all who have heard about Him, especially those who have accepted Him as the Saviour of all. We receive answers to such questions from those who witnessed his life, those who followed Him from the beginning.

The disciples of Jesus, witnesses and proclaimers of the Gospel

Jesus called the disciples to follow Him: Peter, Andrew, John... He lived with them, teaching the crowd and performing miracles, helping the disciples to understand his mission and the opposition that he would encounter. They saw Him die on a cross, in free and total abandonment to the will of the Father. After the bitter experience of the cross He did not break his links with them, but rather, He showed Himself alive and risen, and they recognised Him in faith as Lord and Son of God. This event, which transformed their lives, had to be proclaimed to all people as a "gospel", that is, as "good news". Inspired by the Spirit, they began therefore to proclaim that God had raised Jesus from the dead and made Him Lord and Messiah, inviting everyone to be converted and believe in Him.

Through this missionary activity, as well as in the celebration of Baptism and the Eucharist, in prayer gatherings and in the teaching of the first Christians, the accounts of

Jesus' teaching, his miracles, his acts of mercy, his passion and the Easter experience, began to take shape. It was important to make these words and events meaningful to the various communities who listened to the teaching, and the Evangelists drew on the traditions of these communities. Thus were born the four Gospels that the Church recognises as true witnesses to the life of Jesus Christ and to faith in Him: the Gospels according to Matthew, Mark, Luke and John.

THE GOSPEL ACCORDING TO MARK

The booklet that you have in your hands contains the second of these Gospels. You might wonder who wrote it? For whom was it written? When it was written?

Early tradition tells us that the author is Mark, presented as the "interpreter" – today we would say the secretary – of Peter. It is believed that around the year 70AD (after the martyrdom of Peter) Mark composed his Gospel based on the preaching of the Apostle for the Christian community in Rome.

There is another important question for us if we want to truly understand what is contained in these pages: why did Mark write his Gospel? Convinced that the Christian faith is centred on the death and resurrection of Jesus, Mark believed that these events could not be understood without going back to the beginning of the story, that is, from when Jesus began to proclaim the coming of the Kingdom of God. In his Gospel, Mark wished to offer those Christians who were new to the faith, animated by a strong missionary spirit but exposed to tribulations and persecutions, a means of understanding and accepting the mystery of Jesus and what the choice to follow Him involves.

Mark's Gospel is known as the "Convert's Gospel", or, better, of the person who takes the journey of faith that leads him/her to be fully and consciously a Christian. "How do you become Christian?" is a question that certainly touches us: in the second Gospel there is a way of faith and of life that can help us on our own journeys.

THE GOSPEL OF JESUS, MESSIAH, CRUCIFIED SON OF GOD

It's always helpful to look at the index of a book to see how the author has arranged his material. The Gospels do not have an index; however it is possible to reconstruct one. Mark indeed has offered us a clue: he opens his narrative with the solemn proclamation of "Jesus Christ, the Son of God" (Mk 1,1), and we know that his book seeks to introduce us to the discovery of Jesus as the "Messiah" and "Son of God". We can trace the individual elements of the Gospel within two distinct periods.

The first part of the Gospel (Mk 1,2–8,30) reaches its climax when Peter, in the name of the disciples, says to Jesus: "You are the Christ." (Mk 8,29) This is the end of a journey marked by continuous questions about the works and person of Jesus, drawing us into an atmosphere of wonder and curiosity at the mystery of his identity. After a short introduction (Mk 1,2-13) Mark begins with the proclamation of the Gospel in Galilee and the response of the first disciples, contrasted with those who question his authority and deny that he has something new to offer. (Mk 1,14–3,6). Following this there is the choice of the Twelve and the creation of the group of disciples who, as opposed to the unbelievers, are the true "family" of Jesus and for whom is reserved a particular formation (Mk

3,7–6,6a). Then Jesus shows himself as the one who, through the gift of the eucharistic bread, gathers the people of God; he opens the eyes of the disciples who do not understand in order that they may finally recognise Him as the "Messiah" (Mk 6,6b–9,21).

In the second part of the Gospel (Mk 8,31–16,15) Jesus is presented to the disciples as the "Son of Man", rejected and killed. We are urged to listen and to contemplate so that we may see in the scandal of the Crucified Jesus the revelation of Jesus as the "Son of God" and the supreme manifestation of God's love. This journey gets under way on the road to Jerusalem when Jesus, to the incomprehension of the disciples, preaches his passion and resurrection and instructs them in what it means to follow Him (Mk 8,31–10,52). On reaching Jerusalem Jesus is confronted by his adversaries concerning his identity as Messiah and Son of God and speaks to them about the end times (Mk 11–13). In the passion narrative Jesus appears as the disowned and condemned Messiah, as the mocked and rejected King of the Jews, and finally, as the Crucified Son of God (Mk 14,1– 15,39). At the climax of the Gospel, Mark places the Roman soldier's profession of faith, representing the pagans who have accepted the Gospel: "Truly this man was the Son of God" (Mk 15,39). A short epilogue leads us from the contemplation of the Crucified One to the announcement of the Risen Lord (Mk 15,40–16,20).

CALLED TO BE DISCIPLES

Mark's Gospel invites us to enter into a personal relationship with Jesus and to share his fate: it is the Disciple's Gospel. The disciples, together with other minor characters, guide us on this path.

In the call of the first disciples we can see ourselves and the beginnings of our Christian life (Mk 1,16-20). We learn that, following Jesus, we too may be criticised and rejected by those who do not recognise the signs of liberation, forgiveness and promotion of human life that He brings (Mk 2,1–3,6). Despite this, we are filled with joy to feel part of his "family" (Mk 3,31-35). It is also consoling that, in spite of our toil and endurance, the Lord continues to offer us, through the Christian community, the explanation of his word in order to help us to understand and grow in faith (Mk 4,13-20.34; 7,17-23).

However, it is hard to enter into the mentality of the Kingdom of God: it requires that we make a serious commitment to listening to the Word so that our faith does not grow dim. Our faith can in fact be weakened by the storms of life if we do not recognise in the risen Jesus the one who can save us from evil and from death (Mk 4). Above all it is difficult for us to accept that the Messiah had to tread a path of suffering and death in the total giving of himself and that this is the road that faces those who wish to be his disciples (Mk 8,31-38). The difficulty the disciples experienced in opening themselves to a mature faith and, above all, their rejection of the way of the cross shows us the hardships that the Christian life involves and exhorts us to an even stronger commitment to remain faithful in our following of Jesus.

When the disciples are in the background, Mark presents other minor characters to the reader; they appear and disappear in the Gospel like meteors but their light always guides us in our commitment to follow Jesus. We can easily recall some examples. The leper who was cured of his disease and the Gerasene man who was freed from demons are models of missionary zeal as they proclaim what Jesus has done for them (Mk 1,40-45; 5,1-20). Another example is blind Bartimaeus who, having recovered the sight of his faith, found the courage to follow the Master on the way of the cross (Mk 10,46-52). And finally, during the passion, the women are the exemplary disciples: they who had faithfully followed Jesus since Galilee now contemplate Him on the cross, watch the place were He is buried and, when they visit the tomb, receive the announcement of His resurrection (Mk 15,46-52). Their reflective silence is an invitation to prayerful contemplation. With such prayer we can, in faith, bridge the distance between the concept of death that stigmatises human life and the horizon of life of the God who raised Jesus. Furthermore, it will enable us to rethink the story of Jesus in the light of his resurrection and to accept in it the possibility of the new life that awaits those who believe. We can then break forth from this silence to proclaim and witness to all that Jesus is the source of life.

HOW TO READ THE GOSPEL

Mark's Gospel, which has been entrusted to us, asks now that we read it. It should be read from beginning to end with simplicity and in this conviction: "I am going to know who Jesus really is and how I can respond to Him who calls me to be his disciple." Accept what our mind and our heart will reveal to us from time to time. We will find in it a guide for our journey, bringing hope and the strength to face life each day, even in the most difficult situations.

  "Gradually as you move forward in the fascinating story of Jesus of Nazareth you will discover that He is not a figure from the past. His words are the word of God that also today illuminates the path of your life; his deeds are signs of the heavenly Father's deep and patient love for you. Thus, step by step, you will come to believe and profess with ever greater joy and clarity that God loves you, that Christ came for you. For you Christ is the Way, the Truth and the Life" (John Paul II).

"The beginning of the Gospel of Jesus Christ, the Son of God": these are the first words of Mark's Gospel. The Gospel of Jesus was there, like a foundation, at the beginning of the first two millennia of our history.

It is given to you today, the XV World Youth Day, so that, by your generous witness, it may be for you and for the new generations, the beginning, the foundation, of the third millennium.

THE GOSPEL ACCORDING TO MARK

The Preaching of John the Baptist

1 This is the Good News about Jesus Christ, the Son of God. ²It began as the prophet Isaiah had written:
"God said, 'I will send my messenger ahead of you
to open the way for you.'
³   Someone is shouting in the desert,
'Get the road ready for the Lord;
make a straight path for him to travel!'"

⁴ So John appeared in the desert, baptizing and preaching. "Turn away from your sins and be baptized," he told the people, "and God will forgive your sins." ⁵ Many people from the province of Judea and the city of Jerusalem went out to hear John. They confessed their sins, and he baptized them in the Jordan River.

⁶ John wore clothes made of camel's hair, with a leather belt around his waist, and his food was locusts and wild honey. ⁷ He announced to the people, "The man who will come after me is much greater than I am. I am not good enough even to bend down and untie his sandals. ⁸ I baptize you with water, but he will baptize you with the Holy Spirit."

The Baptism and Temptation of Jesus

⁹ Not long afterward Jesus came from Nazareth in the province of Galilee, and was baptized by John in the Jordan. ¹⁰ As soon as Jesus came up out of the water, he saw

heaven opening and the Spirit coming down on him like a dove. [11] And a voice came from heaven, "You are my own dear Son. I am pleased with you."

[12] At once the Spirit made him go into the desert, [13] where he stayed forty days, being tempted by Satan. Wild animals were there also, but angels came and helped him.

Jesus Calls Four Fishermen

[14] After John had been put in prison, Jesus went to Galilee and preached the Good News from God. [15] "The right time has come," he said, "and the Kingdom of God is near! Turn away from your sins and believe the Good News!"

[16] As Jesus walked along the shore of Lake Galilee, he saw two fishermen, Simon and his brother Andrew, catching fish with a net. [17] Jesus said to them, "Come with me, and I will teach you to catch people." [18] At once they left their nets and went with him.

[19] He went a little farther on and saw two other brothers, James and John, the sons of Zebedee. They were in their boat getting their nets ready. [20] As soon as Jesus saw them, he called them; they left their father Zebedee in the boat with the hired men and went with Jesus.

A Man with an Evil Spirit

[21] Jesus and his disciples came to the town of Capernaum, and on the next Sabbath Jesus went to the synagogue and began to teach. [22] The people who heard him were amazed at the way he taught, for he wasn't like the teachers of the Law; instead, he taught with authority.

[23] Just then a man with an evil spirit came into the synagogue and screamed, [24] "What do you want with us, Jesus

of Nazareth? Are you here to destroy us? I know who you are—you are God's holy messenger!"

²⁵ Jesus ordered the spirit, "Be quiet, and come out of the man!"

²⁶ The evil spirit shook the man hard, gave a loud scream, and came out of him. ²⁷ The people were all so amazed that they started saying to one another, "What is this? Is it some kind of new teaching? This man has authority to give orders to the evil spirits, and they obey him!"

²⁸ And so the news about Jesus spread quickly everywhere in the province of Galilee.

Jesus Heals Many People

²⁹ Jesus and his disciples, including James and John, left the synagogue and went straight to the home of Simon and Andrew. ³⁰ Simon's mother-in-law was sick in bed with a fever, and as soon as Jesus arrived, he was told about her. ³¹ He went to her, took her by the hand, and helped her up. The fever left her, and she began to wait on them.

³² After the sun had set and evening had come, people brought to Jesus all the sick and those who had demons. ³³ All the people of the town gathered in front of the house. ³⁴ Jesus healed many who were sick with all kinds of diseases and drove out many demons. He would not let the demons say anything, because they knew who he was.

Jesus Preaches in Galilee

³⁵ Very early the next morning, long before daylight, Jesus got up and left the house. He went out of town to a lonely place, where he prayed. ³⁶ But Simon and his companions

went out searching for him, [37] and when they found him, they said, "Everyone is looking for you."

[38] But Jesus answered, "We must go on to the other villages around here. I have to preach in them also, because that is why I came."

[39] So he traveled all over Galilee, preaching in the synagogues and driving out demons.

Jesus Heals a Man

[40] A man suffering from a dreaded skin disease came to Jesus, knelt down, and begged him for help. "If you want to," he said, "you can make me clean."

[41] Jesus was filled with pity, and reached out and touched him. "I do want to," he answered. "Be clean!" [42] At once the disease left the man, and he was clean. [43] Then Jesus spoke sternly to him and sent him away at once, [44] after saying to him, "Listen, don't tell anyone about this. But go straight to the priest and let him examine you; then in order to prove to everyone that you are cured, offer the sacrifice that Moses ordered."

[45] But the man went away and began to spread the news everywhere. Indeed, he talked so much that Jesus could not go into a town publicly. Instead, he stayed out in lonely places, and people came to him from everywhere.

Jesus Heals a Paralyzed Man

2 A few days later Jesus went back to Capernaum, and the news spread that he was at home. [2] So many people came together that there was no room left, not even out in front of the door. Jesus was preaching the message to them [3] when four men arrived, carrying a paralyzed man to Jesus.

⁴ Because of the crowd, however, they could not get the man to him. So they made a hole in the roof right above the place where Jesus was. When they had made an opening, they let the man down, lying on his mat. ⁵ Seeing how much faith they had, Jesus said to the paralyzed man, "My son, your sins are forgiven."

⁶ Some teachers of the Law who were sitting there thought to themselves, ⁷ "How does he dare talk like this? This is blasphemy! God is the only one who can forgive sins!"

⁸ At once Jesus knew what they were thinking, so he said to them, "Why do you think such things? ⁹ Is it easier to say to this paralyzed man, 'Your sins are forgiven,' or to say, 'Get up, pick up your mat, and walk'? ¹⁰ I will prove to you, then, that the Son of Man has authority on earth to forgive sins." So he said to the paralyzed man, ¹¹ "I tell you, get up, pick up your mat, and go home!"

¹² While they all watched, the man got up, picked up his mat, and hurried away. They were all completely amazed and praised God, saying, "We have never seen anything like this!"

Jesus Calls Levi

¹³ Jesus went back again to the shore of Lake Galilee. A crowd came to him, and he started teaching them. ¹⁴ As he walked along, he saw a tax collector, Levi son of Alphaeus, sitting in his office. Jesus said to him, "Follow me." Levi got up and followed him.

¹⁵ Later on Jesus was having a meal in Levi's house. A large number of tax collectors and other outcasts was following Jesus, and many of them joined him and his disciples at the table. ¹⁶ Some teachers of the Law, who were

Pharisees, saw that Jesus was eating with these outcasts and tax collectors, so they asked his disciples, "Why does he eat with such people?"

[17] Jesus heard them and answered, "People who are well do not need a doctor, but only those who are sick. I have not come to call respectable people, but outcasts."

The Question about Fasting

[18] On one occasion the followers of John the Baptist and the Pharisees were fasting. Some people came to Jesus and asked him, "Why is it that the disciples of John the Baptist and the disciples of the Pharisees fast, but yours do not?"

[19] Jesus answered, "Do you expect the guests at a wedding party to go without food? Of course not! As long as the bridegroom is with them, they will not do that. [20] But the day will come when the bridegroom will be taken away from them, and then they will fast.

[21] "No one uses a piece of new cloth to patch up an old coat, because the new patch will shrink and tear off some of the old cloth, making an even bigger hole. [22] Nor does anyone pour new wine into used wineskins, because the wine will burst the skins, and both the wine and the skins will be ruined. Instead, new wine must be poured into fresh wineskins."

The Question about the Sabbath

[23] Jesus was walking through some wheat fields on a Sabbath. As his disciples walked along with him, they began to pick the heads of wheat. [24] So the Pharisees said to Jesus, "Look, it is against our Law for your disciples to do that on the Sabbath!"

²⁵ Jesus answered, "Have you never read what David did that time when he needed something to eat? He and his men were hungry, ²⁶ so he went into the house of God and ate the bread offered to God. This happened when Abiathar was the High Priest. According to our Law only the priests may eat this bread—but David ate it and even gave it to his men."

²⁷ And Jesus concluded, "The Sabbath was made for the good of human beings; they were not made for the Sabbath. ²⁸ So the Son of Man is Lord even of the Sabbath."

The Man with a Paralyzed Hand

3 Then Jesus went back to the synagogue, where there was a man who had a paralyzed hand. ² Some people were there who wanted to accuse Jesus of doing wrong; so they watched him closely to see whether he would cure the man on the Sabbath. ³ Jesus said to the man, "Come up here to the front." ⁴ Then he asked the people, "What does our Law allow us to do on the Sabbath? To help or to harm? To save someone's life or to destroy it?"

But they did not say a thing. ⁵ Jesus was angry as he looked around at them, but at the same time he felt sorry for them, because they were so stubborn and wrong. Then he said to the man, "Stretch out your hand." He stretched it out, and it became well again. ⁶ So the Pharisees left the synagogue and met at once with some members of Herod's party, and they made plans to kill Jesus.

A Crowd by the Lake

⁷ Jesus and his disciples went away to Lake Galilee, and a large crowd followed him. They had come from Galilee, from Judea, ⁸ from Jerusalem, from the territory of Idumea,

from the territory on the east side of the Jordan, and from the region around the cities of Tyre and Sidon. All these people came to Jesus because they had heard of the things he was doing. ⁹ The crowd was so large that Jesus told his disciples to get a boat ready for him, so that the people would not crush him. ¹⁰ He had healed many people, and all the sick kept pushing their way to him in order to touch him. ¹¹ And whenever the people who had evil spirits in them saw him, they would fall down before him and scream, "You are the Son of God!"

¹² Jesus sternly ordered the evil spirits not to tell anyone who he was.

Jesus Chooses the Twelve Apostles

¹³ Then Jesus went up a hill and called to himself the men he wanted. They came to him, ¹⁴ and he chose twelve, whom he named apostles. "I have chosen you to be with me," he told them. "I will also send you out to preach, ¹⁵ and you will have authority to drive out demons."

¹⁶ These are the twelve he chose: Simon (Jesus gave him the name Peter); ¹⁷ James and his brother John, the sons of Zebedee (Jesus gave them the name Boanerges, which means "Men of Thunder"); ¹⁸ Andrew, Philip, Bartholomew, Matthew, Thomas, James son of Alphaeus, Thaddaeus, Simon the Patriot, ¹⁹ and Judas Iscariot, who betrayed Jesus.

Jesus and Beelzebul

²⁰ Then Jesus went home. Again such a large crowd gathered that Jesus and his disciples had no time to eat. ²¹ When his family heard about it, they set out to take charge of him, because people were saying, "He's gone mad!"

²² Some teachers of the Law who had come from Jerusalem were saying, "He has Beelzebul in him! It is the chief of the demons who gives him the power to drive them out."

²³ So Jesus called them to him and spoke to them in parables: "How can Satan drive out Satan? ²⁴ If a country divides itself into groups which fight each other, that country will fall apart. ²⁵ If a family divides itself into groups which fight each other, that family will fall apart. ²⁶ So if Satan's kingdom divides into groups, it cannot last, but will fall apart and come to an end.

²⁷ "No one can break into a strong man's house and take away his belongings unless he first ties up the strong man; then he can plunder his house.

²⁸ "I assure you that people can be forgiven all their sins and all the evil things they may say. ²⁹ But whoever says evil things against the Holy Spirit will never be forgiven, because he has committed an eternal sin." (³⁰ Jesus said this because some people were saying, "He has an evil spirit in him.")

Jesus' Mother and Brothers

³¹ Then Jesus' mother and brothers arrived. They stood outside the house and sent in a message, asking for him. ³² A crowd was sitting around Jesus, and they said to him, "Look, your mother and your brothers and sisters are outside, and they want you."

³³ Jesus answered, "Who is my mother? Who are my brothers?" ³⁴ He looked at the people sitting around him and said, "Look! Here are my mother and my brothers! ³⁵ Whoever does what God wants is my brother, my sister, my mother."

The Parable of the Sower

4 Again Jesus began to teach beside Lake Galilee. The crowd that gathered around him was so large that he got into a boat and sat in it. The boat was out in the water, and the crowd stood on the shore at the water's edge. ²He used parables to teach them many things, saying to them:

³ "Listen! Once there was a man who went out to sow grain. ⁴As he scattered the seed in the field, some of it fell along the path, and the birds came and ate it up. ⁵Some of it fell on rocky ground, where there was little soil. The seeds soon sprouted, because the soil wasn't deep. ⁶Then, when the sun came up, it burned the young plants; and because the roots had not grown deep enough, the plants soon dried up. ⁷Some of the seed fell among thorn bushes, which grew up and choked the plants, and they didn't bear grain. ⁸But some seeds fell in good soil, and the plants sprouted, grew, and bore grain: some had thirty grains, others sixty, and others one hundred."

⁹And Jesus concluded, "Listen, then, if you have ears!"

The Purpose of the Parables

¹⁰When Jesus was alone, some of those who had heard him came to him with the twelve disciples and asked him to explain the parables. ¹¹ "You have been given the secret of the Kingdom of God," Jesus answered. "But the others, who are on the outside, hear all things by means of parables, ¹² so that,

'They may look and look,
    yet not see;
they may listen and listen,

yet not understand.
For if they did, they would turn to God,
and he would forgive them.'"

Jesus Explains the Parable of the Sower

¹³ Then Jesus asked them, "Don't you understand this parable? How, then, will you ever understand any parable? ¹⁴ The sower sows God's message. ¹⁵ Some people are like the seeds that fall along the path; as soon as they hear the message, Satan comes and takes it away. ¹⁶ Other people are like the seeds that fall on rocky ground. As soon as they hear the message, they receive it gladly. ¹⁷ But it does not sink deep into them, and they don't last long. So when trouble or persecution comes because of the message, they give up at once. ¹⁸ Other people are like the seeds sown among the thorn bushes. These are the ones who hear the message, ¹⁹ but the worries about this life, the love for riches, and all other kinds of desires crowd in and choke the message, and they don't bear fruit. ²⁰ But other people are like seeds sown in good soil. They hear the message, accept it, and bear fruit: some thirty, some sixty, and some one hundred."

A Lamp under a Bowl

²¹ Jesus continued, "Does anyone ever bring in a lamp and put it under a bowl or under the bed? Isn't it put on the lampstand? ²² Whatever is hidden away will be brought out into the open, and whatever is covered up will be uncovered. ²³ Listen, then, if you have ears!"

²⁴ He also said to them, "Pay attention to what you hear! The same rules you use to judge others will be used by God to judge you—but with even greater severity. ²⁵ Those who

have something will be given more, and those who have nothing will have taken away from them even the little they have."

The Parable of the Growing Seed

²⁶ Jesus went on to say, "The Kingdom of God is like this. A man scatters seed in his field. ²⁷ He sleeps at night, is up and about during the day, and all the while the seeds are sprouting and growing. Yet he does not know how it happens. ²⁸ The soil itself makes the plants grow and bear fruit; first the tender stalk appears, then the head, and finally the head full of grain. ²⁹ When the grain is ripe, the man starts cutting it with his sickle, because harvest time has come.

The Parable of the Mustard Seed

³⁰ "What shall we say the Kingdom of God is like?" asked Jesus. "What parable shall we use to explain it? ³¹ It is like this. A man takes a mustard seed, the smallest seed in the world, and plants it in the ground. ³² After a while it grows up and becomes the biggest of all plants. It puts out such large branches that the birds come and make their nests in its shade."

³³ Jesus preached his message to the people, using many other parables like these; he told them as much as they could understand. ³⁴ He would not speak to them without using parables, but when he was alone with his disciples, he would explain everything to them.

Jesus Calms a Storm

³⁵ On the evening of that same day Jesus said to his disciples, "Let us go across to the other side of the lake." ³⁶ So they left the crowd; the disciples got into the boat in which Jesus was already sitting, and they took him with them. Other boats

were there too. ³⁷ Suddenly a strong wind blew up, and the waves began to spill over into the boat, so that it was about to fill with water. ³⁸ Jesus was in the back of the boat, sleeping with his head on a pillow. The disciples woke him up and said, "Teacher, don't you care that we are about to die?"

³⁹ Jesus stood up and commanded the wind, "Be quiet!" and he said to the waves, "Be still!" The wind died down, and there was a great calm. ⁴⁰ Then Jesus said to his disciples, "Why are you frightened? Do you still have no faith?"

⁴¹ But they were terribly afraid and began to say to one another, "Who is this man? Even the wind and the waves obey him!"

Jesus Heals a Man with Evil Spirits

5 Jesus and his disciples arrived on the other side of Lake Galilee, in the territory of Gerasa. ² As soon as Jesus got out of the boat, he was met by a man who came out of the burial caves there. This man had an evil spirit in him ³ and lived among the tombs. Nobody could keep him tied with chains any more; ⁴ many times his feet and his hands had been tied, but every time he broke the chains and smashed the irons on his feet. He was too strong for anyone to control him. ⁵ Day and night he wandered among the tombs and through the hills, screaming and cutting himself with stones.

⁶ He was some distance away when he saw Jesus; so he ran, fell on his knees before him, ⁷ and screamed in a loud voice, "Jesus, Son of the Most High God! What do you want with me? For God's sake, I beg you, don't punish me!" (⁸ He said this because Jesus was saying, "Evil spirit, come out of this man!")

⁹ So Jesus asked him, "What is your name!"

The man answered, "My name is 'Mob'—there are so many of us!" ¹⁰ And he kept begging Jesus not to send the evil spirits out of that region.

¹¹ There was a large herd of pigs near by, feeding on a hillside. ¹² So the spirits begged Jesus, "Send us to the pigs, and let us go into them." ¹³ He let them go, and the evil spirits went out of the man and entered the pigs. The whole herd—about two thousand pigs in all—rushed down the side of the cliff into the lake and was drowned.

¹⁴ The men who had been taking care of the pigs ran away and spread the news in the town and among the farms. People went out to see what had happened, ¹⁵ and when they came to Jesus, they saw the man who used to have the mob of demons in him. He was sitting there, clothed and in his right mind; and they were all afraid. ¹⁶ Those who had seen it told the people what had happened to the man with the demons, and about the pigs.

¹⁷ So they asked Jesus to leave their territory.

¹⁸ As Jesus was getting into the boat, the man who had had the demons begged him, "Let me go with you!"

¹⁹ But Jesus would not let him. Instead, he told him, "Go back home to your family and tell them how much the Lord has done for you and how kind he has been to you."

²⁰ So the man left and went all through the Ten Towns, telling what Jesus had done for him. And all who heard it were amazed.

Jairus' Daughter and the Woman Who Touched Jesus' Cloak

²¹ Jesus went back across to the other side of the lake. There at the lakeside a large crowd gathered around him.

²² Jairus, an official of the local synagogue, arrived, and when he saw Jesus, he threw himself down at his feet ²³ and begged him earnestly, "My little daughter is very sick. Please come and place your hands on her, so that she will get well and live!"

²⁴ Then Jesus started off with him. So many people were going along with Jesus that they were crowding him from every side.

²⁵ There was a woman who had suffered terribly from severe bleeding for twelve years, ²⁶ even though she had been treated by many doctors. She had spent all her money, but instead of getting better she got worse all the time. ²⁷ She had heard about Jesus, so she came in the crowd behind him, ²⁸ saying to herself, "If I just touch his clothes, I will get well."

²⁹ She touched his cloak, and her bleeding stopped at once; and she had the feeling inside herself that she was healed of her trouble. ³⁰ At once Jesus knew that power had gone out of him, so he turned around in the crowd and asked, "Who touched my clothes?"

³¹ His disciples answered, "You see how the people are crowding you; why do you ask who touched you?"

³² But Jesus kept looking around to see who had done it. ³³ The woman realized what had happened to her, so she came, trembling with fear, knelt at his feet, and told him the whole truth. ³⁴ Jesus said to her, "My daughter, your faith has made you well. Go in peace, and be healed of your trouble."

³⁵ While Jesus was saying this, some messengers came from Jairus' house and told him, "Your daughter has died. Why bother the Teacher any longer?"

³⁶ Jesus paid no attention to what they said, but told him, "Don't be afraid, only believe." ³⁷ Then he did not let any-

one else go on with him except Peter and James and his brother John. ³⁸ They arrived at Jairus' house, where Jesus saw the confusion and heard all the loud crying and wailing. ³⁹ He went in and said to them, "Why all this confusion? Why are you crying? The child is not dead — she is only sleeping!"

⁴⁰ They started making fun of him, so he put them all out, took the child's father and mother and his three disciples, and went into the room where the child was lying. ⁴¹ He took her by the hand and said to her, "Talitha, koum," which means, "Little girl, I tell you to get up!"

⁴² She got up at once and started walking around. (She was twelve years old.) When this happened, they were completely amazed. ⁴³ But Jesus gave them strict orders not to tell anyone, and he said, "Give her something to eat."

Jesus Is Rejected at Nazareth

6 Jesus left that place and went back to his hometown, followed by his disciples. ² On the Sabbath he began to teach in the synagogue. Many people were there; and when they heard him, they were all amazed. "Where did he get all this?" they asked. "What wisdom is this that has been given him? How does he perform miracles? ³ Isn't he the carpenter, the son of Mary, and the brother of James, Joseph, Judas, and Simon? Aren't his sisters living here?" And so they rejected him.

⁴ Jesus said to them, "Prophets are respected everywhere except in their own hometown and by their relatives and their family."

⁵ He was not able to perform any miracles there, except that he placed his hands on a few sick people and healed

them. ⁶ He was greatly surprised, because the people did not have faith.

Jesus Sends Out the Twelve Disciples

Then Jesus went to the villages around there, teaching the people. ⁷ He called the twelve disciples together and sent them out two by two. He gave them authority over the evil spirits ⁸ and ordered them, "Don't take anything with you on the trip except a walking stick — no bread, no beggar's bag, no money in your pockets. ⁹ Wear sandals, but don't carry an extra shirt." ¹⁰ He also told them, "Wherever you are welcomed, stay in the same house until you leave that place. ¹¹ If you come to a town where people do not welcome you or will not listen to you, leave it and shake the dust off your feet. That will be a warning to them!"

¹² So they went out and preached that people should turn away from their sins. ¹³ They drove out many demons, and rubbed olive oil on many sick people and healed them.

The Death of John the Baptist

¹⁴ Now King Herod heard about all this, because Jesus' reputation had spread everywhere. Some people were saying, "John the Baptist has come back to life! That is why he has this power to perform miracles."

¹⁵ Others, however, said, "He is Elijah."

Others said, "He is a prophet, like one of the prophets of long ago."

¹⁶ When Herod heard it, he said, "He is John the Baptist! I had his head cut off, but he has come back to life!" ¹⁷ Herod himself had ordered John's arrest, and he had him tied up and put in prison. Herod did this because of Hero-

dias, whom he had married, even though she was the wife of his brother Philip. ¹⁸ John the Baptist kept telling Herod, "It isn't right for you to marry your brother's wife!"

¹⁹ So Herodias held a grudge against John and wanted to kill him, but she could not because of Herod. ²⁰ Herod was afraid of John because he knew that John was a good and holy man, and so he kept him safe. He liked to listen to him, even though he became greatly disturbed every time he heard him.

²¹ Finally Herodias got her chance. It was on Herod's birthday, when he gave a feast for all the top government officials, the military chiefs, and the leading citizens of Galilee. ²² The daughter of Herodias came in and danced, and pleased Herod and his guests. So the king said to the girl, "What would you like to have? I will give you anything you want." ²³ With many vows he said to her, "I swear that I will give you anything you ask for, even as much as half my kingdom!"

²⁴ So the girl went out and asked her mother, "What shall I ask for?"

"The head of John the Baptist," she answered.

²⁵ The girl hurried back at once to the king and demanded, "I want you to give me here and now the head of John the Baptist on a plate!"

²⁶ This made the king very sad, but he could not refuse her because of the vows he had made in front of all his guests. ²⁷ So he sent off a guard at once with orders to bring John's head. The guard left, went to the prison, and cut John's head off; ²⁸ then he brought it on a plate and gave it to the girl, who gave it to her mother. ²⁹ When John's disciples heard about this, they came and got his body, and buried it.

Jesus Feeds Five Thousand

³⁰ The apostles returned and met with Jesus, and told him all they had done and taught. ³¹ There were so many people coming and going that Jesus and his disciples didn't even have time to eat. So he said to them, "Let us go off by ourselves to some place where we will be alone and you can rest a while." ³² So they started out in a boat by themselves to a lonely place.

³³ Many people, however, saw them leave and knew at once who they were; so they went from all the towns and ran ahead by land and arrived at the place ahead of Jesus and his disciples. ³⁴ When Jesus got out of the boat, he saw this large crowd, and his heart was filled with pity for them, because they were like sheep without a shepherd. So he began to teach them many things. ³⁵ When it was getting late, his disciples came to him and said, "It is already very late, and this is a lonely place. ³⁶ Send the people away, and let them go to the nearby farms and villages in order to buy themselves something to eat."

³⁷ "You yourselves give them something to eat," Jesus answered.

They asked, "Do you want us to go and spend two hundred silver coins on bread in order to feed them?"

³⁸ So Jesus asked them, "How much bread do you have? Go and see."

When they found out, they told him, "Five loaves and also two fish."

³⁹ Jesus then told his disciples to make all the people divide into groups and sit down on the green grass. ⁴⁰ So the people sat down in rows, in groups of a hundred and groups

of fifty. ⁴¹ Then Jesus took the five loaves and the two fish, looked up to heaven, and gave thanks to God. He broke the loaves and gave them to his disciples to distribute to the people. He also divided the two fish among them all. ⁴² Everyone ate and had enough. ⁴³ Then the disciples took up twelve baskets full of what was left of the bread and the fish. ⁴⁴ The number of men who were fed was five thousand.

Jesus Walks on the Water

⁴⁵ At once Jesus made his disciples get into the boat and go ahead of him to Bethsaida, on the other side of the lake, while he sent the crowd away. ⁴⁶ After saying good-bye to the people, he went away to a hill to pray. ⁴⁷ When evening came, the boat was in the middle of the lake, while Jesus was alone on land. ⁴⁸ He saw that his disciples were straining at the oars, because they were rowing against the wind; so sometime between three and six o'clock in the morning, he came to them, walking on the water. He was going to pass them by, ⁴⁹ but they saw him walking on the water. "It's a ghost!" they thought, and screamed. ⁵⁰ They were all terrified when they saw him.

Jesus spoke to them at once, "Courage!" he said. "It is I. Don't be afraid!" ⁵¹ Then he got into the boat with them, and the wind died down. The disciples were completely amazed, ⁵² because they had not understood the real meaning of the feeding of the five thousand; their minds could not grasp it.

Jesus Heals the Sick in Gennesaret

⁵³ They crossed the lake and came to land at Gennesaret, where they tied up the boat. ⁵⁴ As they left the boat, people recognized Jesus at once. ⁵⁵ So they ran throughout the

whole region; and wherever they heard he was, they brought to him the sick lying on their mats. ⁵⁶ And everywhere Jesus went, to villages, towns, or farms, people would take their sick to the marketplaces and beg him to let the sick at least touch the edge of his cloak. And all who touched it were made well.

The Teaching of the Ancestors

7 Some Pharisees and teachers of the Law who had come from Jerusalem gathered around Jesus. ² They noticed that some of his disciples were eating their food with hands that were ritually unclean—that is, they had not washed them in the way the Pharisees said people should.

(³ For the Pharisees, as well as the rest of the Jews, follow the teaching they received from their ancestors: they do not eat unless they wash their hands in the proper way; ⁴ nor do they eat anything that comes from the market unless they wash it first. And they follow many other rules which they have received, such as the proper way to wash cups, pots, copper bowls, and beds.)

⁵ So the Pharisees and the teachers of the Law asked Jesus, "Why is it that your disciples do not follow the teaching handed down by our ancestors, but instead eat with ritually unclean hands?"

⁶ Jesus answered them, "How right Isaiah was when he prophesied about you! You are hypocrites, just as he wrote:
'These people, says God, honor me with their words,
but their heart is really far away from me.
⁷ It is no use for them to worship me,
because they teach human rules
as though they were my laws!'

⁸ "You put aside God's command and obey human teachings."

⁹ And Jesus continued, "You have a clever way of rejecting God's law in order to uphold your own teaching. ¹⁰ For Moses commanded, 'Respect your father and your mother,' and, 'If you curse your father or your mother, you are to be put to death.' ¹¹ But you teach that if people have something they could use to help their father or mother, but say, 'This is Corban' (which means, it belongs to God), ¹² they are excused from helping their father or mother. ¹³ In this way the teaching you pass on to others cancels out the word of God. And there are many other things like this that you do."

The Things That Make a Person Unclean

¹⁴ Then Jesus called the crowd to him once more and said to them, "Listen to me, all of you, and understand. ¹⁵ There is nothing that goes into you from the outside which can make you ritually unclean. Rather, it is what comes out of you that makes you unclean." [¹⁶ "Listen, then, if you have ears!"]

¹⁷ When he left the crowd and went into the house, his disciples asked him to explain this saying. ¹⁸ "You are no more intelligent than the others," Jesus said to them. "Don't you understand? Nothing that goes into you from the outside can really make you unclean, ¹⁹ because it does not go into your heart but into your stomach and then goes on out of the body." (In saying this, Jesus declared that all foods are fit to be eaten.)

²⁰ And he went on to say, "It is what comes out of you that makes you unclean. ²¹ For from the inside, from your heart, come the evil ideas which lead you to do immoral things, to rob, kill, ²² commit adultery, be greedy, and do all

sorts of evil things; deceit, indecency, jealousy, slander, pride, and folly — 23 all these evil things come from inside you and make you unclean."

A Woman's Faith

24 Then Jesus left and went away to the territory near the city of Tyre. He went into a house and did not want anyone to know he was there, but he could not stay hidden. 25 A woman, whose daughter had an evil spirit in her, heard about Jesus and came to him at once and fell at his feet. 26 The woman was a Gentile, born in the region of Phoenicia in Syria. She begged Jesus to drive the demon out of her daughter. 27 But Jesus answered, "Let us first feed the children. It isn't right to take the children's food and throw it to the dogs."

28 "Sir," she answered, "even the dogs under the table eat the children's leftovers!"

29 So Jesus said to her, "Because of that answer, go back home, where you will find that the demon has gone out of your daughter!"

30 She went home and found her child lying on the bed; the demon had indeed gone out of her.

Jesus Heals a Deaf-Mute

31 Jesus then left the neighborhood of Tyre and went on through Sidon to Lake Galilee, going by way of the territory of the Ten Towns. 32 Some people brought him a man who was deaf and could hardly speak, and they begged Jesus to place his hands on him. 33 So Jesus took him off alone, away from the crowd, put his fingers in the man's

ears, spat, and touched the man's tongue. ³⁴ Then Jesus looked up to heaven, gave a deep groan, and said to the man, "Ephphatha," which means, "Open up!"

³⁵ At once the man was able to hear, his speech impediment was removed, and he began to talk without any trouble. ³⁶ Then Jesus ordered the people not to speak of it to anyone; but the more he ordered them not to, the more they told it. ³⁷ And all who heard were completely amazed. "How well he does everything!" they exclaimed. "He even causes the deaf to hear and the dumb to speak!"

Jesus Feeds Four Thousand People

8 Not long afterward another large crowd came together. When the people had nothing left to eat, Jesus called the disciples to him and said, ² "I feel sorry for these people, because they have been with me for three days and now have nothing to eat. ³ If I send them home without feeding them, they will faint as they go, because some of them have come a long way."

⁴ His disciples asked him, "Where in this desert can anyone find enough food to feed all these people?"

⁵ "How much bread do you have?" Jesus asked.

"Seven loaves," they answered.

⁶ He ordered the crowd to sit down on the ground. Then he took the seven loaves, gave thanks to God, broke them, and gave them to his disciples to distribute to the crowd; and the disciples did so. ⁷ They also had a few small fish. Jesus gave thanks for these and told the disciples to distribute them too. ⁸⁻⁹ Everybody ate and had enough—there were about four thousand people. Then the disciples took up seven baskets full of pieces left over. Jesus sent the people

away ¹⁰ and at once got into a boat with his disciples and went to the district of Dalmanutha.

The Pharisees Ask for a Miracle

¹¹ Some Pharisees came to Jesus and started to argue with him. They wanted to trap him, so they asked him to perform a miracle to show that God approved of him. ¹² But Jesus gave a deep groan and said, "Why do the people of this day ask for a miracle? No, I tell you! No such proof will be given to these people!"

¹³ He left them, got back into the boat, and started across to the other side of the lake.

The Yeast of the Pharisees and of Herod

¹⁴ The disciples had forgotten to bring enough bread and had only one loaf with them in the boat. ¹⁵ "Take care," Jesus warned them, "and be on your guard against the yeast of the Pharisees and the yeast of Herod."

¹⁶ They started discussing among themselves: "He says this because we don't have any bread."

¹⁷ Jesus knew what they were saying, so he asked them, "Why are you discussing about not having any bread? Don't you know or understand yet? Are your minds so dull? ¹⁸ You have eyes—can't you see? You have ears—can't you hear? Don't you remember ¹⁹ when I broke the five loaves for the five thousand people? How many baskets full of leftover pieces did you take up?"

"Twelve," they answered.

²⁰ "And when I broke the seven loaves for the four thousand people," asked Jesus, "how many baskets full of leftover pieces did you take up?"

"Seven," they answered.

²¹ "And you still don't understand?" he asked them.

Jesus Heals a Blind Man at Bethsaida

²² They came to Bethsaida, where some people brought a blind man to Jesus and begged him to touch him. ²³ Jesus took the blind man by the hand and led him out of the village. After spitting on the man's eyes, Jesus placed his hands on him and asked him, "Can you see anything?"

²⁴ The man looked up and said, "Yes, I can see people, but they look like trees walking around."

²⁵ Jesus again placed his hands on the man's eyes. This time the man looked intently, his eyesight returned, and he saw everything clearly. ²⁶ Jesus then sent him home with the order, "Don't go back into the village."

Peter's Declaration about Jesus

²⁷ Then Jesus and his disciples went away to the villages near Caesarea Philippi. On the way he asked them, "Tell me, who do people say I am?"

²⁸ "Some say that you are John the Baptist," they answered; "others say that you are Elijah, while others say that you are one of the prophets."

²⁹ "What about you?" he asked them. "Who do you say I am?"

Peter answered, "You are the Messiah."

³⁰ Then Jesus ordered them, "Do not tell anyone about me."

Jesus Speaks about His Suffering and Death

³¹ Then Jesus began to teach his disciples: "The Son of Man must suffer much and be rejected by the elders, the chief priests, and the teachers of the Law. He will be put to death,

but three days later he will rise to life." ³² He made this very clear to them. So Peter took him aside and began to rebuke him. ³³ But Jesus turned around, looked at his disciples, and rebuked Peter. "Get away from me, Satan," he said. "Your thoughts don't come from God but from human nature!"

³⁴ Then Jesus called the crowd and his disciples to him. "If any of you want to come with me," he told them, "you must forget yourself, carry your cross, and follow me. ³⁵ For if you want to save your own life, you will lose it; but if you lose your life for me and for the gospel, you will save it. ³⁶ Do you gain anything if you win the whole world but lose your life? Of course not! ³⁷ There is nothing you can give to regain your life. ³⁸ If you are ashamed of me and of my teaching in this godless and wicked day, then the Son of Man will be ashamed of you when he comes in the glory of his Father with the holy angels."

9 And he went on to say, "I tell you, there are some here who will not die until they have seen the Kingdom of God come with power."

The Transfiguration

² Six days later Jesus took with him Peter, James, and John, and led them up a high mountain, where they were alone. As they looked on, a change came over Jesus, ³ and his clothes became shining white—whiter than anyone in the world could wash them. ⁴ Then the three disciples saw Elijah and Moses talking with Jesus. ⁵ Peter spoke up and said to Jesus, "Teacher, how good it is that we are here! We will make three tents, one for you, one for Moses, and one for Elijah." ⁶ He and the others were so frightened that he did not know what to say.

⁷ Then a cloud appeared and covered them with its shadow, and a voice came from the cloud, "This is my own dear Son—listen to him!" ⁸ They took a quick look around but did not see anyone else; only Jesus was with them.

⁹ As they came down the mountain, Jesus ordered them, "Don't tell anyone what you have seen, until the Son of Man has risen from death."

¹⁰ They obeyed his order, but among themselves they started discussing the matter, "What does this 'rising from death' mean?" ¹¹ And they asked Jesus, "Why do the teachers of the Law say that Elijah has to come first?"

¹² His answer was, "Elijah is indeed coming first in order to get everything ready. Yet why do the Scriptures say that the Son of Man will suffer much and be rejected? ¹³ I tell you, however, that Elijah has already come and that people treated him just as they pleased, as the Scriptures say about him."

Jesus Heals a Boy with an Evil Spirit

¹⁴ When they joined the rest of the disciples, they saw a large crowd around them and some teachers of the Law arguing with them. ¹⁵ When the people saw Jesus, they were greatly surprised, and ran to him and greeted him. ¹⁶ Jesus asked his disciples, "What are you arguing with them about?"

¹⁷ A man in the crowd answered, "Teacher, I brought my son to you, because he has an evil spirit in him and cannot talk. ¹⁸ Whenever the spirit attacks him, it throws him to the ground, and he foams at the mouth, grits his teeth, and becomes stiff all over. I asked your disciples to drive the spirit out, but they could not."

¹⁹ Jesus said to them, "How unbelieving you people are! How long must I stay with you? How long do I have

to put up with you? Bring the boy to me!" [20] They brought him to Jesus.

As soon as the spirit saw Jesus, it threw the boy into a fit, so that he fell on the ground and rolled around, foaming at the mouth. [21] "How long has he been like this?" Jesus asked the father.

"Ever since he was a child," he replied. [22] "Many times the evil spirit has tried to kill him by throwing him in the fire and into water. Have pity on us and help us, if you possibly can!"

[23] "Yes," said Jesus, "if you yourself can! Everything is possible for the person who has faith."

[24] The father at once cried out, "I do have faith, but not enough. Help me have more!"

[25] Jesus noticed that the crowd was closing in on them, so he gave a command to the evil spirit. "Deaf and dumb spirit," he said, "I order you to come out of the boy and never go into him again!"

[26] The spirit screamed, threw the boy into a bad fit, and came out. The boy looked like a corpse, and everyone said, "He is dead!" [27] But Jesus took the boy by the hand and helped him rise, and he stood up.

[28] After Jesus had gone indoors, his disciples asked him privately, "Why couldn't we drive the spirit out?"

[29] "Only prayer can drive this kind out," answered Jesus; "nothing else can."

Jesus Speaks Again about His Death

[30] Jesus and his disciples left that place and went on through Galilee. Jesus did not want anyone to know where he was, [31] because he was teaching his disciples: "The Son of Man

will be handed over to those who will kill him. Three days later, however, he will rise to life."

³² But they did not understand what this teaching meant, and they were afraid to ask him.

Who Is the Greatest?

³³ They came to Capernaum, and after going indoors Jesus asked his disciples, "What were you arguing about on the road?"

³⁴ But they would not answer him, because on the road they had been arguing among themselves about who was the greatest. ³⁵ Jesus sat down, called the twelve disciples, and said to them, "Whoever wants to be first must place himself last of all and be the servant of all." ³⁶ Then he took a child and had him stand in front of them. He put his arms around him and said to them, ³⁷ "Whoever welcomes in my name one of these children, welcomes me; and whoever welcomes me, welcomes not only me but also the one who sent me."

Whoever Is Not against Us
Is for Us

³⁸ John said to him, "Teacher, we saw a man who was driving out demons in your name, and we told him to stop, because he doesn't belong to our group."

³⁹ "Do not try to stop him," Jesus told them, "because no one who performs a miracle in my name will be able soon afterward to say evil things about me. ⁴⁰ For whoever is not against us is for us. ⁴¹ I assure you that anyone who gives you a drink of water because you belong to me will certainly receive a reward.

Temptations to Sin

42 "If anyone should cause one of these little ones to lose faith in me, it would be better for that person to have a large millstone tied around the neck and be thrown into the sea. 43 So if your hand makes you lose your faith, cut it off ! It is better for you to enter life without a hand than to keep both hands and go off to hell, to the fire that never goes out. [44 There 'the worms that eat them never die, and the fire that burns them is never put out.'] 45 And if your foot makes you lose your faith, cut it off ! It is better for you to enter life without a foot than to keep both feet and be thrown into hell. [46 There 'the worms that eat them never die, and the fire that burns them is never put out.'] 47 And if your eye makes you lose your faith, take it out! It is better for you to enter the Kingdom of God with only one eye than to keep both eyes and be thrown into hell. 48 There 'the worms that eat them never die, and the fire that burns them is never put out.'

49 "Everyone will be purified by fire as a sacrifice is purified by salt.

50 "Salt is good; but if it loses its saltiness, how can you make it salty again?

"Have the salt of friendship among yourselves, and live in peace with one another."

Jesus Teaches about Divorce

10 Then Jesus left that place, went to the province of Judea, and crossed the Jordan River. Crowds came flocking to him again, and he taught them, as he always did.

2 Some Pharisees came to him and tried to trap him. "Tell us," they asked, "does our Law allow a man to divorce his wife?"

³ Jesus answered with a question, "What law did Moses give you?"

⁴ Their answer was, "Moses gave permission for a man to write a divorce notice and send his wife away."

⁵ Jesus said to them, "Moses wrote this law for you because you are so hard to teach. ⁶ But in the beginning, at the time of creation, 'God made them male and female,' as the scripture says. ⁷ 'And for this reason a man will leave his father and mother and unite with his wife, ⁸ and the two will become one.' So they are no longer two, but one. ⁹ No human being must separate, then, what God has joined together."

¹⁰ When they went back into the house, the disciples asked Jesus about this matter. ¹¹ He said to them, "A man who divorces his wife and marries another woman commits adultery against his wife. ¹² In the same way, a woman who divorces her husband and marries another man commits adultery."

Jesus Blesses Little Children

¹³ Some people brought children to Jesus for him to place his hands on them, but the disciples scolded the people. ¹⁴ When Jesus noticed this, he was angry and said to his disciples, "Let the children come to me, and do not stop them, because the Kingdom of God belongs to such as these. ¹⁵ I assure you that whoever does not receive the Kingdom of God like a child will never enter it." ¹⁶ Then he took the children in his arms, placed his hands on each of them, and blessed them.

The Rich Man

¹⁷ As Jesus was starting on his way again, a man ran up, knelt before him, and asked him, "Good Teacher, what must I do to receive eternal life?"

¹⁸ "Why do you call me good?" Jesus asked him. "No one is good except God alone. ¹⁹ You know the commandments: 'Do not commit murder; do not commit adultery; do not steal; do not accuse anyone falsely; do not cheat; respect your father and your mother.'"

²⁰ "Teacher," the man said, "ever since I was young, I have obeyed all these commandments."

²¹ Jesus looked straight at him with love and said, "You need only one thing. Go and sell all you have and give the money to the poor, and you will have riches in heaven; then come and follow me." ²² When the man heard this, gloom spread over his face, and he went away sad, because he was very rich.

²³ Jesus looked around at his disciples and said to them, "How hard it will be for rich people to enter the Kingdom of God!"

²⁴ The disciples were shocked at these words, but Jesus went on to say, "My children, how hard it is to enter the Kingdom of God! ²⁵ It is much harder for a rich person to enter the Kingdom of God than for a camel to go through the eye of a needle."

²⁶ At this the disciples were completely amazed and asked one another, "Who, then, can be saved?"

²⁷ Jesus looked straight at them and answered, "This is impossible for human beings but not for God; everything is possible for God."

²⁸ Then Peter spoke up, "Look, we have left everything and followed you."

²⁹ "Yes," Jesus said to them, "and I tell you that those who leave home or brothers or sisters or mother or father or children or fields for me and for the gospel, ³⁰ will receive

much more in this present age. They will receive a hundred times more houses, brothers, sisters, mothers, children, and fields—and persecutions as well; and in the age to come they will receive eternal life. ³¹ But many who are now first will be last, and many who are now last will be first."

Jesus Speaks a Third Time about His Death

³² Jesus and his disciples were now on the road going up to Jerusalem. Jesus was going ahead of the disciples, who were filled with alarm; the people who followed behind were afraid. Once again Jesus took the twelve disciples aside and spoke of the things that were going to happen to him. ³³ "Listen," he told them, "we are going up to Jerusalem where the Son of Man will be handed over to the chief priests and the teachers of the Law. They will condemn him to death and then hand him over to the Gentiles, ³⁴ who will make fun of him, spit on him, whip him, and kill him; but three days later he will rise to life."

The Request of James and John

³⁵ Then James and John, the sons of Zebedee, came to Jesus. "Teacher," they said, "there is something we want you to do for us."

³⁶ "What is it?" Jesus asked them.

³⁷ They answered, "When you sit on your throne in your glorious Kingdom, we want you to let us sit with you, one at your right and one at your left."

³⁸ Jesus said to them, "You don't know what you are asking for. Can you drink the cup of suffering that I must drink? Can you be baptized in the way I must be baptized?"

³⁹ "We can," they answered.

Jesus said to them, "You will indeed drink the cup I must drink and be baptized in the way I must be baptized. [40] But I do not have the right to choose who will sit at my right and my left. It is God who will give these places to those for whom he has prepared them."

[41] When the other ten disciples heard about it, they became angry with James and John. [42] So Jesus called them all together to him and said, "You know that those who are considered rulers of the heathen have power over them, and the leaders have complete authority. [43] This, however, is not the way it is among you. If one of you wants to be great, you must be the servant of the rest; [44] and if one of you wants to be first, you must be the slave of all. [45] For even the Son of Man did not come to be served; he came to serve and to give his life to redeem many people."

Jesus Heals Blind Bartimaeus

[46] They came to Jericho, and as Jesus was leaving with his disciples and a large crowd, a blind beggar named Bartimaeus son of Timaeus was sitting by the road. [47] When he heard that it was Jesus of Nazareth, he began to shout, "Jesus! Son of David! Have mercy on me!"

[48] Many of the people scolded him and told him to be quiet. But he shouted even more loudly, "Son of David, have mercy on me!"

[49] Jesus stopped and said, "Call him."

So they called the blind man. "Cheer up!" they said. "Get up, he is calling you."

[50] So he threw off his cloak, jumped up, and came to Jesus.

[51] "What do you want me to do for you?" Jesus asked him.

"Teacher," the blind man answered, "I want to see again."

[52] "Go," Jesus told him, "your faith has made you well."
At once he was able to see and followed Jesus on the road.

The Triumphant Entry into Jerusalem

11 As they approached Jerusalem, near the towns of Bethphage and Bethany, they came to the Mount of Olives. Jesus sent two of his disciples on ahead [2] with these instructions: "Go to the village there ahead of you. As soon as you get there, you will find a colt tied up that has never been ridden. Untie it and bring it here. [3] And if someone asks you why you are doing that, say that the Master needs it and will send it back at once."

[4] So they went and found a colt out in the street, tied to the door of a house. As they were untying it, [5] some of the bystanders asked them, "What are you doing, untying that colt?"

[6] They answered just as Jesus had told them, and the crowd let them go. [7] They brought the colt to Jesus, threw their cloaks over the animal, and Jesus got on. [8] Many people spread their cloaks on the road, while others cut branches in the field and spread them on the road. [9] The people who were in front and those who followed behind began to shout, "Praise God! God bless him who comes in the name of the Lord! [10] God bless the coming kingdom of King David, our father! Praise be to God!"

[11] Jesus entered Jerusalem, went into the Temple, and looked around at everything. But since it was already late in the day, he went out to Bethany with the twelve disciples.

Jesus Curses the Fig Tree

[12] The next day, as they were coming back from Bethany, Jesus was hungry. [13] He saw in the distance a fig tree cov-

ered with leaves, so he went to see if he could find any figs on it. But when he came to it, he found only leaves, because it was not the right time for figs. ¹⁴ Jesus said to the fig tree, "No one shall ever eat figs from you again!"

And his disciples heard him.

Jesus Goes to the Temple

¹⁵ When they arrived in Jerusalem, Jesus went to the Temple and began to drive out all those who were buying and selling. He overturned the tables of the moneychangers and the stools of those who sold pigeons, ¹⁶ and he would not let anyone carry anything through the Temple courtyards. ¹⁷ He then taught the people: "It is written in the Scriptures that God said, 'My Temple will be called a house of prayer for the people of all nations.' But you have turned it into a hideout for thieves!"

¹⁸ The chief priests and the teachers of the Law heard of this, so they began looking for some way to kill Jesus. They were afraid of him, because the whole crowd was amazed at his teaching.

¹⁹ When evening came, Jesus and his disciples left the city.

The Lesson from the Fig Tree

²⁰ Early next morning, as they walked along the road, they saw the fig tree. It was dead all the way down to its roots. ²¹ Peter remembered what had happened and said to Jesus, "Look, Teacher, the fig tree you cursed has died!"

²² Jesus answered them, "Have faith in God. ²³ I assure you that whoever tells this hill to get up and throw itself in the sea and does not doubt in his heart, but believes that what he says will happen, it will be done for him. ²⁴ For this

reason I tell you: When you pray and ask for something, believe that you have received it, and you will be given whatever you ask for. ²⁵ And when you stand and pray, forgive
anything you may have against anyone, so that your Father
in heaven will forgive the wrongs you have done." [²⁶ "If
you do not forgive others, your Father in heaven will not
forgive the wrongs you have done."]

The Question about Jesus' Authority

²⁷ They arrived once again in Jerusalem. As Jesus was walking in the Temple, the chief priests, the teachers of the Law,
and the elders came to him ²⁸ and asked him, "What right
do you have to do these things? Who gave you such right?"

²⁹ Jesus answered them, "I will ask you just one question,
and if you give me an answer, I will tell you what right I have
to do these things. ³⁰ Tell me, where did John's right to baptize come from: was it from God or from human beings?"

³¹ They started to argue among themselves: "What shall
we say? If we answer, 'From God,' he will say, 'Why, then,
did you not believe John?' ³² But if we say, 'From human beings...'" (They were afraid of the people, because everyone
was convinced that John had been a prophet.) ³³ So their
answer to Jesus was, "We don't know."

Jesus said to them, "Neither will I tell you, then, by what
right I do these things."

The Parable of the Tenants in the Vineyard

12 Then Jesus spoke to them in parables: "Once there
was a man who planted a vineyard, put a fence
around it, dug a hole for the wine press, and built a watch-
tower. Then he rented the vineyard to tenants and left

home on a trip. ²When the time came to gather the grapes, he sent a slave to the tenants to receive from them his share of the harvest. ³The tenants grabbed the slave, beat him, and sent him back without a thing. ⁴Then the owner sent another slave; the tenants beat him over the head and treated him shamefully. ⁵The owner sent another slave, and they killed him; and they treated many others the same way, beating some and killing others. ⁶The only one left to send was the man's own dear son. Last of all, then, he sent his son to the tenants. 'I am sure they will respect my son,' he said. ⁷But those tenants said to one another, 'This is the owner's son. Come on, let's kill him, and his property will be ours!' ⁸So they grabbed the son and killed him and threw his body out of the vineyard.

⁹"What, then, will the owner of the vineyard do?" asked Jesus. "He will come and kill those tenants and turn the vineyard over to others. ¹⁰Surely you have read this scripture?

'The stone which the builders rejected as worthless
turned out to be the most important of all.

¹¹ This was done by the Lord;
what a wonderful sight it is!'"

¹²The Jewish leaders tried to arrest Jesus, because they knew that he had told this parable against them. But they were afraid of the crowd, so they left him and went away.

The Question about Paying Taxes

¹³ Some Pharisees and some members of Herod's party were sent to Jesus to trap him with questions. ¹⁴They came to him and said, "Teacher, we know that you tell the truth, without worrying about what people think. You pay no at-

tention to anyone's status, but teach the truth about God's will for people. Tell us, is it against our Law to pay taxes to the Roman Emperor? Should we pay them or not?"

¹⁵ But Jesus saw through their trick and answered, "Why are you trying to trap me? Bring a silver coin, and let me see it."

¹⁶ They brought him one, and he asked, "Whose face and name are these?"

"The Emperor's," they answered.

¹⁷ So Jesus said, "Well, then, pay to the Emperor what belongs to the Emperor, and pay to God what belongs to God."

And they were amazed at Jesus.

The Question about Rising from Death

¹⁸ Then some Sadducees, who say that people will not rise from death, came to Jesus and said, ¹⁹ "Teacher, Moses wrote this law for us: 'If a man dies and leaves a wife but no children, that man's brother must marry the widow so that they can have children who will be considered the dead man's children.' ²⁰ Once there were seven brothers; the oldest got married and died without having children. ²¹ Then the second one married the woman, and he also died without having children. The same thing happened to the third brother, ²² and then to the rest: all seven brothers married the woman and died without having children. Last of all, the woman died. ²³ Now, when all the dead rise to life on the day of resurrection, whose wife will she be? All seven of them had married her."

²⁴ Jesus answered them, "How wrong you are! And do you know why? It is because you don't know the Scriptures or God's power. ²⁵ For when the dead rise to life, they will

be like the angels in heaven and will not marry. ²⁶ Now, as for the dead being raised: haven't you ever read in the Book of Moses the passage about the burning bush? There it is written that God said to Moses, 'I am the God of Abraham, the God of Isaac, and the God of Jacob.' ²⁷ He is the God of the living, not of the dead. You are completely wrong!"

The Great Commandment

²⁸ A teacher of the Law was there who heard the discussion. He saw that Jesus had given the Sadducees a good answer, so he came to him with a question: "Which commandment is the most important of all?"

²⁹ Jesus replied, "The most important one is this: 'Listen, Israel! The Lord our God is the only Lord. ³⁰ Love the Lord your God with all your heart, with all your soul, with all your mind, and with all your strength.' ³¹ The second most important commandment is this: 'Love your neighbor as you love yourself.' There is no other commandment more important than these two."

³² The teacher of the Law said to Jesus, "Well done, Teacher! It is true, as you say, that only the Lord is God and that there is no other god but he. ³³ And you must love God with all your heart and with all your mind and with all your strength; and you must love your neighbor as you love yourself. It is more important to obey these two commandments than to offer on the altar animals and other sacrifices to God."

³⁴ Jesus noticed how wise his answer was, and so he told him, "You are not far from the Kingdom of God."

After this nobody dared to ask Jesus any more questions.

The Question about the Messiah

³⁵ As Jesus was teaching in the Temple, he asked the question, "How can the teachers of the Law say that the Messiah will be the descendant of David? ³⁶ The Holy Spirit inspired David to say:

'The Lord said to my Lord:

Sit here at my right side

until I put your enemies under your feet.'

³⁷ David himself called him 'Lord'; so how can the Messiah be David's descendant?"

Jesus Warns against the Teachers of the Law

A large crowd was listening to Jesus gladly. ³⁸ As he taught them, he said, "Watch out for the teachers of the Law, who like to walk around in their long robes and be greeted with respect in the marketplace, ³⁹ who choose the reserved seats in the synagogues and the best places at feasts. ⁴⁰ They take advantage of widows and rob them of their homes, and then make a show of saying long prayers. Their punishment will be all the worse!"

The Widow's Offering

⁴¹ As Jesus sat near the Temple treasury, he watched the people as they dropped in their money. Many rich men dropped in a lot of money; ⁴² then a poor widow came along and dropped in two little copper coins, worth about a penny. ⁴³ He called his disciples together and said to them, "I tell you that this poor widow put more in the offering box than all the others. ⁴⁴ For the others put in what they had to spare of their riches; but she, poor as she is, put in all she had—she gave all she had to live on."

Jesus Speaks of the Destruction of the Temple

13 As Jesus was leaving the Temple, one of his disciples said, "Look, Teacher! What wonderful stones and buildings!"

² Jesus answered, "You see these great buildings? Not a single stone here will be left in its place; every one of them will be thrown down."

Troubles and Persecutions

³ Jesus was sitting on the Mount of Olives, across from the Temple, when Peter, James, John, and Andrew came to him in private. ⁴ "Tell us when this will be," they said, "and tell us what will happen to show that the time has come for all these things to take place."

⁵ Jesus said to them, "Watch out, and don't let anyone fool you. ⁶ Many men, claiming to speak for me, will come and say, 'I am he!' and they will fool many people. ⁷ And don't be troubled when you hear the noise of battles close by and news of battles far away. Such things must happen, but they do not mean that the end has come. ⁸ Countries will fight each other; kingdoms will attack one another. There will be earthquakes everywhere, and there will be famines. These things are like the first pains of childbirth.

⁹ "You yourselves must watch out. You will be arrested and taken to court. You will be beaten in the synagogues; you will stand before rulers and kings for my sake to tell them the Good News. ¹⁰ But before the end comes, the gospel must be preached to all peoples. ¹¹ And when you are arrested and taken to court, do not worry ahead of time about what you are going to say; when the time comes, say

whatever is then given to you. For the words you speak will not be yours; they will come from the Holy Spirit. [12] Men will hand over their own brothers to be put to death, and fathers will do the same to their children. Children will turn against their parents and have them put to death. [13] Everyone will hate you because of me. But whoever holds out to the end will be saved.

The Awful Horror

[14] "You will see 'The Awful Horror' standing in the place where he should not be." (Note to the reader: understand what this means!) "Then those who are in Judea must run away to the hills. [15] Someone who is on the roof of a house must not lose time by going down into the house to get anything to take along. [16] Someone who is in the field must not go back to the house for a cloak. [17] How terrible it will be in those days for women who are pregnant and for mothers with little babies! [18] Pray to God that these things will not happen in the winter! [19] For the trouble of those days will be far worse than any the world has ever known from the very beginning when God created the world until the present time. Nor will there ever be anything like it again. [20] But the Lord has reduced the number of those days; if he had not, nobody would survive. For the sake of his chosen people, however, he has reduced those days.

[21] "Then, if anyone says to you, 'Look, here is the Messiah!' or, 'Look, there he is!'—do not believe it. [22] For false Messiahs and false prophets will appear. They will perform miracles and wonders in order to deceive even God's chosen people, if possible. [23] Be on your guard! I have told you everything ahead of time.

The Coming of the Son of Man

24 "In the days after that time of trouble the sun will grow dark, the moon will no longer shine, 25 the stars will fall from heaven, and the powers in space will be driven from their courses. 26 Then the Son of Man will appear, coming in the clouds with great power and glory. 27 He will send the angels out to the four corners of the earth to gather God's chosen people from one end of the world to the other.

The Lesson of the Fig Tree

28 "Let the fig tree teach you a lesson. When its branches become green and tender and it starts putting out leaves, you know that summer is near. 29 In the same way, when you see these things happening, you will know that the time is near, ready to begin. 30 Remember that all these things will happen before the people now living have all died. 31 Heaven and earth will pass away, but my words will never pass away.

No One Knows the Day or Hour

32 "No one knows, however, when that day or hour will come—neither the angels in heaven, nor the Son; only the Father knows. 33 Be on watch, be alert, for you do not know when the time will come.

34 "It will be like a man who goes away from home on a trip and leaves his servants in charge, after giving to each one his own work to do and after telling the doorkeeper to keep watch. 35 Watch, then, because you do not know when the master of the house is coming—it might be in the evening or at midnight or before dawn or at sunrise. 36 If he comes suddenly, he must not find you asleep.

37 "What I say to you, then, I say to all: Watch!"

The Plot against Jesus

14 It was now two days before the Festival of Passover and Unleavened Bread. The chief priests and the teachers of the Law were looking for a way to arrest Jesus secretly and put him to death. ² "We must not do it during the festival," they said, "or the people might riot."

Jesus Is Anointed at Bethany

³ Jesus was in Bethany at the house of Simon, a man who had suffered from a dreaded skin disease. While Jesus was eating, a woman came in with an alabaster jar full of a very expensive perfume made of pure nard. She broke the jar and poured the perfume on Jesus' head.

⁴ Some of the people there became angry and said to one another, "What was the use of wasting the perfume? ⁵ It could have been sold for more than three hundred silver coins and the money given to the poor!" And they criticized her harshly.

⁶ But Jesus said, "Leave her alone! Why are you bothering her? She has done a fine and beautiful thing for me. ⁷ You will always have poor people with you, and any time you want to, you can help them. But you will not always have me. ⁸ She did what she could; she poured perfume on my body to prepare it ahead of time for burial. ⁹ Now, I assure you that wherever the gospel is preached all over the world, what she has done will be told in memory of her."

Judas Agrees to Betray Jesus

¹⁰ Then Judas Iscariot, one of the twelve disciples, went off to the chief priests in order to betray Jesus to them. ¹¹ They

were pleased to hear what he had to say, and promised to give him money. So Judas started looking for a good chance to hand Jesus over to them.

Jesus Eats the Passover Meal with His Disciples

¹² On the first day of the Festival of Unleavened Bread, the day the lambs for the Passover meal were killed, Jesus' disciples asked him, "Where do you want us to go and get the Passover meal ready for you?"

¹³ Then Jesus sent two of them with these instructions: "Go into the city, and a man carrying a jar of water will meet you. Follow him ¹⁴ to the house he enters, and say to the owner of the house: 'The Teacher says, Where is the room where my disciples and I will eat the Passover meal?' ¹⁵ Then he will show you a large upstairs room, fixed up and furnished, where you will get everything ready for us."

¹⁶ The disciples left, went to the city, and found everything just as Jesus had told them; and they prepared the Passover meal.

¹⁷ When it was evening, Jesus came with the twelve disciples. ¹⁸ While they were at the table eating, Jesus said, "I tell you that one of you will betray me—one who is eating with me."

¹⁹ The disciples were upset and began to ask him, one after the other, "Surely you don't mean me, do you?"

²⁰ Jesus answered, "It will be one of you twelve, one who dips his bread in the dish with me. ²¹ The Son of Man will die as the Scriptures say he will; but how terrible for that man who will betray the Son of Man! It would have been better for that man if he had never been born!"

The Lord's Supper

²² While they were eating, Jesus took a piece of bread, gave a prayer of thanks, broke it, and gave it to his disciples. "Take it," he said, "this is my body."

²³ Then he took a cup, gave thanks to God, and handed it to them; and they all drank from it.

²⁴ Jesus said, "This is my blood which is poured out for many, my blood which seals God's covenant. ²⁵ I tell you, I will never again drink this wine until the day I drink the new wine in the Kingdom of God."

²⁶ Then they sang a hymn and went out to the Mount of Olives.

Jesus Predicts Peter's Denial

²⁷ Jesus said to them, "All of you will run away and leave me, for the scripture says, 'God will kill the shepherd, and the sheep will all be scattered.' ²⁸ But after I am raised to life, I will go to Galilee ahead of you."

²⁹ Peter answered, "I will never leave you, even though all the rest do!"

³⁰ Jesus said to Peter, "I tell you that before the rooster crows two times tonight, you will say three times that you do not know me."

³¹ Peter answered even more strongly, "I will never say that, even if I have to die with you!"

And all the other disciples said the same thing.

Jesus Prays in Gethsemane

³² They came to a place called Gethsemane, and Jesus said to his disciples, "Sit here while I pray." ³³ He took Peter, James, and John with him. Distress and anguish came over

him, ³⁴ and he said to them, "The sorrow in my heart is so great that it almost crushes me. Stay here and keep watch."

³⁵ He went a little farther on, threw himself on the ground, and prayed that, if possible, he might not have to go through that time of suffering. ³⁶ "Father," he prayed, "my Father! All things are possible for you. Take this cup of suffering away from me. Yet not what I want, but what you want."

³⁷ Then he returned and found the three disciples asleep. He said to Peter, "Simon, are you asleep? Weren't you able to stay awake for even one hour?" ³⁸ And he said to them, "Keep watch, and pray that you will not fall into temptation. The spirit is willing, but the flesh is weak."

³⁹ He went away once more and prayed, saying the same words. ⁴⁰ Then he came back to the disciples and found them asleep; they could not keep their eyes open. And they did not know what to say to him.

⁴¹ When he came back the third time, he said to them, "Are you still sleeping and resting? Enough! The hour has come! Look, the Son of Man is now being handed over to the power of sinners. ⁴² Get up, let us go. Look, here is the man who is betraying me!"

The Arrest of Jesus

⁴³ Jesus was still speaking when Judas, one of the twelve disciples, arrived. With him was a crowd armed with swords and clubs and sent by the chief priests, the teachers of the Law, and the elders. ⁴⁴ The traitor had given the crowd a signal: "The man I kiss is the one you want. Arrest him and take him away under guard."

⁴⁵ As soon as Judas arrived, he went up to Jesus and said, "Teacher!" and kissed him. ⁴⁶ So they arrested Jesus and

held him tight. ⁴⁷ But one of those standing there drew his sword and struck at the High Priest's slave, cutting off his ear. ⁴⁸ Then Jesus spoke up and said to them, "Did you have to come with swords and clubs to capture me, as though I were an outlaw? ⁴⁹ Day after day I was with you teaching in the Temple, and you did not arrest me. But the Scriptures must come true."

⁵⁰ Then all the disciples left him and ran away.

⁵¹ A certain young man, dressed only in a linen cloth, was following Jesus. They tried to arrest him, ⁵² but he ran away naked, leaving the cloth behind.

Jesus before the Council

⁵³ Then Jesus was taken to the High Priest's house, where all the chief priests, the elders, and the teachers of the Law were gathering. ⁵⁴ Peter followed from a distance and went into the courtyard of the High Priest's house. There he sat down with the guards, keeping himself warm by the fire.

⁵⁵ The chief priests and the whole Council tried to find some evidence against Jesus in order to put him to death, but they could not find any. ⁵⁶ Many witnesses told lies against Jesus, but their stories did not agree.

⁵⁷ Then some men stood up and told this lie against Jesus: ⁵⁸ "We heard him say, 'I will tear down this Temple which men have made, and after three days I will build one that is not made by men.'" ⁵⁹ Not even they, however, could make their stories agree.

⁶⁰ The High Priest stood up in front of them all and questioned Jesus, "Have you no answer to the accusation they bring against you?"

⁶¹ But Jesus kept quiet and would not say a word. Again the High Priest questioned him, "Are you the Messiah, the Son of the Blessed God?"

⁶² "I am," answered Jesus, "and you will all see the Son of Man seated at the right side of the Almighty and coming with the clouds of heaven!"

⁶³ The High Priest tore his robes and said, "We don't need any more witnesses! ⁶⁴ You heard his blasphemy. What is your decision?" They all voted against him: he was guilty and should be put to death.

⁶⁵ Some of them began to spit on Jesus, and they blindfolded him and hit him. "Guess who hit you!" they said. And the guards took him and slapped him.

Peter Denies Jesus

⁶⁶ Peter was still down in the courtyard when one of the High Priest's servant women came by. ⁶⁷ When she saw Peter warming himself, she looked straight at him and said, "You, too, were with Jesus of Nazareth."

⁶⁸ But he denied it. "I don't know...I don't understand what you are talking about," he answered, and went out into the passageway. Just then a rooster crowed.

⁶⁹ The servant woman saw him there and began to repeat to the bystanders, "He is one of them!" ⁷⁰ But Peter denied it again.

A little while later the bystanders accused Peter again, "You can't deny that you are one of them, because you, too, are from Galilee."

⁷¹ Then Peter said, "I swear that I am telling the truth! May God punish me if I am not! I do not know the man you are talking about!"

⁷² Just then a rooster crowed a second time, and Peter remembered how Jesus had said to him, "Before the rooster
crows two times, you will say three times that you do not
know me." And he broke down and cried.

Jesus before Pilate

15 Early in the morning the chief priests met hurriedly
with the elders, the teachers of the Law, and the
whole Council, and made their plans. They put Jesus in
chains, led him away, and handed him over to Pilate. ² Pilate questioned him, "Are you the king of the Jews?"

Jesus answered, "So you say."

³ The chief priests were accusing Jesus of many things,
⁴ so Pilate questioned him again, "Aren't you going to answer? Listen to all their accusations!"

⁵ Again Jesus refused to say a word, and Pilate was amazed.

Jesus Is Sentenced to Death

⁶ At every Passover Festival Pilate was in the habit of setting
free any one prisoner the people asked for. ⁷ At that time a
man named Barabbas was in prison with the rebels who
had committed murder in the riot. ⁸ When the crowd gathered and began to ask Pilate for the usual favor, ⁹ he asked
them, "Do you want me to set free for you the king of the
Jews?" ¹⁰ He knew very well that the chief priests had handed Jesus over to him because they were jealous.

¹¹ But the chief priests stirred up the crowd to ask, instead, that Pilate set Barabbas free for them. ¹² Pilate spoke
again to the crowd, "What, then, do you want me to do
with the one you call the king of the Jews?"

¹³ They shouted back, "Crucify him!"

¹⁴ "But what crime has he committed?" Pilate asked. They shouted all the louder, "Crucify him!"

¹⁵ Pilate wanted to please the crowd, so he set Barabbas free for them. Then he had Jesus whipped and handed him over to be crucified.

The Soldiers Make Fun of Jesus

¹⁶ The soldiers took Jesus inside to the courtyard of the governor's palace and called together the rest of the company. ¹⁷ They put a purple robe on Jesus, made a crown out of thorny branches, and put it on his head. ¹⁸ Then they began to salute him: "Long live the King of the Jews!" ¹⁹ They beat him over the head with a stick, spat on him, fell on their knees, and bowed down to him. ²⁰ When they had finished making fun of him, they took off the purple robe and put his own clothes back on him. Then they led him out to crucify him.

Jesus Is Crucified

²¹ On the way they met a man named Simon, who was coming into the city from the country, and the soldiers forced him to carry Jesus' cross. (Simon was from Cyrene and was the father of Alexander and Rufus.) ²² They took Jesus to a place called Golgotha, which means "The Place of the Skull." ²³ There they tried to give him wine mixed with a drug called myrrh, but Jesus would not drink it. ²⁴ Then they crucified him and divided his clothes among themselves, throwing dice to see who would get which piece of clothing. ²⁵ It was nine o'clock in the morning when they crucified him. ²⁶ The notice of the accusation against him said: "The King of the Jews." ²⁷ They also crucified two bandits with Jesus, one on

his right and the other on his left. [28 In this way the scripture came true which says, "He shared the fate of criminals."]

29 People passing by shook their heads and hurled insults at Jesus: "Aha! You were going to tear down the Temple and build it back up in three days! 30 Now come down from the cross and save yourself !"

31 In the same way the chief priests and the teachers of the Law made fun of Jesus, saying to one another, "He saved others, but he cannot save himself ! 32 Let us see the Messiah, the king of Israel, come down from the cross now, and we will believe in him!"

And the two who were crucified with Jesus insulted him also.

The Death of Jesus

33 At noon the whole country was covered with darkness, which lasted for three hours. 34 At three o'clock Jesus cried out with a loud shout, "Eloi, Eloi, lema sabachthani?" which means, "My God, my God, why did you abandon me?"

35 Some of the people there heard him and said, "Listen, he is calling for Elijah!" 36 One of them ran up with a sponge, soaked it in cheap wine, and put it on the end of a stick. Then he held it up to Jesus' lips and said, "Wait! Let us see if Elijah is coming to bring him down from the cross!"

37 With a loud cry Jesus died.

38 The curtain hanging in the Temple was torn in two, from top to bottom. 39 The army officer who was standing there in front of the cross saw how Jesus had died. "This man was really the Son of God!" he said.

40 Some women were there, looking on from a distance. Among them were Mary Magdalene, Mary the mother of

the younger James and of Joseph, and Salome. [41] They had followed Jesus while he was in Galilee and had helped him. Many other women who had come to Jerusalem with him were there also.

The Burial of Jesus

[42-43] It was toward evening when Joseph of Arimathea arrived. He was a respected member of the Council, who was waiting for the coming of the Kingdom of God. It was Preparation day (that is, the day before the Sabbath), so Joseph went boldly into the presence of Pilate and asked him for the body of Jesus. [44] Pilate was surprised to hear that Jesus was already dead. He called the army officer and asked him if Jesus had been dead a long time. [45] After hearing the officer's report, Pilate told Joseph he could have the body. [46] Joseph bought a linen sheet, took the body down, wrapped it in the sheet, and placed it in a tomb which had been dug out of solid rock. Then he rolled a large stone across the entrance to the tomb. [47] Mary Magdalene and Mary the mother of Joseph were watching and saw where the body of Jesus was placed.

The Resurrection

16 After the Sabbath was over, Mary Magdalene, Mary the mother of James, and Salome bought spices to go and anoint the body of Jesus. [2] Very early on Sunday morning, at sunrise, they went to the tomb. [3-4] On the way they said to one another, "Who will roll away the stone for us from the entrance to the tomb?" (It was a very large stone.) Then they looked up and saw that the stone had already been rolled back. [5] So they entered the tomb, where they saw a young man sitting at the right, wearing a white robe—and they were alarmed.

⁶ "Don't be alarmed," he said. "I know you are looking for Jesus of Nazareth, who was crucified. He is not here— he has been raised! Look, here is the place where he was placed. ⁷ Now go and give this message to his disciples, including Peter: 'He is going to Galilee ahead of you; there you will see him, just as he told you.'"

⁸ So they went out and ran from the tomb, distressed and terrified. They said nothing to anyone, because they were afraid.

AN OLD ENDING OF THE GOSPEL

Jesus Appears to Mary Magdalene

[⁹ After Jesus rose from death early on Sunday, he appeared first to Mary Magdalene, from whom he had driven out seven demons. ¹⁰ She went and told his companions. They were mourning and crying; ¹¹ and when they heard her say that Jesus was alive and that she had seen him, they did not believe her.

Jesus Appears to Two Followers

¹² After this, Jesus appeared in a different manner to two of them while they were on their way to the country. ¹³ They returned and told the others, but these would not believe it.

Jesus Appears to the Eleven

¹⁴ Last of all, Jesus appeared to the eleven disciples as they were eating. He scolded them, because they did not have faith and because they were too stubborn to believe those

who had seen him alive. [15] He said to them, "Go throughout the whole world and preach the gospel to all people. [16] Whoever believes and is baptized will be saved; whoever does not believe will be condemned. [17] Believers will be given the power to perform miracles: they will drive out demons in my name; they will speak in strange tongues; [18] if they pick up snakes or drink any poison, they will not be harmed; they will place their hands on sick people, and these will get well."

Jesus Is Taken Up to Heaven

[19] After the Lord Jesus had talked with them, he was taken up to heaven and sat at the right side of God. [20] The disciples went and preached everywhere, and the Lord worked with them and proved that their preaching was true by the miracles that were performed.]

ANOTHER OLD ENDING

[[9] The women went to Peter and his friends and gave them a brief account of all they had been told. [10] After this, Jesus himself sent out through his disciples from the east to the west the sacred and everliving message of eternal salvation.]

ÉVANGILE
SELON MARC

Évangile selon Marc
Traduction de la Bible en français courant révisée

© 1997 Société biblique française, Villiers-le-Bel
Avec l'autorisation de la Société biblique française
www.la-bible.net

*L'édition intégrale de la Bible en français courant a reçu
l'approbation de l'Alliance Biblique Universelle et l'Imprimatur
du Cardinal Pierre Eyt, Président de la Commission doctrinale
de la Conférence des évêques de France, le 8 février 1996.*

Introduction

Comment connaître Jésus ? Comment le rencontrer ? Qui a entendu parler de lui, et surtout qui a accueilli la nouvelle qu'il est le Sauveur de tous, ne peut manquer de se poser ces questions. La réponse vient des témoins de sa vie, de ceux qui l'ont suivi depuis le début.

Disciples de Jésus, témoins et hérauts de l'évangile

Jésus avait appelé des disciples à le suivre : Pierre, André, Jean... Il avait vécu avec eux, enseignant les foules et accomplissant des miracles, aidant les disciples à comprendre sa mission et les conflits qu'il allait rencontrer. Ils l'avaient vu mourir sur une croix, librement et totalement abandonné à la volonté du Père. Après l'amère expérience de la croix il ne coupa nullement ses liens avec eux : bien plus, il se montra ressuscité, vivant, et ils le reconnurent dans la foi comme Seigneur et Fils de Dieu. Cet événement, qui transformait leur vie, devait être annoncé comme « évangile », c'est-à-dire « bonne nouvelle », à tous les hommes. Animés par l'Esprit, ils se mirent alors à proclamer que Dieu avait ressuscité Jésus d'entre les morts et l'avait fait Messie et Seigneur et ils lançaient à tous l'invitation à se convertir et à croire en lui.

C'est dans cette action missionnaire, comme aussi dans la célébration du Baptême et de l'Eucharistie, dans les assemblées de prière et dans la catéchèse des premiers chrétiens, que prit forme la mémoire des enseignements de Jésus, des récits de ses miracles, de ses gestes de miséricorde, de sa passion et des expériences pascales, avec la préoccupation de rendre ces paroles et ces événements toujours actuels pour les diverses situations des communautés. A ces traditions puisèrent les évangélistes, et ainsi sont nés les quatre évangiles, que l'Eglise reconnaît comme des témoignages authentiques de la vie de Jésus-Christ et de la foi en lui : évangile selon Matthieu, selon Marc, selon Luc et selon Jean.

L'ÉVANGILE SELON MARC

Le deuxième de ces livrets est celui que tu as entre les mains. Certainement tu seras curieux de savoir par qui, quand et pour qui il a été écrit. La tradition antique nous dit que l'auteur en est Marc, présenté comme l'« interprète », nous dirions aujourd'hui le secrétaire de Pierre. On estime que c'est vers l'an 70, après le martyre de Pierre, que Marc a consigné dans son évangile, destiné à la communauté chrétienne de Rome, la mémoire de la prédication de l'apôtre.

Il y a une autre question importante pour nous, si nous voulons vraiment comprendre ce qui est contenu dans ces pages : pourquoi Marc a-t-il écrit son évangile ? Convaincu que le centre de la foi chrétienne est la mort et la résurrection de Jésus, il a pensé que ces événements ne pouvaient pas être compris sans refaire tout le chemin depuis le début, c'est-à-dire à partir du moment où Jésus avait commencé à proclamer la venue du règne de Dieu. C'est ainsi que, par son évangile, Marc a voulu offrir à des chrétiens venus depuis peu à la foi, animés d'un vigoureux esprit missionnaire mais exposés à des tribulations et

à des persécutions, un instrument pour comprendre et accueillir le mystère de Jésus et tout ce que comporte le fait
d'avoir accepté de le suivre.

L'évangile de Marc est appelé « évangile du catéchu-
mène », c'est-à-dire de celui qui s'engage dans un parcours de foi qui l'amène à être intégralement et conscien-
ment chrétien. « Comment devient-on chrétien ? » est une
question qui t'intéresse certainement. Dans ce second
évangile, tu pourras trouver un projet de foi et de vie bien
articulé pour ton cheminement.

L'ÉVANGILE DE JÉSUS, MESSIE,
FILS DE DIEU CRUCIFIÉ

Avant de lire un livre, il est utile de jeter un coup d'oeil sur
la table des matières pour savoir comment l'auteur l'a
conçu. Les évangiles n'ont pas de table des matières, mais
nous pouvons la reconstruire. Dans le cas de Marc, c'est
lui-même qui nous offre un indice, quand il ouvre la nar-
ration avec la solennelle proclamation de « Jésus, Christ,
le Fils de Dieu » (Mc 1,1) : son livre veut nous introduire
dans la découverte de Jésus comme « Messie » et comme
« Fils de Dieu ». Essayons de saisir les éléments principaux
de ce chemin en deux étapes.

La première partie de l'Evangile (Mc 1,2–8,30) culmine
lorsque Pierre, au nom des disciples, dit à Jésus : « Tu es le
Messie » (Mc 8,29). On y parvient au terme d'un parcours
marqué par des questions continuelles sur l'œuvre et sur
l'identité de Jésus, qui nous entraîne dans un climat
d'émerveillement et d'interrogation sur le mystère de sa
personne. Après une brève introduction (Mc 1,2-13), cela
commence par la proclamation de l'évangile en Galilée et
la réponse des premiers disciples, avec en contrepoint la

contestation de l'autorité de Jésus, le refus de sa "nou-veauté" (Mc 1,14–3,6). Suivent le choix des Douze et la constitution du groupe des disciples, qui sont, contraire-ment aux incrédules, la vraie « famille » de Jésus, à la-quelle est réservée une formation particulière (Mc 3,7–6,6a). Puis Jésus se manifeste comme celui qui, par le don du pain eucharistique, rassemble le peuple de Dieu ; aux disciples qui ne comprennent pas il ouvre les yeux de la foi, afin qu'ils puissent finalement le reconnaître com-me « Messie » (Mc 6,6b–8,30).

Dans la seconde partie de l'évangile (Mc 8,31–16,20) Jésus se présente aux disciples comme le « Fils de l'hom-me » rejeté et mis à mort. Nous sommes invités à l'écoute et à la contemplation, pour saisir dans le scandale de Jé-sus crucifié sa révélation comme « Fils de Dieu » et la su-prême manifestation de l'amour de Dieu. C'est un chemin qui mène sur la route de Jérusalem, là où Jésus, en butte à l'incompréhension des disciples, prédit sa passion et sa résurrection et les instruit sur les conditions pour le suivre (Mc 8,31–10,52). Arrivé à Jérusalem, Jésus est confronté à ses adversaires sur des thèmes concernant son identité de Messie et de Fils de Dieu et il parle des temps de la fin (Mc 11–13). Dans le récit de la passion Jésus apparaît comme Messie condamné et renié, comme Roi des juifs rejeté et ridiculisé et, à la fin, comme Fils de Dieu crucifié (Mc 14,1–15,39). Au sommet de l'évangile, Marc place la pro-fession de foi d'un capitaine romain, représentant des païens qui ont accueilli l'évangile : « Cet homme était vraiment Fils de Dieu » (Mc 15,39). Un bref épilogue nous conduit de la contemplation du Crucifié à l'annonce du Ressuscité (Mc 15,40–16,20).

APPELÉS À ÊTRE DISCIPLES

L'évangile de Marc nous invite à entrer dans une relation personnelle avec Jésus et à partager son destin : c'est l'évangile du disciple. Et, sur ce chemin, nos guides sont les disciples et d'autres personnages mineurs.

Nous pouvons nous retrouver dans l'appel des premiers disciples en y voyant les débuts de notre vie chrétienne (Mc 1,16-20). Nous comprenons que, en nous engageant à la suite du Christ, nous pouvons nous aussi être exposés à la critique et au refus de la part de ceux qui ne reconnaissent pas les signes de libération, de pardon et de valorisation de la vie humaine qu'il opère (Mc 2,1–3,6). Quelle joie pourtant de nous sentir membres de sa « famille » (Mc 3,31-35) ! Et il est réconfortant de savoir que le Seigneur, malgré nos fatigues et nos résistances, continue à nous offrir dans la communauté chrétienne l'explication de sa parole, pour nous aider à comprendre et à approfondir la foi (Mc 4,13-20.34 ; 7,17-23).

Mais il n'est pas facile d'entrer dans la mentalité du règne de Dieu ; d'où la nécessité de nous engager sérieusement dans l'écoute de la Parole pour que la foi ne s'éteigne pas. En effet, la foi peut venir à manquer dans les tempêtes de la vie, si nous ne reconnaissons pas en Jésus celui qui peut sauver du mal et de la mort (Mc 4). Surtout il est difficile pour nous d'accepter que le Messie doive aller au-devant d'un chemin de souffrance et de mort dans le don total de soi, et que cette route soit également celle qui s'ouvre devant quiconque veut être son disciple (Mc 8,31-38). La difficulté des disciples à s'ouvrir à une foi adulte et surtout leur refus du chemin de la croix nous signalent les difficultés de la vie chrétienne et nous incitent à nous engager plus résolument dans la fidélité au Christ.

Quand les disciples font défaut, Marc présente à ses lecteurs des personnages mineurs, qui apparaissent et disparaissent comme des météores dans le récit évangélique, mais leur lumière nous oriente à la suite du Christ. En voici quelques-uns. Le lépreux guéri et l'homme de Gérasa délivré de ses esprits mauvais sont pour nous des modèles d'action missionnaire quand ils proclament ce que Jésus a fait pour eux (Mc 1,40-45 ; 5,1-20). Autre exemple : l'aveugle Bartimée, après avoir recouvré la vue de la foi, trouve le courage de suivre le Maître sur la route de la croix (Mc 10, 46-52). Enfin, durant la passion, les femmes deviennent la figure exemplaire des disciples : après avoir suivi fidèlement Jésus depuis la Galilée, elles le contemplent maintenant sur la croix, elles observent le lieu de la sépulture et, s'étant rendues au tombeau, elles reçoivent l'annonce de la résurrection (Mc 15,40–16,8). Leur silence méditatif est une invitation à la contemplation priante, qui permet de combler dans la foi la distance qui sépare la mentalité de mort, qui marque l'expérience humaine, de l'horizon de vie de ce Dieu qui a ressuscité Jésus. Le croyant peut même repenser l'histoire de Jésus à la lumière de sa résurrection, et trouver en elle la possibilité d'une existence nouvelle. Alors il sera possible de rompre le silence pour annoncer et témoigner devant tous que Jésus est la source de la vie.

COMMENT LIRE L'ÉVANGILE

L'évangile de Marc qui s'offre à nous demande maintenant à être lu. Lisons-le avec simplicité du début à la fin, mais avec cette conviction : « Je veux connaître qui est véritablement Jésus et comment je peux lui répondre quand il m'appelle à être son disciple ». Recueillons pas à pas ce qu'il révèle à notre intelligence et à notre cœur. Nous y trouverons un guide pour notre itinéraire, une espérance et une force pour affronter chaque jour la vie, même les situations les plus difficiles.

« Au fur et à mesure que tu avanceras dans la fascinante histoire de Jésus de Nazareth, tu découvriras qu'il n'est pas un personnage du passé. Ses paroles sont la parole de Dieu qui aujourd'hui encore peut illuminer le chemin de ta vie ; ses gestes sont le signe de l'amour fort et patient du Père céleste envers toi. Ainsi, pas à pas, tu arriveras à croire et à professer avec une conscience toujours plus claire et joyeuse que Dieu t'aime, que le Christ est venu pour toi. Pour toi, le Christ est la voie, la vérité et la vie. » (Jean-Paul II)

« Ici commence la Bonne Nouvelle de Jésus-Christ, le Fils de Dieu » : ce sont les premiers mots de l'évangile selon Marc. Et en réalité, l'Evangile de Jésus a « commencé » les deux millénaires de notre histoire, il en a été le fondement. Cet Evangile t'est remis aujourd'hui au cours de la XVe Journée Mondiale de la Jeunesse pour que, grâce à ton généreux témoignage, il « commence » pour toi et pour les nouvelles générations le troisième millénaire, qu'il en soit le fondement.

ÉVANGILE SELON MARC

La prédication de Jean-Baptiste

1 Ici commence la Bonne Nouvelle de Jésus-Christ, le Fils de Dieu. ² Dans le livre du prophète Ésaïe, il est écrit :
« Je vais envoyer mon messager devant toi, dit Dieu,
pour t'ouvrir le chemin.
³ C'est la voix d'un homme qui crie dans le désert :
Préparez le chemin du Seigneur,
faites-lui des sentiers bien droits ! »

⁴ Ainsi, Jean le Baptiste parut dans le désert ; il lançait cet appel : « Changez de comportement, faites-vous baptiser et Dieu pardonnera vos péchés. » ⁵ Tous les habitants de la région de Judée et de la ville de Jérusalem allaient à lui ; ils confessaient publiquement leurs péchés et Jean les baptisait dans la rivière, le Jourdain.

⁶ Jean portait un vêtement fait de poils de chameau et une ceinture de cuir autour de la taille ; il mangeait des sauterelles et du miel sauvage. ⁷ Il déclarait à la foule : « Celui qui vient après moi est plus puissant que moi ; je ne suis pas même digne de me baisser pour délier la courroie de ses sandales. ⁸ Moi, je vous ai baptisés avec de l'eau, mais lui, il vous baptisera avec le Saint-Esprit. »

Le baptême et la tentation de Jésus

⁹ Alors, Jésus vint de Nazareth, localité de Galilée, et Jean le baptisa dans le Jourdain. ¹⁰ Au moment où Jésus sortait de

l'eau, il vit le ciel s'ouvrir et l'Esprit Saint descendre sur lui comme une colombe. ¹¹ Et une voix se fit entendre du ciel : « Tu es mon Fils bien-aimé ; je mets en toi toute ma joie. »

¹² Tout de suite après, l'Esprit le poussa dans le désert. ¹³ Jésus y resta pendant quarante jours et il fut tenté par Satan. Il vivait parmi les bêtes sauvages et les anges le servaient.

Jésus appelle quatre pêcheurs

¹⁴ Après que Jean eut été mis en prison, Jésus se rendit en Galilée ; il y proclamait la Bonne Nouvelle venant de Dieu. ¹⁵ « Le moment fixé est arrivé, disait-il, car le Royaume de Dieu s'est approché ! Changez de comportement et croyez la Bonne Nouvelle ! »

¹⁶ Jésus marchait le long du lac de Galilée lorsqu'il vit deux pêcheurs, Simon et son frère André, qui pêchaient en jetant un filet dans le lac. ¹⁷ Jésus leur dit : « Venez avec moi et je ferai de vous des pêcheurs d'hommes. » ¹⁸ Aussitôt, ils laissèrent leurs filets et le suivirent. ¹⁹ Jésus s'avança un peu plus loin et vit Jacques et son frère Jean, les fils de Zébédée. Ils étaient dans leur barque et réparaient leurs filets. ²⁰ Aussitôt Jésus les appela ; ils laissèrent leur père Zébédée dans la barque avec les ouvriers et allèrent avec Jésus.

L'homme tourmenté par un esprit mauvais

²¹ Jésus et ses disciples se rendirent à la ville de Capernaüm. Au jour du sabbat, Jésus entra dans la synagogue et se mit à enseigner. ²² Les gens qui l'entendaient étaient impressionnés par sa manière d'enseigner ; car il n'était pas comme les maîtres de la loi, mais il leur donnait son enseignement avec autorité. ²³ Or, dans cette synagogue, il y avait justement un homme tourmenté par un esprit mauvais. Il cria :

²⁴ « Que nous veux-tu, Jésus de Nazareth ? Es-tu venu pour nous détruire ? Je sais bien qui tu es : le Saint envoyé de Dieu ! » ²⁵ Jésus parla sévèrement à l'esprit mauvais et lui donna cet ordre : « Tais-toi et sors de cet homme ! » ²⁶ L'esprit secoua rudement l'homme et sortit de lui en poussant un grand cri. ²⁷ Les gens furent tous si étonnés qu'ils se demandèrent les uns aux autres : « Qu'est-ce que cela ? Un nouvel enseignement donné avec autorité ! Cet homme commande même aux esprits mauvais et ils lui obéissent ! » ²⁸ Et, très vite, la renommée de Jésus se répandit dans toute la région de la Galilée.

Jésus guérit beaucoup de malades

²⁹ Ils quittèrent la synagogue et allèrent aussitôt à la maison de Simon et d'André, en compagnie de Jacques et Jean. ³⁰ La belle-mère de Simon était au lit, parce qu'elle avait de la fièvre ; dès que Jésus arriva, on lui parla d'elle. ³¹ Il s'approcha d'elle, lui prit la main et la fit lever. La fièvre la quitta et elle se mit à les servir.

³² Le soir, après le coucher du soleil, les gens transportèrent vers Jésus tous les malades et ceux qui étaient possédés d'un esprit mauvais. ³³ Toute la population de la ville était rassemblée devant la porte de la maison. ³⁴ Jésus guérit beaucoup de gens qui souffraient de toutes sortes de maladies et il chassa aussi beaucoup d'esprits mauvais. Il ne laissait pas parler les esprits mauvais, parce qu'ils savaient, eux, qui il était.

Jésus parcourt la Galilée

³⁵ Très tôt le lendemain, alors qu'il faisait encore nuit noire, Jésus se leva et sortit de la maison. Il s'en alla hors de la

ville, dans un endroit isolé ; là, il se mit à prier. ³⁶ Simon et ses compagnons partirent à sa recherche ; ³⁷ quand ils le trouvèrent, ils lui dirent : « Tout le monde te cherche. » ³⁸ Mais Jésus leur dit : « Allons ailleurs, dans les villages voisins. Je dois prêcher là-bas aussi, car c'est pour cela que je suis venu. » ³⁹ Et ainsi, il alla dans toute la Galilée ; il prêchait dans les synagogues de la région et il chassait les esprits mauvais.

Jésus guérit un lépreux

⁴⁰ Un lépreux vint à Jésus, se mit à genoux devant lui et lui demanda son aide en disant : « Si tu le veux, tu peux me rendre pur. » ⁴¹ Jésus fut rempli de pitié pour lui ; il étendit la main, le toucha et lui déclara : « Je le veux, sois pur ! » ⁴² Aussitôt, la lèpre quitta cet homme et il fut pur. ⁴³ Puis, Jésus le renvoya immédiatement en lui parlant avec sévérité. ⁴⁴ « Écoute bien, lui dit-il, ne parle de cela à personne. Mais va te faire examiner par le prêtre, puis offre le sacrifice que Moïse a ordonné, pour prouver à tous que tu es guéri. » ⁴⁵ L'homme partit, mais il se mit à raconter partout ce qui lui était arrivé. A cause de cela, Jésus ne pouvait plus se montrer dans une ville ; il restait en dehors, dans des endroits isolés. Et l'on venait à lui de partout.

Jésus guérit un homme paralysé

2 Quelques jours plus tard, Jésus revint à Capernaüm, et l'on apprit qu'il était à la maison. ² Une foule de gens s'assembla, si bien qu'il ne restait plus de place, pas même dehors devant la porte. Jésus leur donnait son enseignement. ³ Quelques hommes arrivèrent, lui amenant un paralysé porté par quatre d'entre eux. ⁴ Mais ils ne pouvaient pas le présenter à Jésus, à cause de la foule. Ils ouvrirent alors le toit au-dessus de l'endroit où était Jésus ; par le trou qu'ils avaient fait, ils descendirent le paralysé étendu sur sa natte. [5] Quand Jésus vit la foi de ces hommes, il dit au paralysé : « Mon fils, tes péchés sont pardonnés. » [6] Quelques maîtres de la loi, qui étaient assis là, pensaient en eux-mêmes : [7] « Pourquoi cet homme parle-t-il ainsi ? Il fait insulte à Dieu. Qui peut pardonner les péchés ? Dieu seul le peut ! » [8] Jésus devina aussitôt ce qu'ils pensaient et leur dit : « Pourquoi avez-vous de telles pensées ? [9] Est-il plus facile de dire au paralysé : "Tes péchés sont pardonnés", ou de dire : "Lève-toi, prends ta natte et marche" ? [10] Mais je veux que vous le sachiez : le Fils de l'homme a le pouvoir sur la terre de pardonner les péchés. » Alors il adressa ces mots au paralysé : [11] « Je te le dis, lève-toi, prends ta natte, et rentre chez toi ! » [12] Aussitôt, tandis que tout le monde le regardait, l'homme se leva, prit sa natte et partit. Ils furent tous frappés d'étonnement ; ils louaient Dieu et disaient : « Nous n'avons jamais rien vu de pareil ! »

Jésus appelle Lévi

[13] Jésus retourna au bord du lac de Galilée. Une foule de gens venaient à lui et il leur donnait son enseignement. [14] En passant, il vit Lévi, le fils d'Alphée, assis au bureau des impôts. Jésus lui dit : « Suis-moi ! » Lévi se leva et le suivit. [15] Jésus prit ensuite un repas dans la maison de Lévi. Beaucoup de collecteurs d'impôts et autres gens de mauvaise réputation étaient à table avec lui et ses disciples, car nombreux étaient les hommes de cette sorte qui le suivaient. [16] Et les maîtres de la loi qui étaient du parti des Pharisiens virent que Jésus mangeait avec tous ces gens ; ils dirent à ses disciples : « Pourquoi mange-t-il avec les collecteurs

d'impôts et les gens de mauvaise réputation ? » [17] Jésus les entendit et leur déclara : « Les personnes en bonne santé n'ont pas besoin de médecin, ce sont les malades qui en ont besoin. Je ne suis pas venu appeler ceux qui s'estiment justes, mais ceux qui se sentent pécheurs. »

Jésus et le jeûne

[18] Un jour, les disciples de Jean-Baptiste et les Pharisiens jeûnaient. Des gens vinrent alors demander à Jésus : « Pourquoi les disciples de Jean-Baptiste et ceux des Pharisiens jeûnent-ils, tandis que tes disciples ne le font pas ? »

[19] Et Jésus leur répondit : « Pensez-vous que les invités d'une noce peuvent refuser de manger pendant que le marié est avec eux ? Bien sûr que non ! Tant que le marié est avec eux, ils ne peuvent pas refuser de manger. [20] Mais le temps viendra où le marié leur sera enlevé ; ce jour-là, ils jeûneront.

[21] « Personne ne coud une pièce d'étoffe neuve sur un vieux vêtement ; sinon, la nouvelle pièce arrache une partie du vieux vêtement et la déchirure s'agrandit encore. [22] Et personne ne verse du vin nouveau dans de vieilles outres ; sinon, le vin fait éclater les outres : le vin est perdu et les outres aussi. Mais non ! Pour le vin nouveau, il faut des outres neuves ! »

Jésus et le sabbat

[23] Un jour de sabbat, Jésus traversait des champs de blé. Ses disciples se mirent à cueillir des épis le long du chemin. [24] Les Pharisiens dirent alors à Jésus : « Regarde, pourquoi tes disciples font-ils ce que notre loi ne permet pas le jour du sabbat ? » [25] Jésus leur répondit : « N'avez-vous jamais lu

ce que fit David un jour où il se trouvait en difficulté, parce que lui-même et ses compagnons avaient faim ? ²⁶ Il entra dans la maison de Dieu et mangea les pains offerts à Dieu. Abiatar était le grand-prêtre en ce temps-là. Notre loi permet aux seuls prêtres de manger ces pains, mais David en prit et en donna aussi à ses compagnons. » ²⁷ Jésus leur dit encore : « Le sabbat a été fait pour l'homme ; l'homme n'a pas été fait pour le sabbat. ²⁸ Voilà pourquoi, le Fils de l'homme est maître même du sabbat. »

Jésus guérit un homme le jour du sabbat

3 Ensuite, Jésus retourna dans la synagogue. Il y avait là un homme dont la main était paralysée. ² Les Pharisiens observaient attentivement Jésus pour voir s'il allait le guérir le jour du sabbat, car ils voulaient l'accuser. ³ Jésus dit à l'homme dont la main était paralysée : « Lève-toi, là, devant tout le monde. » ⁴ Puis il demanda à ceux qui regardaient : « Que permet notre loi ? de faire du bien le jour du sabbat ou de faire du mal ? de sauver la vie d'un être humain ou de le laisser mourir ? » Mais ils ne voulaient pas répondre. ⁵ Jésus les regarda tous avec indignation ; il était en même temps profondément attristé qu'ils refusent de comprendre. Il dit alors à l'homme : « Avance ta main. » Il l'avança et sa main redevint saine. ⁶ Les Pharisiens sortirent de la synagogue et se réunirent aussitôt avec des membres du parti d'Hérode pour décider comment ils pourraient faire mourir Jésus.

Une foule nombreuse vient à Jésus

⁷ Jésus se retira avec ses disciples au bord du lac de Galilée et une foule nombreuse le suivit. Les gens arrivaient de

Galilée et de Judée, [8] de Jérusalem, du territoire d'Idumée, du territoire situé de l'autre côté du Jourdain et de la région de Tyr et de Sidon. Ils venaient en foule à Jésus parce qu'ils avaient appris tout ce qu'il faisait. [9] Alors Jésus demanda à ses disciples de lui préparer une barque afin que la foule ne l'écrase pas. [10] En effet, comme il guérissait beaucoup de gens, tous ceux qui souffraient de maladies se précipitaient sur lui pour le toucher. [11] Et quand ceux que les esprits mauvais tourmentaient le voyaient, ils se jetaient à ses pieds et criaient : « Tu es le Fils de Dieu ! » [12] Mais Jésus leur recommandait sévèrement de ne pas dire qui il était.

Jésus choisit les douze apôtres

[13] Puis Jésus monta sur une colline ; il appela les hommes qu'il voulait et ils vinrent à lui. [14] Il forma ainsi le groupe des douze qu'il nomma apôtres. Il fit cela pour les avoir avec lui et les envoyer annoncer la Bonne Nouvelle, [15] avec le pouvoir de chasser les esprits mauvais. [16] Voici ces douze : Simon – Jésus lui donna le nom de Pierre –, [17] Jacques et son frère Jean, tous deux fils de Zébédée – Jésus leur donna le nom de Boanergès, qui signifie « les hommes semblables au tonnerre » –, [18] André, Philippe, Barthélemy, Matthieu, Thomas, Jacques le fils d'Alphée, Thaddée, Simon le nationaliste, [19] et Judas Iscariote, celui qui trahit Jésus.

La famille de Jésus veut l'emmener

[20] Jésus se rendit ensuite à la maison. Une telle foule s'assembla de nouveau que Jésus et ses disciples ne pouvaient même pas manger. [21] Quand les membres de sa famille apprirent cela, ils se mirent en route pour venir le prendre, car ils disaient : « Il a perdu la raison ! »

Jésus répond à une accusation portée contre lui

²² Les maîtres de la loi qui étaient venus de Jérusalem disaient: «Béelzébul, le diable, habite en lui!» Et encore: «C'est le chef des esprits mauvais qui lui donne le pouvoir de chasser ces esprits!» ²³ Alors Jésus les appela et leur parla en utilisant des images: «Comment Satan peut-il se chasser lui-même? ²⁴ Si les membres d'un royaume luttent les uns contre les autres, ce royaume ne peut pas se maintenir; ²⁵ et si les membres d'une famille luttent les uns contre les autres, cette famille ne pourra pas se maintenir. ²⁶ Si donc Satan lutte contre lui-même, s'il est divisé, son pouvoir ne peut pas se maintenir mais prend fin.

²⁷ «Personne ne peut entrer dans la maison d'un homme fort et s'emparer de ses biens, s'il n'a pas d'abord ligoté cet homme fort; mais après l'avoir ligoté, il peut s'emparer de tout dans sa maison. ²⁸ Je vous le déclare, c'est la vérité: les êtres humains pourront être pardonnés de tous leurs péchés et de toutes les insultes qu'ils auront faites à Dieu. ²⁹ Mais celui qui aura fait insulte au Saint-Esprit ne recevra jamais de pardon, car il est coupable d'un péché éternel.»

³⁰ Jésus leur parla ainsi parce qu'ils déclaraient: «Un esprit mauvais habite en lui.»

La mère et les frères de Jésus

³¹ La mère et les frères de Jésus arrivèrent alors; ils se tinrent en dehors de la maison et lui envoyèrent quelqu'un pour l'appeler. ³² Un grand nombre de personnes étaient assises autour de Jésus et on lui dit: «Écoute, ta mère, tes frères et tes sœurs sont dehors et ils te demandent.» ³³ Jésus répondit: «Qui est ma mère et qui sont mes frères?»

³⁴ Puis il regarda les gens assis en cercle autour de lui et dit : « Voyez : ma mère et mes frères sont ici. ³⁵ Car celui qui fait la volonté de Dieu est mon frère, ma sœur ou ma mère. »

La parabole du semeur

4 Jésus se mit de nouveau à enseigner au bord du lac de Galilée. Une foule nombreuse s'assembla autour de lui, si bien qu'il monta dans une barque et s'y assit. La barque était sur le lac et les gens étaient à terre, près de l'eau. ² Il leur enseignait beaucoup de choses en utilisant des paraboles et il leur disait dans son enseignement : ³ « Écoutez ! Un jour, un homme s'en alla dans son champ pour semer. ⁴ Or, tandis qu'il lançait la semence, une partie des grains tomba le long du chemin : les oiseaux vinrent et les mangèrent. ⁵ Une autre partie tomba sur un sol pierreux où il y avait peu de terre. Les grains poussèrent aussitôt parce que la couche de terre n'était pas profonde. ⁶ Quand le soleil fut haut dans le ciel, il brûla les jeunes plantes : elles se desséchèrent parce que leurs racines étaient insuffisantes. ⁷ Une autre partie des grains tomba parmi des plantes épineuses. Celles-ci grandirent et étouffèrent les bonnes pousses, qui ne produisirent rien. ⁸ Mais d'autres grains tombèrent dans la bonne terre ; les plantes poussèrent, se développèrent et produisirent des épis : les uns portaient trente grains, d'autres soixante et d'autres cent. » ⁹ Et Jésus dit : « Écoutez bien, si vous avez des oreilles pour entendre ! »

Pourquoi Jésus utilise des paraboles

¹⁰ Quand ils furent seuls avec Jésus, ceux qui l'entouraient d'habitude et les douze disciples le questionnèrent au sujet des paraboles. ¹¹ Il leur répondit : « Vous avez reçu, vous, le

secret du Royaume de Dieu ; mais les autres n'en entendent parler que sous forme de paraboles, [12] et ainsi

"Ils peuvent bien regarder mais sans vraiment voir,
ils peuvent bien entendre mais sans vraiment comprendre,
sinon ils reviendraient à Dieu et Dieu leur
pardonnerait !" »

Jésus explique la parabole du semeur

[13] Puis Jésus leur dit : « Vous ne comprenez pas cette parabole ? Alors comment comprendrez-vous toutes les autres paraboles ? [14] Le semeur sème la parole de Dieu. [15] Certains sont comme le bord du chemin où tombe la parole : dès qu'ils l'ont entendue, Satan arrive et arrache la parole semée en eux. [16] D'autres reçoivent la semence dans des sols pierreux : aussitôt qu'ils entendent la parole, ils l'acceptent avec joie. [17] Mais ils ne la laissent pas s'enraciner en eux, ils ne s'y attachent qu'un instant. Et alors, quand survient la détresse ou la persécution à cause de la parole de Dieu, ils renoncent bien vite à la foi. [18] D'autres encore reçoivent la semence parmi des plantes épineuses : ils ont entendu la parole, [19] mais les préoccupations de ce monde, l'attrait trompeur de la richesse et les désirs de toutes sortes pénètrent en eux, ils étouffent la parole et elle ne produit rien. [20] D'autres, enfin, reçoivent la semence dans de la bonne terre : ils entendent la parole, ils l'accueillent et portent des fruits, les uns trente, d'autres soixante et d'autres cent. »

La parabole de la lampe

[21] Puis Jésus leur dit : « Quelqu'un apporte-t-il la lampe pour la mettre sous un seau ou sous le lit ? N'est-ce pas plutôt pour la mettre sur son support ? [22] Tout ce qui est caché paraîtra au

grand jour, et tout ce qui est secret sera mis en pleine lumiè-re. ²³ Écoutez bien, si vous avez des oreilles pour entendre ! » ²⁴ Jésus leur dit encore : « Faites attention à ce que vous en-tendez ! Dieu mesurera ce qu'il vous donne avec la mesure que vous employez vous-mêmes et il y ajoutera encore. ²⁵ Car celui qui a quelque chose recevra davantage ; mais à celui qui n'a rien on enlèvera même le peu qui pourrait lui rester. »

La parabole de la semence qui pousse toute seule

²⁶ Jésus dit encore : « Voici à quoi ressemble le Royaume de Dieu : Un homme lance de la semence dans son champ. ²⁷ Ensuite, il va dormir durant la nuit et il se lève chaque jour, et pendant ce temps les graines germent et poussent sans qu'il sache comment. ²⁸ La terre fait pousser d'elle-même la récolte : d'abord la tige des plantes, puis l'épi vert, et enfin le grain bien formé dans l'épi. ²⁹ Dès que le grain est mûr, l'homme se met au travail avec sa faucille, car le moment de la moisson est arrivé. »

La parabole de la graine de moutarde

³⁰ Jésus dit encore : « À quoi pouvons-nous comparer le Royaume de Dieu ? Au moyen de quelle parabole allons-nous en parler ? ³¹ Il ressemble à une graine de moutarde ; quand on la sème dans la terre, elle est la plus petite de toutes les graines du monde. ³² Mais après qu'on l'a semée, elle monte et devient la plus grande de toutes les plantes du jardin. Elle pousse des branches si grandes que les oiseaux peuvent faire leurs nids à son ombre. »

³³ Ainsi, Jésus donnait son enseignement en utilisant beaucoup de paraboles de ce genre ; il le donnait selon ce que ses auditeurs pouvaient comprendre. ³⁴ Il ne leur par-

lait pas sans utiliser des paraboles ; mais quand il était seul avec ses disciples, il leur expliquait tout.

Jésus apaise une tempête

[35] Le soir de ce même jour, Jésus dit à ses disciples : « Passons de l'autre côté du lac. » [36] Ils quittèrent donc la foule ; les disciples emmenèrent Jésus dans la barque où il se trouvait encore. D'autres barques étaient près de lui. [37] Et voilà qu'un vent violent se mit à souffler, les vagues se jetaient dans la barque, à tel point que, déjà, elle se remplissait d'eau. [38] Jésus, à l'arrière du bateau, dormait, la tête appuyée sur un coussin. Ses disciples le réveillèrent alors en criant : « Maître, nous allons mourir : cela ne te fait donc rien ? » [39] Jésus, réveillé, menaça le vent et dit à l'eau du lac : « Silence ! calme-toi ! » Alors le vent tomba et il y eut un grand calme. [40] Puis Jésus dit aux disciples : « Pourquoi avez-vous si peur ? N'avez-vous pas encore confiance ? » [41] Mais ils éprouvèrent une grande frayeur et ils se dirent les uns aux autres : « Qui est donc cet homme, pour que même le vent et les flots lui obéissent ? »

Jésus guérit un homme possédé par des esprits mauvais

5 Puis ils arrivèrent de l'autre côté du lac de Galilée, dans le territoire des Géraséniens. [2] Jésus descendit de la barque et, aussitôt, un homme sortit du milieu des tombeaux et vint à sa rencontre. Cet homme était possédé par un esprit mauvais [3] et il vivait parmi les tombeaux. Personne ne pouvait plus le tenir attaché, même avec une chaîne ; [4] souvent, en effet, on lui avait mis des fers aux pieds et des chaînes aux mains, mais il avait rompu les chaînes et brisé

les fers. Personne n'était assez fort pour le maîtriser.
⁵ Continuellement, la nuit comme le jour, il errait parmi les
tombeaux et sur les collines, en poussant des cris et en se
blessant lui-même avec des pierres. ⁶ Il vit Jésus de loin ;
alors il accourut, se jeta à genoux devant lui, ⁷ et cria avec
force : « Que me veux-tu, Jésus, Fils du Dieu très-haut ?
Je t'en conjure, au nom de Dieu, ne me tourmente pas ! »
⁸ – Jésus lui disait en effet : « Esprit mauvais, sors de cet
homme ! » – ⁹ Jésus l'interrogea : « Quel est ton nom ? » Il
répondit : « Mon nom est "Multitude", car nous sommes
nombreux. » ¹⁰ Et il le suppliait avec insistance de ne pas
envoyer les esprits mauvais hors de la région.

   ¹¹ Il y avait là un grand troupeau de porcs qui cherchait sa
nourriture près de la colline. ¹² Les esprits adressèrent cette
prière à Jésus : « Envoie-nous dans ces porcs, laisse nous
entrer en eux ! » ¹³ Jésus le leur permit. Alors les esprits
mauvais sortirent de l'homme et entrèrent dans les porcs.
Tout le troupeau – environ deux mille porcs – se précipita
du haut de la falaise dans le lac et s'y noya. ¹⁴ Les hommes
qui gardaient les porcs s'enfuirent et portèrent la nouvelle
dans la ville et dans les fermes. Les gens vinrent donc voir
ce qui s'était passé. ¹⁵ Ils arrivèrent auprès de Jésus et virent
l'homme qui avait été possédé d'une multitude d'esprits
mauvais : il était assis, il portait des vêtements et était dans
son bon sens. Et ils prirent peur. ¹⁶ Ceux qui avaient tout vu
leur racontèrent ce qui était arrivé à l'homme possédé et
aux porcs. ¹⁷ Alors ils se mirent à supplier Jésus de quitter
leur territoire. ¹⁸ Au moment où Jésus montait dans la
barque, l'homme guéri lui demanda de pouvoir rester avec
lui. ¹⁹ Jésus ne le lui permit pas, mais il lui dit : « Retourne
chez toi, dans ta famille, et raconte-leur tout ce que le Sei-

gneur a fait dans sa bonté pour toi. » [20] L'homme s'en alla donc et se mit à proclamer dans la région des Dix Villes tout ce que Jésus avait fait pour lui; et tous ceux qui l'entendirent furent remplis d'étonnement.

La fille de Jaïrus et la femme qui toucha le vêtement de Jésus

[21] Jésus revint en barque de l'autre côté du lac. Une grande foule s'assembla autour de lui alors qu'il se tenait au bord de l'eau. [22] Un chef de la synagogue locale, nommé Jaïrus, arriva. Il vit Jésus, se jeta à ses pieds [23] et le supplia avec insistance : « Ma petite fille est mourante, dit-il. Je t'en prie, viens et pose les mains sur elle afin qu'elle soit sauvée et qu'elle vive ! » [24] Jésus partit avec lui. Une grande foule l'accompagnait et le pressait de tous côtés.

[25] Il y avait là une femme qui avait des pertes de sang depuis douze ans. [26] Elle avait été chez de nombreux médecins, dont le traitement l'avait fait beaucoup souffrir. Elle y avait dépensé tout son argent, mais cela n'avait servi à rien ; au contraire, elle allait plus mal. [27] Elle avait entendu parler de Jésus. Elle vint alors dans la foule, derrière lui, et toucha son vêtement. [28] Car elle se disait : « Si je touche au moins ses vêtements, je serai guérie. » [29] Sa perte de sang s'arrêta aussitôt et elle se sentit guérie de son mal. [30] Au même moment, Jésus se rendit compte qu'une force était sortie de lui. Il se retourna au milieu de la foule et demanda : « Qui a touché mes vêtements ? » [31] Ses disciples lui répondirent : « Tu vois que la foule te presse de tous côtés, et tu demandes encore : "Qui m'a touché ?" » [32] Mais Jésus regardait autour de lui pour voir qui avait fait cela. [33] La femme tremblait de peur parce qu'elle savait ce qui lui était arrivé ; elle vint alors

se jeter à ses pieds et lui avoua toute la vérité. ³⁴ Jésus lui dit :
« Ma fille, ta foi t'a guérie. Va en paix, délivrée de ton mal. »

³⁵ Tandis que Jésus parlait ainsi, des messagers vinrent de
la maison du chef de la synagogue et lui dirent : « Ta fille est
morte. Pourquoi déranger encore le Maître ? » ³⁶ Mais Jésus
ne prêta aucune attention à leurs paroles et dit à Jaïrus :
« N'aie pas peur, crois seulement. » ³⁷ Il ne permit alors à
personne de l'accompagner, si ce n'est à Pierre, à Jacques
et à son frère Jean. ³⁸ Ils arrivèrent chez le chef de la synagogue, où Jésus vit des gens très agités, qui pleuraient et se
lamentaient à grands cris. ³⁹ Il entra dans la maison et leur
dit : « Pourquoi toute cette agitation et ces pleurs ? L'enfant
n'est pas morte, elle dort. » ⁴⁰ Mais ils se moquèrent de lui.
Alors il les fit tous sortir, garda avec lui le père, la mère
et les trois disciples, et entra dans la chambre de l'enfant.
⁴¹ Il la prit par la main et lui dit : « *Talitha koum !* » – ce qui
signifie « Fillette, debout, je te le dis ! » –

⁴² La fillette se leva aussitôt et se mit à marcher – elle
avait douze ans –. Aussitôt, tous furent frappés d'un très
grand étonnement. ⁴³ Mais Jésus leur recommanda fer-
mement de ne le faire savoir à personne ; puis il leur dit :
« Donnez-lui à manger. »

Les gens de Nazareth ne croient pas en Jésus

6 Jésus quitta cet endroit et se rendit dans la ville où il
avait grandi ; ses disciples l'accompagnaient. ² Le jour
du sabbat, il se mit à enseigner dans la synagogue. Ses nombreux auditeurs furent très étonnés. Ils disaient : « D'où
a-t-il tout cela ? Qui donc lui a donné cette sagesse et le
pouvoir d'accomplir de tels miracles ? ³ N'est-ce pas lui le
charpentier, le fils de Marie, et le frère de Jacques, de Joses,

de Jude et de Simon ? Et ses sœurs ne vivent-elles pas ici parmi nous ? » Et cela les empêchait de croire en lui. ⁴Alors Jésus leur dit : « Un prophète est estimé partout, excepté dans sa ville natale, sa parenté et sa famille. » ⁵Jésus ne put faire là aucun miracle, si ce n'est qu'il posa les mains sur quelques malades et les guérit. ⁶Et il s'étonnait du manque de foi des gens de sa ville.

La mission des douze disciples

Ensuite, Jésus parcourut tous les villages des environs pour y donner son enseignement. ⁷Il appela ses douze disciples et se mit à les envoyer deux par deux. Il leur donna le pouvoir de soumettre les esprits mauvais ⁸et leur fit ces recommandations : « Ne prenez rien avec vous pour le voyage, sauf un bâton ; ne prenez pas de pain, ni de sac, ni d'argent dans votre poche. ⁹Mettez des sandales, mais n'emportez pas deux chemises. »

¹⁰Il leur dit encore : « Quand vous arriverez quelque part, restez dans la maison où l'on vous invitera jusqu'au moment où vous quitterez l'endroit. ¹¹Si les habitants d'une localité refusent de vous accueillir ou de vous écouter, partez de là et secouez la poussière de vos pieds : ce sera un avertissement pour eux. » ¹²Les disciples s'en allèrent donc proclamer à tous qu'il fallait changer de comportement. ¹³Ils chassaient beaucoup d'esprits mauvais et guérissaient de nombreux malades après leur avoir versé quelques gouttes d'huile sur la tête.

La mort de Jean-Baptiste

¹⁴Or, le roi Hérode entendit parler de Jésus, car sa réputation s'était répandue partout. Certains disaient : « Jean-Bap-

tiste est revenu d'entre les morts ! C'est pourquoi il a le pouvoir de faire des miracles. » ¹⁵ Mais d'autres disaient : « C'est Élie. » D'autres encore disaient : « C'est un prophète, pareil à l'un des prophètes d'autrefois. » ¹⁶ Quand Hérode entendit tout ce qui se racontait, il se dit : « C'est Jean-Baptiste ! Je lui ai fait couper la tête, mais il est revenu à la vie ! »

¹⁷ En effet, Hérode avait donné l'ordre d'arrêter Jean et de le jeter en prison, enchaîné. C'était à cause d'Hérodiade, qu'Hérode avait épousée bien qu'elle fût la femme de son frère Philippe. ¹⁸ Car Jean disait à Hérode : « Il ne t'est pas permis de prendre la femme de ton frère ! » ¹⁹ Hérodiade était remplie de haine contre Jean et voulait le faire exécuter, mais elle ne le pouvait pas. ²⁰ En effet, Hérode craignait Jean, car il savait que c'était un homme juste et saint, et il le protégeait. Quand il l'écoutait, il était très embarrassé ; pourtant il aimait l'écouter. ²¹ Cependant, une occasion favorable se présenta pour Hérodiade le jour de l'anniversaire d'Hérode. Celui-ci donna un banquet aux membres de son gouvernement, aux chefs de l'armée et aux notables de Galilée. ²² La fille d'Hérodiade entra dans la salle et dansa ; elle plut à Hérode et à ses invités. Le roi dit alors à la jeune fille : « Demande-moi ce que tu voudras, et je te le donnerai. » ²³ Et il lui fit ce serment solennel : « Je jure de te donner ce que tu demanderas, même la moitié de mon royaume. » ²⁴ La jeune fille sortit et dit à sa mère : « Que dois-je demander ? » Celle-ci répondit : « La tête de Jean-Baptiste. » ²⁵ La jeune fille se hâta de retourner auprès du roi et lui fit cette demande : « Je veux que tu me donnes tout de suite la tête de Jean-Baptiste sur un plat ! » ²⁶ Le roi devint tout triste ; mais il ne voulut pas lui opposer un refus, à cause des serments qu'il avait faits devant ses

invités. ²⁷ Il envoya donc immédiatement un soldat de sa garde, avec l'ordre d'apporter la tête de Jean-Baptiste. Le soldat se rendit à la prison et coupa la tête de Jean. ²⁸ Puis il apporta la tête sur un plat et la donna à la jeune fille, et celle-ci la donna à sa mère. ²⁹ Quand les disciples de Jean apprirent la nouvelle, ils vinrent prendre son corps et le mirent dans un tombeau.

Jésus nourrit cinq mille hommes

³⁰ Les apôtres revinrent auprès de Jésus et lui racontèrent tout ce qu'ils avaient fait et enseigné. ³¹ Cependant, les gens qui allaient et venaient étaient si nombreux que Jésus et ses disciples n'avaient même pas le temps de manger. C'est pourquoi il leur dit : « Venez avec moi dans un endroit isolé pour vous reposer un moment. » ³² Ils partirent donc dans la barque, seuls, vers un endroit isolé. ³³ Mais beaucoup de gens les virent s'éloigner et comprirent où ils allaient ; ils accoururent alors de toutes les localités voisines et arrivèrent à pied à cet endroit avant Jésus et ses disciples.

³⁴ Quand Jésus sortit de la barque, il vit cette grande foule ; son cœur fut rempli de pitié pour ces gens, parce qu'ils ressemblaient à un troupeau sans berger. Et il se mit à leur enseigner beaucoup de choses. ³⁵ Il était déjà tard, lorsque les disciples de Jésus s'approchèrent de lui et lui dirent : « Il est déjà tard et cet endroit est isolé. ³⁶ Renvoie ces gens pour qu'ils aillent dans les fermes et les villages des environs acheter de quoi manger. » ³⁷ Jésus leur répondit : « Donnez-leur vous-mêmes à manger ! » Mais ils lui demandèrent : « Voudrais-tu que nous allions dépenser deux cents pièces d'argent pour acheter du pain et leur donner à manger ? » ³⁸ Jésus leur dit : « Combien avez-vous de pains ?

Allez voir. » Ils se renseignèrent et lui dirent : « Nous avons cinq pains, et aussi deux poissons. » ³⁹ Alors, Jésus leur donna l'ordre de faire asseoir tout le monde, par groupes, sur l'herbe verte. ⁴⁰ Les gens s'assirent en rangs de cent et de cinquante. ⁴¹ Puis Jésus prit les cinq pains et les deux poissons, leva les yeux vers le ciel et remercia Dieu. Il rompit les pains et les donna aux disciples pour qu'ils les distribuent aux gens. Il partagea aussi les deux poissons entre eux tous. ⁴² Chacun mangea à sa faim. ⁴³ Les disciples emportèrent les morceaux de pain et de poisson qui restaient, de quoi remplir douze corbeilles. ⁴⁴ Ceux qui avaient mangé les pains étaient au nombre de cinq mille hommes.

Jésus marche sur le lac

⁴⁵ Aussitôt après, Jésus fit monter ses disciples dans la barque pour qu'ils passent avant lui de l'autre côté du lac, vers la ville de Bethsaïda, pendant que lui-même renverrait la foule. ⁴⁶ Après l'avoir congédiée, il s'en alla sur une colline pour prier. ⁴⁷ Quand le soir fut venu, la barque était au milieu du lac et Jésus était seul à terre. ⁴⁸ Il vit que ses disciples avaient beaucoup de peine à ramer, parce que le vent soufflait contre eux ; alors, tard dans la nuit, il se dirigea vers eux en marchant sur l'eau, et il allait les dépasser. ⁴⁹ Quand ils le virent marcher sur l'eau, ils crurent que c'était un fantôme et poussèrent des cris. ⁵⁰ En effet, tous le voyaient et étaient terrifiés. Mais aussitôt, il leur parla : « Courage ! leur dit-il. C'est moi ; n'ayez pas peur ! » ⁵¹ Puis il monta dans la barque, auprès d'eux, et le vent tomba. Les disciples étaient remplis d'un étonnement extrême, ⁵² car ils n'avaient pas compris le miracle des pains : leur intelligence était incapable d'en saisir le sens.

Jésus guérit les malades dans la région de Génésareth

⁵³ Ils achevèrent la traversée du lac et touchèrent terre dans la région de Génésareth. ⁵⁴ Ils sortirent de la barque et, aussitôt, on reconnut Jésus. ⁵⁵ Les gens coururent alors dans toute la région et se mirent à lui apporter les malades sur leurs nattes, là où ils entendaient dire qu'il était. ⁵⁶ Partout où Jésus allait, dans les villes, les villages ou les fermes, les gens venaient mettre leurs malades sur les places publiques et le suppliaient de les laisser toucher au moins le bord de son manteau; tous ceux qui le touchaient étaient guéris.

L'enseignement transmis par les ancêtres

7 Les Pharisiens et quelques maîtres de la loi venus de Jérusalem s'assemblèrent autour de Jésus. ² Ils remarquèrent que certains de ses disciples prenaient leur repas avec des mains impures, c'est-à-dire sans les avoir lavées selon la coutume. ³ En effet, les Pharisiens et tous les autres Juifs respectent les règles transmises par leurs ancêtres: ils ne mangent pas sans s'être lavé les mains avec soin ⁴ et quand ils reviennent du marché, ils ne mangent pas avant de s'être purifiés. Ils respectent beaucoup d'autres règles traditionnelles, telles que la bonne manière de laver les coupes, les pots, les marmites de cuivre [et les lits].

⁵ Les Pharisiens et les maîtres de la loi demandèrent donc à Jésus: «Pourquoi tes disciples ne suivent-ils pas les règles transmises par nos ancêtres, mais prennent-ils leur repas avec des mains impures?» ⁶ Jésus leur répondit: «Ésaïe avait bien raison lorsqu'il prophétisait à votre sujet! Vous êtes des hypocrites, ainsi qu'il l'écrivait:

"Ce peuple, dit Dieu, m'honore en paroles,
   mais de cœur il est loin de moi.

⁷ Le culte que ces gens me rendent est sans valeur,
   car les doctrines qu'ils enseignent
   ne sont que des prescriptions humaines."
   ⁸ Vous laissez de côté les commandements de Dieu, dit
Jésus, pour respecter les règles transmises par les hommes. »
   ⁹ Puis il ajouta : « Vous savez fort bien rejeter le commandement de Dieu pour vous en tenir à votre propre tradition ! ¹⁰ Moïse a dit en effet : "Respecte ton père et ta mère", et aussi "Celui qui maudit son père ou sa mère doit être
mis à mort." ¹¹ Mais vous, vous enseignez que si un homme
déclare à son père ou à sa mère : "Ce que je pourrais te
donner pour t'aider est *Corban*" – c'est-à-dire "offrande
réservée à Dieu" –, ¹² il n'a plus besoin de rien faire pour
son père ou sa mère, vous le lui permettez. ¹³ De cette
façon, vous annulez l'exigence de la parole de Dieu par la
tradition que vous transmettez. Et vous faites beaucoup
d'autres choses semblables. »

Les choses qui rendent un homme impur

¹⁴ Puis Jésus appela de nouveau la foule et dit : « Écoutez-
moi, vous tous, et comprenez ceci : ¹⁵ Rien de ce qui entre
du dehors en l'homme ne peut le rendre impur. Mais ce qui
sort de l'homme, voilà ce qui le rend impur. » [¹⁶ « Écoutez
bien, si vous avez des oreilles pour entendre ! »]
   ¹⁷ Quand Jésus eut quitté la foule et fut rentré à la maison, ses disciples lui demandèrent le sens de cette image.
¹⁸ Et il leur dit : « Êtes-vous donc, vous aussi, sans intelligence ? Ne comprenez-vous pas que rien de ce qui entre du
dehors en l'homme ne peut le rendre impur, ¹⁹ car cela
n'entre pas dans son cœur, mais dans son ventre, et sort ensuite de son corps ? » Par ces paroles, Jésus déclarait donc

que tous les aliments peuvent être mangés. ²⁰ Et il dit enco-re : « C'est ce qui sort de l'homme qui le rend impur. ²¹ Car c'est du dedans, du cœur de l'homme, que viennent les mauvaises pensées qui le poussent à vivre dans l'immoralité, à voler, tuer, ²² commettre l'adultère, vouloir ce qui est aux autres, agir méchamment, tromper, vivre dans le désordre, être jaloux, dire du mal des autres, être orgueilleux et in-sensé. ²³ Toutes ces mauvaises choses sortent du dedans de l'homme et le rendent impur. »

Une femme étrangère croit en Jésus

²⁴ Jésus partit de là et se rendit dans le territoire de Tyr. Il entra dans une maison et il voulait que personne ne sache qu'il était là, mais il ne put pas rester caché. ²⁵ En effet, une femme, dont la fille était tourmentée par un esprit mauvais, entendit parler de Jésus ; elle vint aussitôt vers lui et se jeta à ses pieds. ²⁶ Cette femme était non juive, née en Phénicie de Syrie. Elle pria Jésus de chasser l'esprit mauvais hors de sa fille. ²⁷ Mais Jésus lui dit : « Laisse d'abord les enfants manger à leur faim ; car il n'est pas bien de prendre le pain des enfants et de le jeter aux chiens. » ²⁸ Elle lui répondit : « Pourtant, Maître, même les chiens, sous la table, mangent les miettes que les enfants laissent tomber. » ²⁹ Alors Jésus lui dit : « A cause de cette réponse, tu peux retourner chez toi : l'esprit mauvais est sorti de ta fille. » ³⁰ Elle retourna donc chez elle et, là, elle trouva son enfant étendue sur le lit : l'esprit mauvais l'avait quittée.

Jésus guérit un homme sourd et muet

³¹ Jésus quitta ensuite le territoire de Tyr, passa par Sidon et revint vers le lac de Galilée à travers le territoire des Dix

Villes. ³² On lui amena un homme qui était sourd et avait de la peine à parler, et on le supplia de poser la main sur lui. ³³ Alors Jésus l'emmena seul avec lui, loin de la foule ; il mit ses doigts dans les oreilles de l'homme et lui toucha la langue avec sa propre salive. ³⁴ Puis il leva les yeux vers le ciel, soupira et dit à l'homme : « *Effata !* » – ce qui signifie « Ouvre-toi ! » – ³⁵ Aussitôt, les oreilles de l'homme s'ouvrirent, sa langue fut libérée et il se mit à parler normalement. ³⁶ Jésus recommanda à tous de n'en parler à personne ; mais plus il le leur recommandait, plus ils répandaient la nouvelle. ³⁷ Et les gens étaient impressionnés au plus haut point ; ils disaient : « Tout ce qu'il fait est vraiment bien ! Il fait même entendre les sourds et parler les muets ! »

Jésus nourrit quatre mille personnes

8 En ce temps-là, une grande foule s'était de nouveau assemblée. Comme elle n'avait rien à manger, Jésus appela ses disciples et leur dit : ² « J'ai pitié de ces gens, car voilà trois jours qu'ils sont avec moi et ils n'ont plus rien à manger. ³ Si je les renvoie chez eux le ventre vide, ils se trouveront mal en chemin, car plusieurs d'entre eux sont venus de loin. » ⁴ Ses disciples lui répondirent : « Où pourrait-on trouver de quoi les faire manger à leur faim, dans cet endroit désert ? » ⁵ Jésus leur demanda : « Combien avez-vous de pains ? » Et ils répondirent : « Sept. » ⁶ Alors, il ordonna à la foule de s'asseoir par terre. Puis il prit les sept pains, remercia Dieu, les rompit et les donna à ses disciples pour les distribuer à tous. C'est ce qu'ils firent. ⁷ Ils avaient encore quelques petits poissons. Jésus remercia Dieu pour ces poissons et dit à ses disciples de les distribuer aussi. ⁸ Chacun mangea à sa faim. Les disciples emportèrent sept corbeilles pleines des morceaux qui restaient. [9] Or, il y avait là environ quatre mille personnes. Puis Jésus les renvoya, [10] monta aussitôt dans la barque avec ses disciples et se rendit dans la région de Dalmanoutha.

Les Pharisiens demandent un signe miraculeux

[11] Les Pharisiens arrivèrent et commencèrent à discuter avec Jésus pour lui tendre un piège. Ils lui demandèrent de montrer par un signe miraculeux qu'il venait de Dieu. [12] Jésus soupira profondément et dit : « Pourquoi les gens d'aujourd'hui réclament-ils un signe miraculeux ? Je vous le déclare, c'est la vérité : aucun signe ne leur sera donné ! » [13] Puis il les quitta, remonta dans la barque et partit vers l'autre côté du lac.

Le levain des Pharisiens et d'Hérode

[14] Les disciples avaient oublié d'emporter des pains, ils n'en avaient qu'un seul avec eux dans la barque. [15] Jésus leur fit alors cette recommandation : « Attention ! Gardez-vous du levain des Pharisiens et du levain d'Hérode. » [16] Les disciples se mirent à discuter entre eux parce qu'ils n'avaient pas de pain. [17] Jésus s'en aperçut et leur demanda : « Pourquoi discutez-vous parce que vous n'avez pas de pain ? Ne comprenez-vous pas encore ? Ne saisissez-vous pas ? Avez-vous l'esprit bouché ? [18] Vous avez des yeux, ne voyez-vous pas ? Vous avez des oreilles, n'entendez-vous pas ? Ne vous rappelez-vous pas : [19] quand j'ai rompu les cinq pains pour les cinq mille hommes, combien de corbeilles pleines de morceaux avez-vous emportées ? » – « Douze », répondirent-ils. [20] « Et quand j'ai rompu les sept pains pour les quatre mille personnes, demanda Jésus, combien

de corbeilles pleines de morceaux avez-vous emportées ? »
– « Sept », répondirent-ils. ²¹ Alors Jésus leur dit : « Et vous
ne comprenez pas encore ? »

Jésus guérit un aveugle à Bethsaïda

²² Ils arrivèrent à Bethsaïda ; là, on amena à Jésus un
aveugle et on le pria de le toucher. ²³ Jésus prit l'aveugle par
la main et le conduisit hors du village. Puis il lui mit de la
salive sur les yeux, posa les mains sur lui et lui demanda :
« Peux-tu voir quelque chose ? » ²⁴ L'aveugle leva les yeux et
dit : « Je vois des gens, je les vois comme des arbres, mais ils
marchent. » ²⁵ Jésus posa de nouveau les mains sur les yeux
de l'homme ; celui-ci regarda droit devant lui : il était guéri,
il voyait tout clairement. ²⁶ Alors Jésus le renvoya chez lui en
lui disant : « N'entre pas dans le village. »

Pierre déclare que Jésus est le Messie

²⁷ Jésus et ses disciples partirent ensuite vers les villages
proches de Césarée de Philippe. En chemin, il leur demanda : « Que disent les gens à mon sujet ? » ²⁸ Ils lui répondirent : « Certains disent que tu es Jean-Baptiste, d'autres
que tu es Élie, et d'autres encore que tu es l'un des prophètes. » – ²⁹ « Et vous, leur demanda Jésus, qui dites-vous
que je suis ? » Pierre lui répondit : « Tu es le Messie. » ³⁰ Alors,
Jésus leur ordonna sévèrement de n'en parler à personne.

Jésus annonce sa mort et sa résurrection

³¹ Ensuite, Jésus se mit à donner cet enseignement à ses disciples : « Il faut que le Fils de l'homme souffre beaucoup ;
les anciens, les chefs des prêtres et les maîtres de la loi le re-
jetteront ; il sera mis à mort, et après trois jours, il se relève-

ra de la mort. » ³² Il leur annonçait cela très clairement. Alors Pierre le prit à part et se mit à lui faire des reproches. ³³ Mais Jésus se retourna, regarda ses disciples et reprit sévèrement Pierre : « Va-t'en loin de moi, Satan, dit-il, car tu ne penses pas comme Dieu mais comme les êtres humains. »

³⁴ Puis Jésus appela la foule avec ses disciples et dit à tous : « Si quelqu'un veut venir avec moi, qu'il cesse de penser à lui-même, qu'il porte sa croix et me suive. ³⁵ En effet, celui qui veut sauver sa vie la perdra ; mais celui qui perdra sa vie pour moi et pour la Bonne Nouvelle la sauvera. ³⁶ A quoi sert-il à un homme de gagner le monde entier, si c'est au prix de sa vie ? ³⁷ Que pourrait-il donner pour racheter sa vie ? ³⁸ Si quelqu'un a honte de moi et de mes paroles face aux gens d'aujourd'hui, infidèles et rebelles à Dieu, alors le Fils de l'homme aussi aura honte de lui, quand il viendra dans la gloire de son Père avec les saints anges. »

9 Jésus leur dit encore : « Je vous le déclare, c'est la vérité : quelques-uns de ceux qui sont ici ne mourront pas avant d'avoir vu le Royaume de Dieu venir avec puissance. »

La transfiguration de Jésus

² Six jours après, Jésus prit avec lui Pierre, Jacques et Jean, et les conduisit sur une haute montagne où ils se trouvèrent seuls. Il changea d'aspect devant leurs yeux ; ³ ses vêtements devinrent d'un blanc si brillant que personne sur toute la terre ne pourrait les blanchir à ce point. ⁴ Soudain les trois disciples virent Élie et Moïse qui parlaient avec Jésus. ⁵ Pierre dit alors à Jésus : « Maître, il est bon que nous soyons ici. Nous allons dresser trois tentes, une pour toi, une pour Moïse et une pour Élie. » ⁶ En fait, il ne savait pas que dire, car ses deux compagnons et lui-même étaient très

effrayés. ⁷Un nuage survint et les couvrit de son ombre, et du nuage une voix se fit entendre : « Celui-ci est mon Fils bien-aimé, écoutez-le ! » ⁸Aussitôt, les disciples regardèrent autour d'eux, mais ils ne virent plus personne ; Jésus seul était avec eux. ⁹Tandis qu'ils descendaient de la montagne, Jésus leur recommanda de ne raconter à personne ce qu'ils avaient vu, jusqu'à ce que le Fils de l'homme se relève d'entre les morts. ¹⁰Ils retinrent cette recommandation, mais ils se demandèrent entre eux : « Que veut-il dire par "se relever d'entre les morts" ? »

¹¹Puis ils interrogèrent Jésus : « Pourquoi les maîtres de la loi disent-ils qu'Élie doit venir d'abord ? » ¹²Il leur répondit : « Élie doit en effet venir d'abord pour tout remettre en ordre. Mais pourquoi les Écritures affirment-elles aussi que le Fils de l'homme souffrira beaucoup et qu'on le traitera avec mépris ? ¹³Quant à moi, je vous le déclare : Élie est déjà venu, et les gens l'ont traité comme ils l'ont voulu, ainsi que les Écritures l'annoncent à son sujet. »

Jésus guérit un enfant tourmenté par un esprit mauvais

¹⁴Quand ils arrivèrent près des autres disciples, ils virent une grande foule qui les entourait et des maîtres de la loi qui discutaient avec eux. ¹⁵Dès que les gens virent Jésus, ils furent tous très surpris, et ils accoururent pour le saluer. ¹⁶Jésus demanda à ses disciples : « De quoi discutez-vous avec eux ? » ¹⁷Un homme dans la foule lui répondit : « Maître, je t'ai amené mon fils, car il est tourmenté par un esprit mauvais qui l'empêche de parler. ¹⁸L'esprit le saisit n'importe où, il le jette à terre, l'enfant a de l'écume à la bouche et grince des dents, son corps devient raide. J'ai de-

mandé à tes disciples de chasser cet esprit, mais ils ne l'ont pas pu. » ¹⁹ Jésus leur déclara : « Gens sans foi que vous êtes ! Combien de temps encore devrai-je rester avec vous ? Combien de temps encore devrai-je vous supporter ? Amenez-moi l'enfant. » ²⁰ On le lui amena donc. Dès que l'esprit vit Jésus, il secoua rudement l'enfant ; celui-ci tomba à terre, il se roulait et avait de l'écume à la bouche. ²¹ Jésus demanda au père : « Depuis combien de temps cela lui arrive-t-il ? » Et le père répondit : « Depuis sa petite enfance. ²² Et souvent l'esprit l'a poussé dans le feu ou dans l'eau pour le faire mourir. Mais aie pitié de nous et viens à notre secours, si tu peux ! » ²³ Jésus répliqua : « Si tu peux, dis-tu. Mais, tout est possible pour celui qui croit. » ²⁴ Aussitôt, le père de l'enfant s'écria : « Je crois, aide-moi, car j'ai de la peine à croire ! »

²⁵ Jésus vit la foule accourir près d'eux ; alors, il menaça l'esprit mauvais et lui dit : « Esprit qui rend muet et sourd, je te le commande : sors de cet enfant et ne reviens plus jamais en lui ! » ²⁶ L'esprit poussa des cris, secoua l'enfant avec violence, et sortit. Le garçon paraissait mort, de sorte que beaucoup de gens disaient : « Il est mort. » ²⁷ Mais Jésus le prit par la main, le fit lever et l'enfant se tint debout. ²⁸ Quand Jésus fut rentré à la maison et que ses disciples furent seuls avec lui, ils lui demandèrent : « Pourquoi n'avons-nous pas pu chasser cet esprit ? » ²⁹ Et Jésus leur répondit : « C'est par la prière seulement qu'on peut faire sortir ce genre d'esprit. »

Jésus annonce de nouveau sa mort et sa résurrection

³⁰ Ils partirent de là et traversèrent la Galilée. Jésus ne voulait pas qu'on sache où il était. ³¹ Voici, en effet, ce qu'il en-

seignait à ses disciples : « Le Fils de l'homme sera livré aux mains des hommes, ceux-ci le mettront à mort ; et trois jours après, il se relèvera de la mort. » [32] Mais les disciples ne comprenaient pas la signification de ces paroles et ils avaient peur de lui poser des questions.

Qui est le plus grand ?

[33] Ils arrivèrent à Capernaüm. Quand il fut à la maison, Jésus questionna ses disciples : « De quoi discutiez-vous en chemin ? » [34] Mais ils se taisaient, car, en chemin, ils avaient discuté entre eux pour savoir lequel était le plus grand. [35] Alors Jésus s'assit, il appela les douze disciples et leur dit : « Si quelqu'un veut être le premier, il doit être le dernier de tous et le serviteur de tous. » [36] Puis il prit un petit enfant et le plaça au milieu d'eux ; il le serra dans ses bras et leur dit : [37] « Celui qui reçoit un enfant comme celui-ci par amour pour moi, me reçoit moi-même ; et celui qui me reçoit ne reçoit pas seulement moi-même, mais aussi celui qui m'a envoyé. »

Celui qui n'est pas contre nous est pour nous

[38] Jean dit à Jésus : « Maître, nous avons vu un homme qui chassait les esprits mauvais en usant de ton nom, et nous avons voulu l'en empêcher, parce qu'il n'appartient pas à notre groupe. » [39] Mais Jésus répondit : « Ne l'en empêchez pas, car personne ne peut accomplir un miracle en mon nom et tout de suite après dire du mal de moi. [40] Car celui qui n'est pas contre nous est pour nous. [41] Et celui qui vous donnera à boire un verre d'eau parce que vous appartenez au Christ, je vous le déclare, c'est la vérité : il recevra sa récompense. »

Sérieuse mise en garde

[42] « Celui qui fait tomber dans le péché un de ces petits qui croient en moi, il vaudrait mieux pour lui qu'on lui attache au cou une grosse pierre et qu'on le jette dans la mer. [43] Si c'est à cause de ta main que tu tombes dans le péché, coupe-la ; il vaut mieux pour toi entrer dans la vraie vie avec une seule main que de garder les deux mains et d'aller en enfer, dans le feu qui ne s'éteint pas. [[44] Là, "les vers qui rongent les corps ne meurent pas et le feu ne s'éteint jamais."] [45] Si c'est à cause de ton pied que tu tombes dans le péché, coupe-le ; il vaut mieux pour toi entrer dans la vraie vie avec un seul pied que de garder les deux pieds et d'être jeté en enfer. [[46] Là, "les vers qui rongent les corps ne meurent pas et le feu ne s'éteint jamais."] [47] Et si c'est à cause de ton œil que tu tombes dans le péché, arrache-le ; il vaut mieux pour toi entrer dans le Royaume de Dieu avec un seul œil que de garder les deux yeux et d'être jeté en enfer. [48] Là, "les vers qui rongent les corps ne meurent pas et le feu ne s'éteint jamais." [49] En effet, chacun sera salé de feu.

[50] « Le sel est une bonne chose ; mais si le sel perd son goût particulier, comment le lui rendrez-vous ? Ayez du sel en vous-mêmes et vivez en paix les uns avec les autres. »

L'enseignement de Jésus sur le divorce

10 Jésus partit de là et se rendit dans le territoire de la Judée, puis de l'autre côté du Jourdain. De nouveau, une foule de gens s'assemblèrent près de lui et il se mit à leur donner son enseignement, comme il le faisait toujours. [2] Quelques Pharisiens s'approchèrent de lui pour lui tendre un piège. Ils lui demandèrent : « Notre loi permet-elle à un homme de renvoyer sa femme ? » [3] Jésus leur répondit par cette question : « Quel commandement Moïse vous a-t-il donné ? » ⁴Ils dirent : « Moïse a permis à un homme d'écrire une attestation de divorce et de renvoyer sa femme. » ⁵Alors Jésus leur dit : « Moïse a écrit ce commandement pour vous parce que vous avez le cœur dur. ⁶Mais au commencement, quand Dieu a tout créé, "il les fit homme et femme", dit l'Écriture. ⁷ "C'est pourquoi, l'homme quittera son père et sa mère pour s'attacher à sa femme, ⁸et les deux deviendront un seul être." Ainsi, ils ne sont plus deux mais un seul être. ⁹Que l'homme ne sépare donc pas ce que Dieu a uni. » ¹⁰Quand ils furent dans la maison, les disciples posèrent de nouveau des questions à Jésus à ce propos. ¹¹Il leur répondit : « Si un homme renvoie sa femme et en épouse une autre, il commet un adultère envers la première ; ¹²de même, si une femme renvoie son mari et épouse un autre homme, elle commet un adultère. »

Jésus bénit des enfants

¹³Des gens amenèrent des enfants à Jésus pour qu'il pose les mains sur eux, mais les disciples leur firent des reproches. ¹⁴Quand Jésus vit cela, il s'indigna et dit à ses disciples : « Laissez les enfants venir à moi ! Ne les en empêchez pas, car le Royaume de Dieu appartient à ceux qui sont comme eux. ¹⁵Je vous le déclare, c'est la vérité : celui qui ne reçoit pas le Royaume de Dieu comme un enfant ne pourra jamais y entrer. » ¹⁶Ensuite, il prit les enfants dans ses bras ; il posa les mains sur chacun d'eux et les bénit.

L'homme riche

¹⁷Comme Jésus se mettait en route, un homme vint en courant, se jeta à genoux devant lui et lui demanda : « Bon

maître, que dois-je faire pour obtenir la vie éternelle ? »
[18] Jésus lui dit : « Pourquoi m'appelles-tu bon ? Personne
n'est bon, à part Dieu seul. [19] Tu connais les commandements : "Ne commets pas de meurtre ; ne commets pas
d'adultère ; ne vole pas ; ne prononce pas de faux témoignage contre quelqu'un ; ne prends rien aux autres par
tromperie ; respecte ton père et ta mère." » [20] L'homme lui
répondit : « Maître, j'ai obéi à tous ces commandements
depuis ma jeunesse. » [21] Jésus le regarda avec amour et lui
dit : « Il te manque une chose : va vendre tout ce que tu as
et donne l'argent aux pauvres, alors tu auras des richesses
dans le ciel ; puis viens et suis-moi. » [22] Mais quand l'homme
entendit cela, il prit un air sombre et il s'en alla tout triste
parce qu'il avait de grands biens.

[23] Jésus regarda ses disciples qui l'entouraient et leur dit :
« Qu'il est difficile aux riches d'entrer dans le Royaume de
Dieu ! » [24] Les disciples furent troublés par ces paroles.
Mais Jésus leur dit encore : « Mes enfants, qu'il est difici-
le d'entrer dans le Royaume de Dieu ! [25] Il est difficile à un
chameau de passer par le trou d'une aiguille, mais il est encore plus difficile à un riche d'entrer dans le Royaume de
Dieu. » [26] Les disciples étaient de plus en plus étonnés, et
ils se demandèrent les uns aux autres : « Mais qui donc
peut être sauvé ? » [27] Jésus les regarda et leur dit : « C'est
impossible aux hommes, mais non à Dieu, car tout est
possible à Dieu. » [28] Alors Pierre lui dit : « Écoute, nous
avons tout quitté pour te suivre. » [29] Jésus lui répondit :
« Je vous le déclare, c'est la vérité : si quelqu'un quitte,
pour moi et pour la Bonne Nouvelle, sa maison, ou ses
frères, ses sœurs, sa mère, son père, ses enfants, ses champs,
[30] il recevra cent fois plus dans le temps où nous vivons

maintenant : des maisons, des frères, des sœurs, des mères, des enfants et des champs, avec des persécutions aussi ; et dans le monde futur, il recevra la vie éternelle. ³¹ Mais beaucoup qui sont maintenant les premiers seront les derniers, et ceux qui sont maintenant les derniers seront les premiers. »

Jésus annonce une troisième fois sa mort et sa résurrection

³² Ils étaient en chemin pour monter à Jérusalem. Jésus marchait devant ses disciples, qui étaient inquiets, et ceux qui les suivaient avaient peur. Jésus prit de nouveau les douze disciples avec lui et se mit à leur parler de ce qui allait bientôt lui arriver. ³³ Il leur dit : « Écoutez, nous montons à Jérusalem, où le Fils de l'homme sera livré aux chefs des prêtres et aux maîtres de la loi. Ils le condamneront à mort et le livreront aux païens. ³⁴ Ceux-ci se moqueront de lui, cracheront sur lui, le frapperont à coups de fouet et le mettront à mort. Et, après trois jours, il se relèvera de la mort. »

La demande de Jacques et Jean

³⁵ Alors, Jacques et Jean, les fils de Zébédée, vinrent auprès de Jésus. Ils lui dirent : « Maître, nous désirons que tu fasses pour nous ce que nous te demanderons. » – ³⁶ « Que voulez-vous que je fasse pour vous ? » leur dit Jésus. ³⁷ Ils lui répondirent : « Quand tu seras dans ton règne glorieux, accorde-nous de siéger à côté de toi, l'un à ta droite, l'autre à ta gauche. » ³⁸ Mais Jésus leur dit : « Vous ne savez pas ce que vous demandez. Pouvez-vous boire la coupe de douleur que je vais boire, ou recevoir le baptême de souffrance

que je vais recevoir ? » ³⁹ Et ils lui répondirent : « Nous le
pouvons. » Jésus leur dit : « Vous boirez en effet la coupe
que je vais boire et vous recevrez le baptême que je vais recevoir. ⁴⁰ Mais ce n'est pas à moi de décider qui siègera à
ma droite ou à ma gauche ; ces places sont à ceux pour qui
Dieu les a préparées. »

⁴¹ Quand les dix autres disciples entendirent cela, ils s'in-
dignèrent contre Jacques et Jean. ⁴² Alors Jésus les appela
tous et leur dit : « Vous le savez, ceux qu'on regarde comme
les chefs des peuples les commandent en maîtres, et les
grands personnages leur font sentir leur pouvoir. ⁴³ Mais
cela ne se passe pas ainsi parmi vous. Au contraire, si l'un
de vous veut être grand, il doit être votre serviteur, ⁴⁴ et si
l'un de vous veut être le premier, il doit être l'esclave de
tous. ⁴⁵ Car le Fils de l'homme lui-même n'est pas venu
pour se faire servir, mais il est venu pour servir et donner sa
vie comme rançon pour libérer une multitude de gens. »

Jésus guérit l'aveugle Bartimée

⁴⁶ Ils arrivèrent à Jéricho. Lorsque Jésus sortit de cette ville
avec ses disciples et une grande foule, un aveugle appelé
Bartimée, le fils de Timée, était assis au bord du chemin et
mendiait. ⁴⁷ Quand il entendit que c'était Jésus de Nazareth, il se mit à crier : « Jésus, Fils de David, aie pitié de
moi ! » ⁴⁸ Beaucoup lui faisaient des reproches pour qu'il
se taise, mais il criait encore plus fort : « Fils de David, aie
pitié de moi ! » ⁴⁹ Jésus s'arrêta et dit : « Appelez-le. » Ils appelèrent donc l'aveugle et lui dirent : « Courage, lève-toi, il
t'appelle. » ⁵⁰ Alors il jeta son manteau, sauta sur ses pieds et
vint vers Jésus. ⁵¹ Jésus lui demanda : « Que veux-tu que je
fasse pour toi ? » L'aveugle lui répondit : « Maître, fais que

je voie de nouveau. » ⁵²Et Jésus lui dit : « Va, ta foi t'a guéri. »
Aussitôt, il put voir, et il suivait Jésus sur le chemin.

Jésus entre à Jérusalem

11 Quand ils approchèrent de Jérusalem, près des villages de Bethfagé et de Béthanie, ils arrivèrent au
mont des Oliviers. Jésus envoya en avant deux de ses disciples : ²« Allez au village qui est là devant vous, leur dit-il.
Dès que vous y serez arrivés, vous trouverez un petit âne attaché, sur lequel personne ne s'est encore assis. Détachez-le
et amenez-le-moi. ³Et si quelqu'un vous demande : "Pourquoi faites-vous cela ?", dites-lui : "Le Seigneur en a besoin,
mais il le renverra ici sans tarder." »

⁴Ils partirent donc et trouvèrent un âne dehors, dans la
rue, attaché à la porte d'une maison. Ils le détachèrent.
⁵Quelques-uns de ceux qui se trouvaient là leur demandèrent : « Que faites-vous ? pourquoi détachez-vous cet
ânon ? » ⁶Ils leur répondirent ce que Jésus avait dit, et on
les laissa aller. ⁷Ils amenèrent l'ânon à Jésus ; ils posèrent
leurs manteaux sur l'animal, et Jésus s'assit dessus. ⁸Beaucoup de gens étendirent leurs manteaux sur le chemin, et
d'autres y mirent des branches vertes qu'ils avaient coupées
dans la campagne. ⁹Ceux qui marchaient devant Jésus et
ceux qui le suivaient criaient : « Gloire à Dieu ! Que Dieu
bénisse celui qui vient au nom du Seigneur ! ¹⁰Que Dieu
bénisse le royaume qui vient, le royaume de David notre
père ! Gloire à Dieu dans les cieux ! » ¹¹Jésus entra dans
Jérusalem et se rendit dans le temple. Après avoir tout regardé autour de lui, il partit pour Béthanie avec les douze
disciples, car il était déjà tard.

Jésus maudit un figuier

¹² Le lendemain, au moment où ils quittaient Béthanie, Jésus eut faim. ¹³ Il vit de loin un figuier qui avait des feuilles, et il alla regarder s'il y trouverait des fruits ; mais quand il fut près de l'arbre, il ne trouva que des feuilles, car ce n'était pas la saison des figues. ¹⁴ Alors Jésus dit au figuier : « Que personne ne mange plus jamais de tes fruits ! » Et ses disciples l'entendirent.

Jésus dans le temple

¹⁵ Ils arrivèrent ensuite à Jérusalem. Jésus entra dans le temple et se mit à chasser ceux qui vendaient ou qui achetaient à cet endroit ; il renversa les tables des changeurs d'argent et les sièges des vendeurs de pigeons, ¹⁶ et il ne laissait personne transporter un objet à travers le temple. ¹⁷ Puis il leur enseigna ceci : « Dans les Écritures, Dieu déclare : "On appellera ma maison maison de prière pour tous les peuples." Mais vous, ajouta-t-il, vous en avez fait une caverne de voleurs ! » ¹⁸ Les chefs des prêtres et les maîtres de la loi apprirent cela et ils cherchaient un moyen de faire mourir Jésus ; en effet, ils avaient peur de lui, parce que toute la foule était impressionnée par son enseignement. ¹⁹ Le soir venu, Jésus et ses disciples sortirent de la ville.

Jésus et le figuier desséché

²⁰ Tôt le lendemain, tandis qu'ils passaient le long du chemin, ils virent le figuier : il était complètement sec jusqu'aux racines. ²¹ Pierre se rappela ce qui était arrivé et dit à Jésus : « Maître, regarde, le figuier que tu as maudit est devenu tout sec. » ²² Jésus dit alors à ses disciples : « Je vous

le déclare, c'est la vérité: Ayez foi en Dieu! ²³ Si quelqu'un dit à cette colline: "Ote-toi de là et jette-toi dans la mer", et s'il ne doute pas dans son cœur, mais croit que ce qu'il dit arrivera, cela arrivera pour lui. ²⁴ C'est pourquoi, je vous dis: Quand vous priez pour demander quelque chose, croyez que vous l'avez reçu et cela vous sera donné. ²⁵ Et quand vous êtes debout pour prier, si vous avez quelque chose contre quelqu'un, pardonnez-lui, afin que votre Père qui est dans les cieux vous pardonne aussi le mal que vous avez fait. » [²⁶ « Mais si vous ne pardonnez pas aux autres, votre Père qui est dans les cieux ne vous pardonnera pas non plus le mal que vous avez fait. »]

D'où vient l'autorité de Jésus ?

²⁷ Ils revinrent à Jérusalem. Pendant que Jésus allait et venait dans le temple, les chefs des prêtres, les maîtres de la loi et les anciens vinrent auprès de lui. ²⁸ Ils lui demandèrent: « De quel droit fais-tu ces choses ? Qui t'a donné autorité pour les faire ? » ²⁹ Jésus leur répondit: « Je vais vous poser une seule question; si vous me donnez une réponse, alors je vous dirai de quel droit je fais ces choses. ³⁰ Qui a envoyé Jean baptiser ? Est-ce Dieu ou les hommes ? Répondez-moi. » ³¹ Mais ils se mirent à discuter entre eux et se dirent: « Si nous répondons: "C'est Dieu qui l'a envoyé", il nous demandera: "Pourquoi donc n'avez-vous pas cru Jean ?" ³² Mais pouvons-nous dire: "Ce sont les hommes qui l'ont envoyé..." ? » – Ils avaient peur de la foule, car tous pensaient que Jean avait été un vrai prophète. – ³³ Alors ils répondirent à Jésus: « Nous ne savons pas. » – « Eh bien, répliqua Jésus, moi non plus, je ne vous dirai pas de quel droit je fais ces choses. »

La parabole des méchants vignerons

12 Puis Jésus se mit à leur parler en utilisant des paraboles : « Un homme planta une vigne ; il l'entoura d'un mur, creusa la roche pour le pressoir à raisin et bâtit une tour de garde. Ensuite, il loua la vigne à des ouvriers vignerons et partit en voyage. ² Au moment voulu, il envoya un serviteur aux ouvriers vignerons pour recevoir d'eux sa part de la récolte. ³ Mais ils saisirent le serviteur, le battirent et le renvoyèrent les mains vides. ⁴ Alors le propriétaire envoya un autre serviteur ; celui-là, ils le frappèrent à la tête et l'insultèrent. ⁵ Le propriétaire en envoya encore un autre, et, celui-là, ils le tuèrent ; et ils en traitèrent beaucoup d'autres de la même manière : ils battirent les uns et tuèrent les autres. ⁶ Le seul homme qui restait au propriétaire était son fils bien-aimé. Il le leur envoya en dernier, car il pensait : "Ils auront du respect pour mon fils." ⁷ Mais ces vignerons se dirent les uns aux autres : "Voici le futur héritier ! Allons, tuons-le, et la vigne sera à nous !" ⁸ Ils saisirent donc le fils, le tuèrent et jetèrent son corps hors de la vigne.

⁹ « Eh bien, que fera le propriétaire de la vigne ? demanda Jésus. Il viendra, il mettra à mort les vignerons et confiera la vigne à d'autres. ¹⁰ Vous avez sûrement lu cette parole de l'Écriture ?

"La pierre que les bâtisseurs avaient rejetée
est devenue la pierre principale.
¹¹ Cela vient du Seigneur,
pour nous, c'est une merveille !" »

¹² Les chefs des Juifs cherchaient un moyen d'arrêter Jésus, car ils savaient qu'il avait dit cette parabole contre eux. Mais ils avaient peur de la foule ; ils le laissèrent donc et s'en allèrent.

L'impôt payé à l'empereur

¹³ On envoya auprès de Jésus quelques Pharisiens et quelques membres du parti d'Hérode pour le prendre au piège par une question. ¹⁴ Ils vinrent lui dire : « Maître, nous savons que tu dis la vérité ; tu n'as pas peur de ce que pensent les autres et tu ne tiens pas compte de l'apparence des gens, mais tu enseignes la vérité sur la conduite qui plaît à Dieu. Dis-nous, notre loi permet-elle ou non de payer des impôts à l'empereur romain ? Devons-nous les payer, oui ou non ? » ¹⁵ Mais Jésus savait qu'ils cachaient leur véritable pensée ; il leur dit alors : « Pourquoi me tendez-vous un piège ? Apportez-moi une pièce d'argent, je voudrais la voir. » ¹⁶ Ils en apportèrent une, et Jésus leur demanda : « Ce visage et ce nom gravés ici, de qui sont-ils ? » — « De l'empereur », lui répondirent-ils. ¹⁷ Alors Jésus leur dit : « Payez donc à l'empereur ce qui lui appartient, et à Dieu ce qui lui appartient. » Et sa réponse les remplit d'étonnement.

Une question sur la résurrection des morts

¹⁸ Quelques Sadducéens vinrent auprès de Jésus. – Ce sont eux qui disent qu'il n'y a pas de résurrection. – Ils l'interrogèrent de la façon suivante : ¹⁹ « Maître, Moïse nous a donné ce commandement écrit : "Si un homme, qui a un frère, meurt et laisse une femme sans enfants, il faut que son frère épouse la veuve pour donner des descendants à celui qui est mort." ²⁰ Or, il y avait une fois sept frères. Le premier se maria et mourut sans laisser d'enfants. ²¹ Le deuxième épousa la veuve, et il mourut sans laisser d'enfants. La même chose arriva au troisième frère, ²² et à tous les sept, qui épousèrent successivement la femme et moururent sans

laisser d'enfants. Après eux tous, la femme mourut aussi. ²³ Au jour de la résurrection, quand les morts se relèveront, de qui sera-t-elle donc la femme ? Car tous les sept l'ont eue comme épouse ! » ²⁴ Jésus leur répondit : « Vous vous trompez, et savez-vous pourquoi ? Parce que vous ne connaissez ni les Écritures, ni la puissance de Dieu. ²⁵ En effet, quand ils se relèveront d'entre les morts, les hommes et les femmes ne se marieront pas, mais ils vivront comme les anges dans le ciel. ²⁶ Pour ce qui est des morts qui reviennent à la vie, n'avez-vous jamais lu dans le livre de Moïse le passage qui parle du buisson en flammes ? On y lit que Dieu dit à Moïse : "Je suis le Dieu d'Abraham, le Dieu d'Isaac et le Dieu de Jacob." ²⁷ Dieu, ajouta Jésus, est le Dieu des vivants, et non des morts. Ainsi, vous êtes complètement dans l'erreur. »

Le commandement le plus important

²⁸ Un maître de la loi les avait entendus discuter. Il vit que Jésus avait bien répondu aux Sadducéens ; il s'approcha donc de lui et lui demanda : « Quel est le plus important de tous les commandements ? » ²⁹ Jésus lui répondit : « Voici le commandement le plus important : "Écoute, Israël ! Le Seigneur notre Dieu est le seul Seigneur. ³⁰ Tu dois aimer le Seigneur ton Dieu de tout ton cœur, de toute ton âme, de toute ton intelligence et de toute ta force." ³¹ Et voici le second commandement : "Tu dois aimer ton prochain comme toi-même." Il n'y a pas d'autre commandement plus important que ces deux-là. » ³² Le maître de la loi dit alors à Jésus : « Très bien, Maître ! Ce que tu as dit est vrai : Le Seigneur est le seul Dieu, et il n'y a pas d'autre Dieu que lui. ³³ Chacun doit donc aimer Dieu de tout son cœur, de toute son intelligence et de toute sa force ; et il doit aimer son prochain

comme lui-même. Cela vaut beaucoup mieux que de présenter à Dieu toutes sortes d'offrandes et de sacrifices d'animaux. » ³⁴ Jésus vit qu'il avait répondu de façon intelligente ; il lui dit alors : « Tu n'es pas loin du Royaume de Dieu. » Après cela, personne n'osait plus lui poser de questions.

Le Messie et David

³⁵ Alors que Jésus enseignait dans le temple, il posa cette question : « Comment les maîtres de la loi peuvent-ils dire que le Messie est descendant de David ? ³⁶ Car David, guidé par le Saint-Esprit, a dit lui-même :

"Le Seigneur Dieu a déclaré à mon Seigneur :
Viens siéger à ma droite,
je veux contraindre tes ennemis à passer sous tes pieds."
³⁷ David lui-même l'appelle "Seigneur" : comment le Messie peut-il alors être aussi descendant de David ? »

Jésus met la foule en garde contre les maîtres de la loi

La foule, nombreuse, écoutait Jésus avec plaisir. ³⁸ Voici ce qu'il enseignait à tous : « Gardez-vous des maîtres de la loi qui aiment à se promener en longues robes et à recevoir des salutations respectueuses sur les places publiques ; ³⁹ ils choisissent les sièges les plus en vue dans les synagogues et les places d'honneur dans les grands repas. ⁴⁰ Ils prennent aux veuves tout ce qu'elles possèdent et, en même temps, font de longues prières pour se faire remarquer. Ils seront jugés d'autant plus sévèrement ! »

Le don offert par une veuve pauvre

⁴¹ Puis Jésus s'assit en face des troncs à offrandes du temple, et il regardait comment les gens y déposaient de l'argent. De

nombreux riches donnaient beaucoup d'argent. ⁴²Une veuve pauvre arriva et mit deux petites pièces de cuivre, d'une valeur de quelques centimes. ⁴³Alors Jésus appela ses disciples et leur dit : « Je vous le déclare, c'est la vérité : cette veuve pauvre a mis dans le tronc plus que tous les autres. ⁴⁴Car tous les autres ont donné de l'argent dont ils n'avaient pas besoin ; mais elle, dans sa pauvreté, a offert tout ce qu'elle possédait, tout ce dont elle avait besoin pour vivre. »

Jésus annonce la destruction du temple

13 Tandis que Jésus sortait du temple, un de ses disciples lui dit : « Maître, regarde ! Quelles belles pierres, quelles grandes constructions ! » ²Jésus lui répondit : « Tu vois ces grandes constructions ? Il ne restera pas ici une seule pierre posée sur une autre ; tout sera renversé. »

Des malheurs et des persécutions

³Jésus s'assit au mont des Oliviers, en face du temple. Pierre, Jacques, Jean et André, qui étaient seuls avec lui, lui demandèrent : ⁴« Dis-nous quand cela se passera et quel signe indiquera le moment où toutes ces choses doivent arriver. »

⁵Alors Jésus se mit à leur dire : « Faites attention que personne ne vous trompe. ⁶Beaucoup d'hommes viendront en usant de mon nom et diront : "Je suis le Messie !" Et ils tromperont quantité de gens. ⁷Quand vous entendrez le bruit de guerres proches et des nouvelles sur des guerres lointaines, ne vous effrayez pas ; il faut que cela arrive, mais ce ne sera pas encore la fin de ce monde. ⁸Un peuple combattra contre un autre peuple, et un royaume attaquera un autre royaume ; il y aura des tremblements de terre dans différentes régions, ainsi que des famines. Ce sera comme

les premières douleurs de l'accouchement. [9] Quant à vous, faites attention à vous-mêmes. Car des gens vous feront passer devant les tribunaux; on vous battra dans les synagogues. Vous devrez comparaître devant des gouverneurs et des rois à cause de moi, pour apporter votre témoignage devant eux. [10] Il faut avant tout que la Bonne Nouvelle soit annoncée à tous les peuples. [11] Et lorsqu'on vous arrêtera pour vous conduire devant le tribunal, ne vous inquiétez pas d'avance de ce que vous aurez à dire; mais dites les paroles qui vous seront données à ce moment-là, car elles ne viendront pas de vous, mais du Saint-Esprit. [12] Des frères livreront leurs propres frères pour qu'on les mette à mort, et des pères agiront de même avec leurs enfants; des enfants se tourneront contre leurs parents et les feront condamner à mort. [13] Tout le monde vous haïra à cause de moi. Mais celui qui tiendra bon jusqu'à la fin sera sauvé. »

L'Horreur abominable

[14] « Vous verrez celui qu'on appelle "l'Horreur abominable" : il sera placé là où il ne doit pas être. – Que celui qui lit comprenne bien cela ! – Alors, ceux qui seront en Judée devront s'enfuir vers les montagnes; [15] celui qui sera sur la terrasse de sa maison ne devra pas descendre pour aller prendre quelque chose à l'intérieur; [16] et celui qui sera dans les champs ne devra pas retourner chez lui pour emporter son manteau. [17] Quel malheur ce sera, en ces jours-là, pour les femmes enceintes et pour celles qui allaiteront ! [18] Priez Dieu pour que ces choses n'arrivent pas pendant la mauvaise saison ! [19] Car, en ces jours-là, la détresse sera plus grande que toutes celles qu'on a connues depuis le commencement du monde, quand Dieu a tout créé, jusqu'à mainte-

nant, et il n'y en aura plus jamais de pareille. [20] Si le Seigneur n'avait pas décidé d'abréger cette période, personne ne pourrait survivre. Mais il l'a abrégée à cause de ceux qu'il a choisis pour être à lui. [21] Si quelqu'un vous dit alors : "Regardez, le Messie est ici !" ou bien : "Regardez, il est là !", ne le croyez pas. [22] Car de faux messies et de faux prophètes apparaîtront ; ils accompliront des miracles et des prodiges pour tromper, si possible, ceux que Dieu a choisis. [23] Vous donc, faites attention ! Je vous ai avertis de tout à l'avance. »

La venue du Fils de l'homme

[24] « Mais en ces jours-là, après ce temps de détresse, le soleil s'obscurcira, la lune ne donnera plus sa clarté, [25] les étoiles tomberont du ciel, et les puissances qui sont dans les cieux seront ébranlées. [26] Alors on verra le Fils de l'homme arriver parmi les nuages, avec beaucoup de puissance et de gloire. [27] Il enverra les anges aux quatre coins de la terre pour rassembler ceux qu'il a choisis, d'un bout du monde à l'autre. »

L'enseignement donné par le figuier

[28] « Comprenez l'enseignement que donne le figuier : dès que la sève circule dans ses branches et que ses feuilles poussent, vous savez que la bonne saison est proche. [29] De même, quand vous verrez ces choses arriver, sachez que l'événement est proche, qu'il va se produire. [30] Je vous le déclare, c'est la vérité : les gens d'aujourd'hui n'auront pas tous disparu avant que tout cela arrive. [31] Le ciel et la terre disparaîtront, tandis que mes paroles ne disparaîtront jamais. »

Dieu seul connaît le moment de la fin

[32] « Cependant personne ne sait quand viendra ce jour ou cette heure, pas même les anges dans les cieux, ni même le

Fils ; le Père seul le sait. ³³ Attention ! Ne vous endormez pas, car vous ne savez pas quand le moment viendra. ³⁴ Ce sera comme lorsqu'un homme part en voyage : il quitte sa maison et en laisse le soin à ses serviteurs, il donne à chacun un travail particulier à faire et il ordonne au gardien de la porte de rester éveillé. ³⁵ Restez donc éveillés, car vous ne savez pas quand le maître de la maison reviendra : ce sera peut-être le soir, ou au milieu de la nuit, ou au chant du coq, ou le matin. ³⁶ S'il revient tout à coup, il ne faut pas qu'il vous trouve endormis. ³⁷ Ce que je vous dis là, je le dis à tous : Restez éveillés ! »

Les chefs complotent contre Jésus

14 On était à deux jours de la fête de la Pâque et des pains sans levain. Les chefs des prêtres et les maîtres de la loi cherchaient un moyen d'arrêter Jésus en cachette et de le mettre à mort. ² Ils se disaient en effet : « Nous ne pouvons pas faire cela pendant la fête, sinon le peuple risquerait de se soulever. »

Une femme met du parfum sur la tête de Jésus

³ Jésus était à Béthanie, dans la maison de Simon le lépreux ; pendant qu'il était à table, une femme entra avec un flacon d'albâtre plein d'un parfum très cher, fait de nard pur. Elle brisa le flacon et versa le parfum sur la tête de Jésus. ⁴ Certains de ceux qui étaient là furent indignés et se dirent entre eux : « A quoi bon avoir ainsi gaspillé ce parfum ? ⁵ On aurait pu le vendre plus de trois cents pièces d'argent pour les donner aux pauvres ! » Et ils critiquaient sévèrement cette femme. ⁶ Mais Jésus dit : « Laissez-la tranquille. Pourquoi lui faites-vous de la peine ? Ce qu'elle a ac-

compli pour moi est beau. [7] Car vous aurez toujours des pauvres avec vous, et toutes les fois que vous le voudrez, vous pourrez leur faire du bien ; mais moi, vous ne m'aurez pas toujours avec vous. [8] Elle a fait ce qu'elle a pu : elle a d'avance mis du parfum sur mon corps afin de le préparer pour le tombeau. [9] Je vous le déclare, c'est la vérité : partout où l'on annoncera la Bonne Nouvelle, dans le monde entier, on racontera ce que cette femme a fait et l'on se souviendra d'elle. »

Judas veut livrer Jésus aux chefs des prêtres

[10] Alors Judas Iscariote, un des douze disciples, alla proposer aux chefs des prêtres de leur livrer Jésus. [11] Ils furent très contents de l'entendre et lui promirent de l'argent. Et Judas se mit à chercher une occasion favorable pour leur livrer Jésus.

Jésus prend le repas de la Pâque avec ses disciples

[12] Le premier jour de la fête des pains sans levain, le jour où l'on sacrifiait les agneaux pour le repas de la Pâque, les disciples de Jésus lui demandèrent : « Où veux-tu que nous allions te préparer le repas de la Pâque ? » [13] Alors Jésus envoya deux de ses disciples en avant, avec l'ordre suivant : « Allez à la ville, vous y rencontrerez un homme qui porte une cruche d'eau. Suivez-le, [14] et là où il entrera, dites au propriétaire de la maison : "Le Maître demande : Où est la pièce qui m'est réservée, celle où je prendrai le repas de la Pâque avec mes disciples ?" [15] Et il vous montrera, en haut de la maison, une grande chambre déjà prête, avec tout ce qui est nécessaire. C'est là que vous nous préparerez le repas. » [16] Les disciples partirent et allèrent à la ville ; ils

trouvèrent tout comme Jésus le leur avait dit, et ils préparèrent le repas de la Pâque.

¹⁷ Quand le soir fut venu, Jésus arriva avec les douze disciples. ¹⁸ Pendant qu'ils étaient à table et qu'ils mangeaient, Jésus dit : « Je vous le déclare, c'est la vérité : l'un de vous, qui mange avec moi, me trahira. » ¹⁹ Les disciples devinrent tout tristes, et ils se mirent à lui demander l'un après l'autre : « Ce n'est pas moi, n'est-ce pas ? » ²⁰ Jésus leur répondit : « C'est l'un d'entre vous, les douze, quelqu'un qui trempe avec moi son pain dans le plat. ²¹ Certes, le Fils de l'homme va mourir comme les Écritures l'annoncent à son sujet ; mais quel malheur pour celui qui trahit le Fils de l'homme ! Il aurait mieux valu pour cet homme-là ne pas naître ! »

La sainte cène

²² Pendant le repas, Jésus prit du pain et, après avoir remercié Dieu, il le rompit et le donna à ses disciples ; il leur dit : « Prenez ceci, c'est mon corps. » ²³ Il prit ensuite une coupe de vin et, après avoir remercié Dieu, il la leur donna, et ils en burent tous. ²⁴ Jésus leur dit : « Ceci est mon sang, le sang qui garantit l'alliance de Dieu et qui est versé pour une multitude de gens. ²⁵ Je vous le déclare, c'est la vérité : je ne boirai plus jamais de vin jusqu'au jour où je boirai le vin nouveau dans le Royaume de Dieu. » ²⁶ Ils chantèrent ensuite les psaumes de la fête, puis ils s'en allèrent au mont des Oliviers.

Jésus annonce que Pierre le reniera

²⁷ Jésus dit à ses disciples : « Vous allez tous m'abandonner, car on lit dans les Écritures : "Je tuerai le berger, et les moutons partiront de tous côtés". ²⁸ Mais, ajouta Jésus, quand je

serai de nouveau vivant, j'irai vous attendre en Galilée. »
²⁹ Pierre lui dit : « Même si tous les autres t'abandonnent,
moi je ne t'abandonnerai pas. » ³⁰ Alors Jésus lui répondit :
« Je te le déclare, c'est la vérité : aujourd'hui, cette nuit même, avant que le coq chante deux fois, toi, tu auras prétendu trois fois ne pas me connaître. » ³¹ Mais Pierre répliqua
encore plus fort : « Je ne prétendrai jamais que je ne te
connais pas, même si je dois mourir avec toi. » Et tous les
autres disciples disaient la même chose.

Jésus prie à Gethsémané

³² Ils arrivèrent ensuite à un endroit appelé Gethsémané, et
Jésus dit à ses disciples : « Asseyez-vous ici, pendant que je
vais prier. » ³³ Puis il emmena avec lui Pierre, Jacques et
Jean. Il commença à ressentir de la frayeur et de l'angoisse,
³⁴ et il leur dit : « Mon cœur est plein d'une tristesse mortel-
le ; restez ici et demeurez éveillés. » ³⁵ Il alla un peu plus loin,
se jeta à terre et pria pour que, si c'était possible, il n'ait pas
à passer par cette heure de souffrance. ³⁶ Il disait : « Abba, ô
mon Père, tout t'est possible ; éloigne de moi cette coupe de
douleur. Toutefois, non pas ce que je veux, mais ce que tu
veux. » ³⁷ Il revint ensuite vers les trois disciples et les trouva endormis. Il dit à Pierre : « Simon, tu dors ? Tu n'as pas
été capable de rester éveillé même une heure ? ³⁸ Restez
éveillés et priez, pour ne pas tomber dans la tentation. L'être
humain est plein de bonne volonté, mais il est faible. »

³⁹ Il s'éloigna de nouveau et pria en répétant les mêmes
paroles. ⁴⁰ Puis il revint auprès de ses disciples et les trouva
endormis ; ils ne pouvaient pas garder les yeux ouverts. Et
ils ne savaient pas que lui dire. ⁴¹ Quand il revint la troisième fois, il leur dit : « Vous dormez encore et vous vous re-

posez ? C'est fini ! L'heure est arrivée. Maintenant, le Fils de l'homme va être livré entre les mains des pécheurs. ⁴²Levez-vous, allons-y ! Voyez, l'homme qui me livre à eux est ici ! »

L'arrestation de Jésus

⁴³Jésus parlait encore quand arriva Judas, l'un des douze disciples. Il y avait avec lui une foule de gens armés d'épées et de bâtons. Ils étaient envoyés par les chefs des prêtres, les maîtres de la loi et les anciens. ⁴⁴Judas, celui qui leur livrait Jésus, avait indiqué à cette foule le signe qu'il utiliserait : « L'homme que j'embrasserai, c'est lui. Saisissez-le et emmenez-le sous bonne garde. » ⁴⁵Dès que Judas arriva, il s'approcha de Jésus et lui dit : « Maître ! » Puis il l'embrassa. ⁴⁶Les autres mirent alors la main sur Jésus et l'arrêtèrent. ⁴⁷Mais un de ceux qui étaient là tira son épée, frappa le serviteur du grand-prêtre et lui coupa l'oreille. ⁴⁸Jésus leur dit : « Deviez-vous venir armés d'épées et de bâtons pour me prendre, comme si j'étais un brigand ? ⁴⁹Tous les jours j'étais avec vous et j'enseignais dans le temple, et vous ne m'avez pas arrêté. Mais cela arrive pour que les Écritures se réalisent. » ⁵⁰Alors tous les disciples l'abandonnèrent et s'enfuirent. ⁵¹Un jeune homme suivait Jésus, vêtu d'un simple drap. On essaya de le saisir, ⁵²mais il abandonna le drap et s'enfuit tout nu.

Jésus devant le Conseil supérieur

⁵³Ils emmenèrent Jésus chez le grand-prêtre, où s'assemblèrent tous les chefs des prêtres, les anciens et les maîtres de la loi. ⁵⁴Pierre suivit Jésus de loin, et il entra dans la cour de la maison du grand-prêtre. Là, il s'assit avec les gardes et il se chauffait près du feu.

⁵⁵ Les chefs des prêtres et tout le Conseil supérieur cherchaient une accusation contre Jésus pour le condamner à mort, mais ils n'en trouvaient pas. ⁵⁶ Beaucoup de gens, en effet, portaient de fausses accusations contre Jésus, mais ils se contredisaient entre eux. ⁵⁷ Quelques-uns se levèrent alors et portèrent cette fausse accusation contre lui : ⁵⁸ « Nous l'avons entendu dire : "Je détruirai ce temple construit par les hommes, et en trois jours j'en bâtirai un autre qui ne sera pas une œuvre humaine." » ⁵⁹ Mais même sur ce point-là ils se contredisaient. ⁶⁰ Le grand-prêtre se leva alors dans l'assemblée et interrogea Jésus : « Ne réponds-tu rien à ce que ces gens disent contre toi ? » ⁶¹ Mais Jésus se taisait, il ne répondait rien. Le grand-prêtre l'interrogea de nouveau : « Es-tu le Messie, le Fils du Dieu auquel vont nos louanges ? » ⁶² Jésus répondit : « Oui, je le suis, et vous verrez tous le Fils de l'homme siégeant à la droite du Dieu puissant ; vous le verrez aussi venir parmi les nuages du ciel. » ⁶³ Alors le grand-prêtre déchira ses vêtements et dit : « Nous n'avons plus besoin de témoins ! ⁶⁴ Vous avez entendu cette insulte faite à Dieu. Qu'en pensez-vous ? » Tous déclarèrent qu'il était coupable et qu'il méritait la mort. ⁶⁵ Quelques-uns d'entre eux se mirent à cracher sur Jésus, ils lui couvrirent le visage, le frappèrent à coups de poing et lui dirent : « Devine qui t'a fait cela ! » Et les gardes prirent Jésus et lui donnèrent des gifles.

Pierre renie Jésus

⁶⁶ Pierre se trouvait encore en bas dans la cour, quand arriva une des servantes du grand-prêtre. ⁶⁷ Elle vit Pierre qui se chauffait, le regarda bien et lui dit : « Toi aussi, tu étais avec Jésus, cet homme de Nazareth. » ⁶⁸ Mais il le nia en décla-

rant : « Je ne sais pas ce que tu veux dire, je ne comprends
pas. » Puis il s'en alla hors de la cour, dans l'entrée. [Alors
un coq chanta.] ⁶⁹ Mais la servante le vit et répéta devant
ceux qui étaient là : « Cet homme est l'un d'eux ! » ⁷⁰ Et
Pierre le nia de nouveau. Peu après, ceux qui étaient là dirent encore à Pierre : « Certainement, tu es l'un d'eux, parce que, toi aussi, tu es de Galilée. » ⁷¹ Alors Pierre s'écria :
« Que Dieu me punisse si je mens ! Je le jure, je ne connais
pas l'homme dont vous parlez. » ⁷² À ce moment même, un
coq chanta pour la seconde fois, et Pierre se rappela ce que
Jésus lui avait dit : « Avant que le coq chante deux fois, tu
auras prétendu trois fois ne pas me connaître. » Alors, il se
mit à pleurer.

Jésus devant Pilate

15 Tôt le matin, les chefs des prêtres se réunirent en
séance avec les anciens et les maîtres de la loi, c'est-
à-dire tout le Conseil supérieur. Ils firent ligoter Jésus,
l'emmenèrent et le livrèrent à Pilate. ² Celui-ci l'interrogea :
« Es-tu le roi des Juifs ? » Jésus lui répondit : « Tu le dis. »
³ Les chefs des prêtres portaient de nombreuses accusations contre Jésus. ⁴ Alors, Pilate l'interrogea de nouveau :
« Ne réponds-tu rien ? Tu entends combien d'accusations
ils portent contre toi ! » ⁵ Mais Jésus ne répondit plus rien,
de sorte que Pilate était étonné.

Jésus est condamné à mort

⁶ À chaque fête de la Pâque, Pilate libérait un prisonnier,
celui que la foule demandait. ⁷ Or, un certain Barabbas
était en prison avec des rebelles qui avaient commis un
meurtre lors d'une révolte. ⁸ La foule se rendit donc à la ré-

sidence de Pilate et tous se mirent à lui demander ce qu'il avait l'habitude de leur accorder.

⁹ Pilate leur répondit : « Voulez-vous que je vous libère le roi des Juifs ? » ¹⁰ Il savait bien, en effet, que les chefs des prêtres lui avaient livré Jésus par jalousie. ¹¹ Mais les chefs des prêtres poussèrent la foule à demander que Pilate leur libère plutôt Barabbas. ¹² Pilate s'adressa de nouveau à la foule : « Que voulez-vous donc que je fasse de celui que vous appelez le roi des Juifs ? » ¹³ Ils lui répondirent en criant : « Cloue-le sur une croix ! » ¹⁴ Pilate leur demanda : « Quel mal a-t-il donc commis ? » Mais ils crièrent encore plus fort : « Cloue-le sur une croix ! »

¹⁵ Pilate voulut contenter la foule et leur libéra Barabbas ; puis il fit frapper Jésus à coups de fouet et le livra pour qu'on le cloue sur une croix.

Les soldats se moquent de Jésus

¹⁶ Les soldats emmenèrent Jésus à l'intérieur du palais du gouverneur, et ils appelèrent toute la troupe. ¹⁷ Ils le revêtirent d'un manteau rouge, tressèrent une couronne avec des branches épineuses et la posèrent sur sa tête. ¹⁸ Puis ils se mirent à le saluer : « Salut, roi des Juifs ! » ¹⁹ Et ils le frappaient sur la tête avec un roseau, crachaient sur lui et se mettaient à genoux pour s'incliner bien bas devant lui. ²⁰ Quand ils se furent bien moqués de lui, ils lui enlevèrent le manteau rouge et lui remirent ses vêtements. Puis ils l'emmenèrent au-dehors pour le clouer sur une croix.

Jésus est cloué sur la croix

²¹ Un certain Simon, de Cyrène, le père d'Alexandre et de Rufus, passait par là alors qu'il revenait des champs. Les

soldats l'obligèrent à porter la croix de Jésus. ²²Ils condui-
sirent Jésus à un endroit appelé Golgotha, ce qui signifie
« Le lieu du Crâne ». ²³Ils voulurent lui donner du vin mé-
langé avec une drogue, la myrrhe, mais Jésus le refusa.
²⁴Puis ils le clouèrent sur la croix et se partagèrent ses vêtements, en tirant au sort pour savoir ce que chacun rece-
vrait. ²⁵Il était neuf heures du matin quand ils le clouèrent
sur la croix. ²⁶Sur l'écriteau qui indiquait la raison de sa
condamnation, il y avait ces mots : « Le roi des Juifs ». ²⁷Ils
clouèrent aussi deux brigands sur des croix à côté de Jésus,
l'un à sa droite et l'autre à sa gauche. [²⁸C'est ainsi que se
réalisa le passage de l'Écriture qui déclare : « Il a été placé
au nombre des malfaiteurs. »]

²⁹Les passants l'insultaient en hochant la tête ; ils lui disaient : « Hé ! toi qui voulais détruire le temple et en bâtir
un autre en trois jours, ³⁰sauve-toi toi-même, descends de
la croix ! » ³¹De même, les chefs des prêtres et les maîtres
de la loi se moquaient de Jésus et se disaient les uns aux
autres : « Il a sauvé d'autres gens, mais il ne peut pas se sauver lui-même ! ³²Que le Messie, le roi d'Israël descende
maintenant de la croix ! Si nous voyons cela, alors nous
croirons en lui. » Ceux qui avaient été mis en croix à côté
de Jésus l'insultaient aussi.

La mort de Jésus

³³A midi, l'obscurité se fit sur tout le pays et dura jusqu'à
trois heures de l'après-midi. ³⁴Et à trois heures, Jésus cria
avec force : « *Éloï, Éloï, lema sabactani ?* » – ce qui signifie
« Mon Dieu, mon Dieu, pourquoi m'as-tu abandonné ? » –
³⁵Quelques-uns de ceux qui étaient là l'entendirent et
s'écrièrent : « Écoutez, il appelle Élie ! » ³⁶L'un d'eux cou-

rut remplir une éponge de vinaigre et la fixa au bout d'un roseau, puis il la tendit à Jésus pour qu'il boive et dit : « Attendez, nous allons voir si Élie vient le descendre de la croix ! » [37] Mais Jésus poussa un grand cri et mourut.

[38] Le rideau suspendu dans le temple se déchira en deux depuis le haut jusqu'en bas. [39] Le capitaine romain, qui se tenait en face de Jésus, vit comment il était mort et il dit : « Cet homme était vraiment Fils de Dieu ! » [40] Quelques femmes étaient là, elles aussi, et regardaient de loin. Parmi elles, il y avait Marie du village de Magdala, Marie, la mère de Jacques le jeune et de Joses, et Salomé. [41] Elles avaient suivi Jésus et l'avaient servi quand il était en Galilée. Il y avait là également plusieurs autres femmes qui étaient montées avec lui à Jérusalem.

Jésus est mis dans un tombeau

[42-43] Le soir était déjà là, quand arriva Joseph, qui était d'Arimathée. Joseph était un membre respecté du Conseil supérieur, et il espérait, lui aussi, la venue du Royaume de Dieu. C'était le jour de la préparation, c'est-à-dire la veille du sabbat. C'est pourquoi Joseph alla courageusement demander à Pilate le corps de Jésus. [44] Mais Pilate fut étonné d'apprendre qu'il était déjà mort. Il fit donc appeler le capitaine et lui demanda si Jésus était mort depuis longtemps. [45] Après avoir reçu la réponse de l'officier, il permit à Joseph d'avoir le corps. [46] Joseph acheta un drap de lin, il descendit le corps de la croix, l'enveloppa dans le drap et le déposa dans un tombeau qui avait été creusé dans le rocher. Puis il roula une grosse pierre pour fermer l'entrée du tombeau. [47] Marie de Magdala et Marie la mère de Joses regardaient où on mettait Jésus.

La résurrection de Jésus

16 Quand le jour du sabbat fut passé, Marie de Magdala, Marie mère de Jacques, et Salomé achetèrent des huiles parfumées pour aller embaumer le corps de Jésus. ²Très tôt le dimanche matin, au lever du soleil, elles se rendirent au tombeau. ³Elles se disaient l'une à l'autre : « Qui va rouler pour nous la pierre qui ferme l'entrée du tombeau ? » ⁴Mais quand elles regardèrent, elles virent que la pierre, qui était très grande, avait déjà été roulée de côté. ⁵Elles entrèrent alors dans le tombeau ; elles virent là un jeune homme, assis à droite, qui portait une robe blanche, et elles furent effrayées. ⁶Mais il leur dit : « Ne soyez pas effrayées ; vous cherchez Jésus de Nazareth, celui qu'on a cloué sur la croix ; il est revenu de la mort à la vie, il n'est pas ici. Regardez, voici l'endroit où on l'avait déposé. ⁷Allez maintenant dire ceci à ses disciples, y compris à Pierre : "Il va vous attendre en Galilée ; c'est là que vous le verrez, comme il vous l'a dit." »

⁸Elles sortirent alors et s'enfuirent loin du tombeau, car elles étaient toutes tremblantes de crainte. Et elles ne dirent rien à personne, parce qu'elles avaient peur.

Jésus se montre
à Marie de Magdala

[⁹Après que Jésus eut passé de la mort à la vie tôt le dimanche matin, il se montra tout d'abord à Marie de Magdala, de laquelle il avait chassé sept esprits mauvais.

¹⁰Elle alla le raconter à ceux qui avaient été avec lui. Ils étaient tristes et pleuraient. ¹¹Mais quand ils entendirent qu'elle disait : « Jésus est vivant, je l'ai vu ! », ils ne la crurent pas.

Jésus se montre à deux disciples

[12] Ensuite, Jésus se montra d'une manière différente à deux disciples qui étaient en chemin pour aller à la campagne. [13] Ils revinrent et le racontèrent aux autres, qui ne les crurent pas non plus.

Jésus se montre aux onze disciples

[14] Enfin, Jésus se montra aux onze disciples pendant qu'ils mangeaient; il leur reprocha de manquer de foi et de s'être obstinés à ne pas croire ceux qui l'avaient vu vivant. [15] Puis il leur dit: «Allez dans le monde entier annoncer la Bonne Nouvelle à tous les êtres humains. [16] Celui qui croira et sera baptisé sera sauvé; mais celui qui ne croira pas sera condamné. [17] Et voici à quels signes on pourra reconnaître ceux qui auront cru: ils chasseront des esprits mauvais en mon nom; ils parleront des langues nouvelles; [18] s'ils prennent des serpents dans leurs mains ou boivent du poison, il ne leur arrivera aucun mal; ils poseront les mains sur les malades et ceux-ci seront guéris.»

Jésus retourne auprès de Dieu

[19] Après leur avoir ainsi parlé, le Seigneur Jésus fut enlevé au ciel et s'assit à la droite de Dieu. [20] Les disciples partirent pour annoncer partout la Bonne Nouvelle. Le Seigneur les aidait dans ce travail et confirmait la vérité de leur prédication par les signes miraculeux qui l'accompagnaient.]

EL EVANGELIO
SEGÚN SAN MARCOS

El Evangelio según San Marcos
Texto en español de: «Dios Habla Hoy»

© 1992 Sociedad Bíblica, Madrid
Usado con permiso
www.sociedadbiblica.org

El texto final de esta traducción ha sido aprobado
por las Sociedades Bíblicas Unidas
y por el Consejo Episcopal Latinoamericano.

INTRODUCCIÓN

¿Cómo conocer a Jesús? ¿Cómo encontrarle? Éstas son preguntas que cualquiera que haya oído hablar de Jesús no puede dejar de plantearse. Sobre todo los que han escuchado que Jesús es el Salvador. Los testigos de su vida, los que le siguieron desde el principio, nos dan la respuesta.

DISCÍPULOS DE JESÚS,
TESTIGOS Y ANUNCIADORES DEL EVANGELIO

Jesús llamó a algunos discípulos para que le siguieran: Pedro, Andrés, Juan... Vivió con ellos, enseñando a la muchedumbre y realizando milagros, ayudando a los discípulos a entender su misión y los conflictos con los que iba a encontrarse. Ellos le habían visto morir en una cruz, total y libremente abandonado a la voluntad del Padre. Después de la amarga experiencia de la cruz, no rompió su relación con ellos: al contrario, apareció resucitado, vivo, y ellos le reconocieron en la fe como Señor e Hijo de Dios. Este acontecimiento que transformó sus vidas tenía que ser anunciado como «evangelio», es decir, «buena noticia», a todos los hombres. Animados por el Espíritu Santo, los discípulos empezaron a anunciar que Dios había resucitado a Jesús de entre los muertos y le había proclamado Mesías y Señor, invitando a todos a convertirse y a creer en él.

En esta actividad misionera, lo mismo que en la celebración del Bautismo o la Eucaristía, en las reuniones de oración y en la catequesis de los primeros cristianos, fue tomando forma la memoria de las enseñanzas de Jesús, de los relatos de sus milagros, de sus gestos de misericordia, de su pasión y de las experiencias pascuales, con la preocupación de hacer que estas palabras y hechos siguiesen siendo actuales para las distintas situaciones de las comunidades. Los evangelistas recurrieron a estas tradiciones, y así nacieron los cuatro evangelios que la Iglesia reconoce como testimonios auténticos de la vida de Jesucristo y de la fe en él: evangelio según Mateo, según Marcos, según Lucas y según Juan.

El evangelio según Marcos

El librito que tienes en tus manos contiene el segundo de estos evangelios. Quizás quieras saber quién lo escribió, cuándo y para quién. La tradición antigua nos dice que el autor es Marcos, presentado como el «intérprete», hoy diríamos secretario, de Pedro. Se cree que en el año 70 aproximadamente, después del martirio de Pedro, Marcos relató en su evangelio, destinado a la comunidad cristiana de Roma, el recuerdo de la predicación del apóstol.

Otra pregunta importante para nosotros, si queremos entender realmente lo que contienen estas páginas es ¿por qué escribió Marcos su evangelio? Convencido de que la fe cristiana tenía su raíz en la muerte y resurrección de Jesús, creyó que estos hechos no podían comprenderse sin recorrer el camino desde el principio, es decir, cuando Jesús empezó a proclamar la venida del reino de Dios. Con su evangelio, Marcos quiso ofrecer a los cristianos llegados a la fe poco antes un instrumento para comprender y acoger el misterio de Jesús y lo que supone haber aceptado seguirle.

Al evangelio de Marcos se le llama también «evangelio del catecúmeno», es decir, evangelio de quien hace un camino de fe que le lleva a ser cristiano de un modo íntegro y consciente. Una pregunta que seguramente te interesa también es ¿cómo llega uno a ser cristiano? En el evangelio de Marcos podrás encontrar un proyecto de fe y de vida bien estructurado para tu camino.

EL EVANGELIO DE JESÚS MESÍAS, HIJO DE DIOS CRUCIFICADO

Al leer un libro es útil mirar el índice, es decir, saber cómo ha dispuesto los temas el autor. Los evangelios no tienen índices; pero podemos reconstruirlos. En el caso de Marcos, él mismo nos ofrece una pista al iniciar su relato con la solemne proclamación de «Jesucristo, el Hijo de Dios» (Mr 1,1): su libro quiere iniciarnos en el descubrimiento de Jesús como «Mesías» y como «Hijo de Dios». Tratemos de identificar los elementos principales de ese camino en dos etapas.

La primera parte del Evangelio (Mr 1,2–8,30) culmina cuando Pedro, en nombre de los discípulos, dice a Jesús: «Tú eres el Mesías» (Mr 8,29). En ese momento, se llega al final de un recorrido marcado por continuas preguntas acerca de la obra y la identidad de Jesús, que nos sitúa en un clima de asombro y de interrogantes sobre el misterio de su persona.

Después de una breve introducción (Mr 1,2–13), empieza con la proclamación del evangelio en Galilea y la respuesta de los primeros discípulos, contrastando con aquellos que rechazan la autoridad de Jesús y su «novedad» (Mr 1,14–3,6). Sigue la elección de los Doce y la constitución del grupo de discípulos que son, en contraposición a los incrédulos, la verdadera «familia» de Jesús, y a los que reserva una formación especial (Mr 3,7–6,6a).

Más tarde, Jesús se muestra como aquel que, mediante el pan eucarístico, reúne al pueblo de Dios; a los discípulos que no comprenden, les abre los ojos de la fe, para que, finalmente, puedan reconocerlo como «Mesías» (Mr 6,6b–9,21).

En la segunda parte del evangelio (Mr 8,31–16,15) Jesús se presenta a los discípulos como el «Hijo del hombre» rechazado y condenado a muerte. Intentemos escuchar y contemplar con atención para comprender en el escándalo de la crucifixión de Jesús su revelación como «Hijo de Dios» y la manifestación suprema del amor de Dios.

Es un camino que comienza en la marcha hacia Jerusalén, donde Jesús, ante la incomprensión de los discípulos, predice su pasión y resurrección e instruye sobre las condiciones para seguirle (Mr 8,31–10,52). Al llegar a Jerusalén, Jesús se enfrenta a sus adversarios en relación al tema de su identidad de Mesías y de Hijo de Dios, y también habla acerca de los últimos tiempos (Mr 11–13).

En la narración de la pasión de Jesús aparece como Mesías condenado y abandonado, como rey de los judíos rechazado y escarnecido y, finalmente, como Crucificado Hijo de Dios (Mr 14,1–15,39).

En el vértice del evangelio, Marcos sitúa la profesión de fe de un oficial romano representante de los paganos que han acogido el evangelio: «¡Verdaderamente este hombre era Hijo de Dios!» (Mr 15,39). Un breve epílogo nos conduce desde la contemplación del Crucificado al anuncio del Resucitado (Mr 15,40–16,20).

LLAMADOS A SER DISCÍPULOS

El evangelio de Marcos nos invita a iniciar una relación personal con Jesús y a compartir su destino: es el evangelio de los discípulos. Ellos, junto a otros personajes secundarios, nos guían en ese camino.

Podemos vernos reflejados en la llamada de los primeros discípulos y ver el comienzo de nuestra existencia cristiana (Mr 1,16-20). Comprendemos que siguiendo a Jesús podemos vernos envueltos en la crítica y el rechazo por parte de los que no conocen los signos que él realiza de liberación, de perdón y de valoración de la vida humana (Mr 2,1–3,6). Pero nos produce alegría sentirnos parte de su «familia» (Mr 3,31-35). Y es consolador que el Señor, a pesar de nuestros cansancios y resistencias, siga ofreciéndonos en la comunidad cristiana la explicación de su palabra para ayudarnos a comprender y madurar en la fe (Mr 4,13-20.34; 7,17-23).

Sin embargo, cuesta entrar en la mentalidad del reino de Dios: es necesario que nos comprometamos seriamente a escuchar la Palabra para que la fe no se apague. En efecto, la fe puede zozobrar en las tempestades de la vida si no reconocemos en Jesús resucitado a aquel que puede salvar del mal y de la muerte (Mr 14). Pero sobre todo, lo más difícil para nosotros es aceptar que el Mesías debe recorrer un camino de sufrimiento y de muerte en su entrega total y que ése es también el camino que se ofrece a quien quiere ser su discípulo (Mr 8,31-38). La dificultad que los discípulos tenían para abrirse a una fe madura y, sobre todo, su rechazo al camino de la cruz, nos muestran las dificultades que experimenta la vida cristiana y nos exhorta a comprometernos más para permanecer fieles tras los pasos de Jesús.

Cuando los discípulos desfallecen, Marcos presenta al lector personajes secundarios que, como meteoros, aparecen y desaparecen en el relato evangélico, pero cuya luz nos orienta en nuestro compromiso de seguir a Jesús. Recordemos a algunos de ellos. El leproso curado y el hombre de Gerasa liberado de los demonios son para nosotros modelos de acción misionera cuando proclaman lo que Jesús ha hecho por ellos (Mr 1,40-45; 5,1-20). Otro ejemplo es Bartimeo que por su fe recuperó la vista, encuentra la fuerza para seguir al Maestro en el camino de la cruz (Mr 10,46-52). Finalmente, durante la pasión, las mujeres se convierten en la figura ejemplar de los discípulos: ellas, que siguieron fielmente a Jesús desde Galilea, lo contemplan ahora en la cruz, observan el lugar de la sepultura, y al llegar a la tumba, reciben el anuncio de su resurrección (Mr 15,40–16,8). Su silencio reflexivo es una invitación a la contemplación en oración que nos permite, en la fe, eliminar la distancia entre la mentalidad de muerte que marca la experiencia humana y el horizonte de vida de Dios que ha resucitado a Jesús; que nos permite también volver a pensar en la historia de Jesús a la luz de su resurrección y ver en ella la posibilidad de una existencia nueva para el que cree. Entonces será posible romper el silencio para anunciar y dar testimonio a todos de que Jesús es la fuente de la vida.

CÓMO LEER EL EVANGELIO

El evangelio de Marcos que ha llegado hasta nosotros pide ahora ser leído. Leámoslo con sencillez desde el principio hasta el final con esta convicción: «Voy a conocer al verdadero Jesús y cómo puedo responder al que me pide ser discípulo suyo». Consideremos lo que vaya revelando a nuestra inteligencia y a nuestro corazón. Encontraremos una guía para nuestro itinerario, esperanza y fuerza para afrontar la vida cada día, incluso las situaciones más difíciles.

«A medida que te adentres en la fascinante historia de Jesús de Nazaret, descubrirás que no es un personaje del pasado. Sus palabras son la palabra de Dios que todavía hoy puede iluminar el camino de tu vida; sus gestos son el signo del amor fuerte y paciente del Padre celestial hacia ti. Así, paso a paso, llegarás a creer y a profesar con una conciencia cada vez más clara y gozosa que Dios te ama, que Cristo ha venido por ti. Para ti Cristo es camino, verdad y vida» (Juan Pablo II).

«Principio de la buena noticia de Jesucristo, el Hijo de Dios» son las primeras palabras del evangelio de Marcos. En realidad, el evangelio de Jesús ha estado, como fundamento, en el principio de los dos primeros milenios de nuestra historia. Te entregamos hoy este evangelio, en la XV Jornada Mundial de la Juventud, para que, con tu generoso testimonio, constituya para ti y las nuevas generaciones, el principio y el fundamento para el tercer milenio.

EL EVANGELIO SEGÚN SAN MARCOS

Juan el Bautista en el desierto

1 Principio de la buena noticia de Jesucristo, el Hijo de Dios.
² El profeta Isaías había escrito:
«Envío mi mensajero delante de ti
para que te prepare el camino.
³ Una voz grita en el desierto:
"¡Preparad el camino del Señor,
abridle un camino recto!"»
⁴ Sucedió que Juan el Bautista se presentó en el desierto bautizando a la gente. Les decía que debían convertirse a Dios y ser bautizados, para que Dios les perdonase sus pecados. ⁵ De toda la región de Judea y de la ciudad de Jerusalén salían a oírle. Confesaban sus pecados y Juan los bautizaba en el río Jordán.

⁶ Juan iba vestido de ropa hecha de pelo de camello, que se sujetaba al cuerpo con un cinturón de cuero; y comía langostas y miel del monte. ⁷ En su proclamación decía: «Después de mí viene uno más poderoso que yo, que ni siquiera merezco agacharme para desatar la correa de sus sandalias. ⁸ Yo os he bautizado con agua, pero él os bautizará con el Espíritu Santo.»

Jesús es bautizado

⁹ Por aquellos días, Jesús salió de Nazaret, en la región de Galilea, y Juan lo bautizó en el Jordán. ¹⁰ En el momento en que salía del agua, Jesús vio que el cielo se abría y que el Espíritu bajaba sobre él como una paloma. ¹¹ Y vino una voz del cielo, que decía:

«Tú eres mi Hijo amado, a quien he elegido.»

Jesús es puesto a prueba

¹² Después de esto, el Espíritu llevó a Jesús al desierto. ¹³ Allí vivió durante cuarenta días entre las fieras, y fue puesto a prueba por Satanás; y los ángeles le servían.

Jesús comienza su trabajo en Galilea

¹⁴ Después que metieron a Juan en la cárcel, Jesús fue a Galilea a anunciar las buenas noticias de parte de Dios. ¹⁵ Decía:

«Ha llegado el tiempo, y el reino de Dios está cerca. Volveos a Dios y aceptad con fe sus buenas noticias.»

Jesús llama a cuatro pescadores

¹⁶ Paseaba Jesús por la orilla del lago de Galilea, cuando vio a Simón y a su hermano Andrés. Eran pescadores y estaban echando la red al agua. ¹⁷ Les dijo Jesús:

«Seguidme, y os haré pescadores de hombres.»

¹⁸ Al momento dejaron sus redes y se fueron con él.

¹⁹ Un poco más adelante, Jesús vio a Santiago y a su hermano Juan, hijos de Zebedeo, que estaban en una barca reparando las redes. ²⁰ Al punto Jesús los llamó, y ellos, dejando a su padre Zebedeo en la barca con sus ayudantes, se fueron con Jesús.

Un hombre que tenía
un espíritu impuro

²¹ Llegaron a Cafarnaúm, y el sábado entró Jesús en la sinagoga y comenzó a enseñar. ²² La gente se admiraba de cómo les enseñaba, porque lo hacía con plena autoridad y no como los maestros de la ley. ²³ En la sinagoga del pueblo, un hombre que tenía un espíritu impuro gritó:

²⁴ «¿Por qué te metes con nosotros, Jesús de Nazaret? ¿Has venido a destruirnos? Yo te conozco. ¡Sé que eres el Santo de Dios!»

²⁵ Jesús reprendió a aquel espíritu, diciéndole: «¡Cállate y sal de este hombre!»

²⁶ El espíritu impuro sacudió con violencia al hombre, y gritando con gran fuerza salió de él. ²⁷ Todos se asustaron y se preguntaban unos a otros:

«¿Qué es esto? ¡Enseña de una manera nueva y con plena autoridad! ¡Hasta a los espíritus impuros da órdenes, y le obedecen!»

²⁸ Muy pronto, la fama de Jesús se extendió por toda la región de Galilea.

Jesús sana a la suegra de Simón Pedro

²⁹ Cuando salieron de la sinagoga, Jesús fue con Santiago y Juan a casa de Simón y Andrés. ³⁰ La suegra de Simón estaba en cama, con fiebre. Se lo dijeron a Jesús, ³¹ y él se acercó, la tomó de la mano y la levantó. Al momento se le quitó la fiebre y se puso a atenderlos.

Jesús sana a muchos enfermos

³² Al anochecer, cuando ya se había puesto el sol, llevaron ante Jesús a todos los enfermos y endemoniados, ³³ y el

pueblo entero se reunió a la puerta. ³⁴ Jesús sanó de toda clase de enfermedades a mucha gente y expulsó a muchos demonios; pero no dejaba hablar a los demonios, porque ellos le conocían.

Jesús anuncia el mensaje en las sinagogas

³⁵ De madrugada, cuando todavía estaba oscuro, Jesús se levantó y salió de la ciudad para ir a orar a un lugar apartado. ³⁶ Simón y sus compañeros fueron en busca de Jesús, ³⁷ y cuando lo encontraron le dijeron:

«Todos te están buscando.»

³⁸ Él les contestó:

«Vayamos a otros lugares cercanos a anunciar también allí el mensaje, porque para esto he salido.»

³⁹ Así que Jesús andaba por toda Galilea anunciando el mensaje en las sinagogas de cada lugar y expulsando a los demonios.

Jesús sana a un leproso

⁴⁰ Un hombre enfermo de lepra se acercó a Jesús, y poniéndose de rodillas le dijo:

«Si quieres, puedes limpiarme de mi enfermedad.»

⁴¹ Jesús tuvo compasión de él, le tocó con la mano y dijo:

«Quiero. ¡Queda limpio!»

⁴² Al momento se le quitó la lepra y quedó limpio. ⁴³ Jesús lo despidió en seguida, recomendándole mucho:

⁴⁴ «Mira, no se lo digas a nadie. Pero ve, preséntate al sacerdote y lleva por tu purificación la ofrenda ordenada por Moisés; así sabrán todos que ya estás limpio de tu enfermedad.»

⁴⁵ Sin embargo, en cuanto se fue, comenzó a contar a todos lo que había pasado. Por eso, Jesús ya no podía entrar

abiertamente en ningún pueblo, sino que se quedaba fuera, en lugares donde no había nadie; pero de todas partes acudían a verle.

Jesús sana a un paralítico

2 Algunos días después volvió Jesús a entrar en Cafarnaúm. Al saber que estaba en casa, ² se juntaron tantos que ni siquiera cabían frente a la puerta, y él les anunciaba el mensaje. ³ Entonces, entre cuatro, le llevaron un paralítico. ⁴ Pero como había mucha gente y no podían llegar hasta Jesús, quitaron parte del techo encima de donde él estaba, y por la abertura bajaron en una camilla al enfermo. ⁵ Cuando Jesús vio la fe que tenían, dijo al enfermo: «Hijo mío, tus pecados quedan perdonados.»

⁶ Algunos maestros de la ley que estaban allí sentados pensaron: ⁷ «¿Cómo se atreve este a hablar así? Sus palabras son una ofensa contra Dios. Nadie puede perdonar pecados, sino solamente Dios.»

⁸ Pero Jesús se dio cuenta en seguida de lo que estaban pensando y les preguntó:

«¿Por qué pensáis así? ⁹ ¿Qué es más fácil, decir al paralítico: "Tus pecados quedan perdonados" o decirle: "Levántate, toma tu camilla y anda"? ¹⁰ Pues voy a demostraros que el Hijo del hombre tiene poder en la tierra para perdonar pecados.»

Entonces dijo al paralítico:

¹¹ «A ti te digo, levántate, toma tu camilla y vete a tu casa.»

¹² El enfermo se levantó en el acto, y tomando su camilla salió de allí a la vista de todos. Así que todos se admiraron y alabaron a Dios diciendo:

«Nunca habíamos visto nada semejante.»

Jesús llama a Leví

¹³ Después fue Jesús otra vez a la orilla del lago. La gente se acercaba a él, y él les enseñaba. ¹⁴ Al pasar, vio a Leví, hijo de Alfeo, que estaba sentado en el lugar donde cobraba los impuestos para Roma. Jesús le dijo:

«Sígueme.»

Leví se levantó y le siguió.

¹⁵ Sucedió que Jesús estaba comiendo en casa de Leví, y muchos cobradores de impuestos y otra gente de mala fama estaban también sentados a la mesa con Jesús y sus discípulos, pues eran muchos los que le seguían. ¹⁶ Unos maestros de la ley pertenecientes al partido fariseo, al ver que Jesús comía con todos ellos, preguntaron a los discípulos:

«¿Cómo es que vuestro Maestro come con los cobradores de impuestos y con los pecadores?»

¹⁷ Jesús los oyó y les dijo:

«No necesitan médico los que gozan de buena salud, sino los enfermos. Yo no he venido a llamar a los justos, sino a los pecadores.»

La cuestión del ayuno

¹⁸ En una ocasión estaban ayunando los seguidores de Juan el Bautista y los de los fariseos. Algunas personas fueron a Jesús y le preguntaron:

«Los seguidores de Juan y los de los fariseos ayunan: ¿por qué no ayunan tus discípulos?»

¹⁹ Jesús les contestó:

«¿Acaso pueden ayunar los invitados a una boda mientras el novio está con ellos? Mientras está presente el novio, no pueden ayunar. ²⁰ Pero vendrá el momento en que se lleven al novio; entonces, cuando llegue ese día, ayunarán.

²¹ «Nadie remienda un vestido viejo con un trozo de tela nueva, porque lo nuevo encoge y tira del vestido viejo, y el desgarrón se hace mayor. ²² Tampoco se echa vino nuevo en odres viejos, porque el vino nuevo hace que revienten los odres y que se pierdan tanto el vino como los odres. Por eso hay que echar el vino nuevo en odres nuevos.»

Los discípulos arrancan espigas en sábado

²³ Un sábado pasaba Jesús entre los sembrados, y sus discípulos, según iban, comenzaron a arrancar espigas. ²⁴ Los fariseos le preguntaron:

«Oye, ¿por qué hacen tus discípulos algo que no está permitido en sábado?»

²⁵ Él les dijo:

«¿Nunca habéis leído lo que hizo David en una ocasión en que él y sus compañeros tuvieron necesidad y sintieron hambre? ²⁶ Siendo Abiatar sumo sacerdote, David entró en la casa de Dios y comió los panes consagrados, que solamente a los sacerdotes les estaba permitido comer. Además dio a los que iban con él.»

²⁷ Jesús añadió;

«El sábado se hizo para el hombre, y no el hombre para el sábado. ²⁸ Así que el Hijo del hombre tiene autoridad también sobre el sábado.»

Jesús sana en sábado a un enfermo

3 Jesús entró otra vez en la sinagoga. Había allí un hombre que tenía una mano tullida, ² y espiaban a Jesús para ver si lo sanaría en sábado y tener así algo de qué acusarle. ³ Jesús dijo al hombre de la mano tullida:

«Levántate y ponte ahí en medio.»

⁴ Luego preguntó a los demás:

«¿Qué está permitido hacer en sábado: el bien o el mal? ¿Salvar una vida o destruirla?»

Ellos se quedaron callados. ⁵ Jesús miró entonces con enojo a los que le rodeaban y, entristecido porque no querían entender, dijo a aquel hombre:

«Extiende la mano.»

El hombre la extendió, y la mano le quedó sana. ⁶ Pero los fariseos, en cuanto salieron, comenzaron junto con los del partido de Herodes a hacer planes para matar a Jesús.

A orillas del lago de Galilea

⁷ Jesús, seguido por mucha gente de Galilea, se fue con sus discípulos a la orilla del lago. ⁸ Al oír hablar de las grandes cosas que hacía, acudieron también a verle muchos de Judea, de Jerusalén, de Idumea, del lado oriental del Jordán y de la región de Tiro y Sidón. ⁹ Por eso, Jesús encargó a sus discípulos que le tuvieran preparada una barca, para evitar que la multitud le apretujara. ¹⁰ Porque había sanado a tantos, que todos los enfermos se echaban sobre él para tocarle.

¹¹ Y cuando los espíritus impuros le veían, se ponían de rodillas delante de él y gritaban:

«¡Tú eres el Hijo de Dios!»

¹² Pero Jesús les ordenaba con severidad que no hablaran de él públicamente.

Jesús escoge a los doce apóstoles

¹³ Después subió Jesús a un cerro y llamó a quienes le pareció conveniente. Una vez reunidos, ¹⁴ eligió a doce de ellos para que le acompañasen y para enviarlos a anunciar el mensaje. Los llamó apóstoles ¹⁵ y les dio autoridad para ex-

pulsar a los demonios. ¹⁶ Estos son los doce que escogió: Simón, a quien puso por nombre Pedro; ¹⁷ Santiago y su hermano Juan, hijos de Zebedeo, a los que llamó Boanerges (es decir, «Hijos del Trueno»); ¹⁸ Andrés, Felipe, Bartolomé, Mateo, Tomás, y Santiago hijo de Alfeo; Tadeo, Simón el cananeo ¹⁹ y Judas Iscariote, el que traicionó a Jesús.

Acusación contra Jesús

²⁰ Después entró Jesús en una casa, y se juntó de nuevo tanta gente que ni siquiera podían comer él y sus discípulos. ²¹ Al saber que estaba allí, los parientes de Jesús acudieron a llevárselo, pues decían que se había vuelto loco.

²² También los maestros de la ley que habían llegado de Jerusalén decían:

«Beelzebú, el propio jefe de los demonios, es quien ha dado a este hombre poder para expulsarlos.»

²³ Jesús los llamó y les puso un ejemplo, diciendo:

«¿Cómo puede Satanás expulsar al propio Satanás? ²⁴ Un país dividido en bandos enemigos no puede mantenerse, ²⁵ y una casa dividida no puede mantenerse. ²⁶ Pues bien, si Satanás se divide y se levanta contra sí mismo, no podrá mantenerse: habrá llegado su fin.

²⁷ «Nadie puede entrar en la casa de un hombre fuerte y robarle sus bienes, si antes no lo ata. Solamente así podrá robárselos.

²⁸ «Os aseguro que Dios perdonará a los hombres todos los pecados y todo lo malo que digan; ²⁹ pero el que ofenda con sus palabras al Espíritu Santo no tendrá perdón, sino que será culpable para siempre.»

³⁰ Esto lo dijo Jesús porque afirmaban que tenía un espíritu impuro.

La madre y los hermanos de Jesús

³¹ Entre tanto, llegaron la madre y los hermanos de Jesús, pero se quedaron fuera y mandaron llamarle. ³² La gente que estaba sentada alrededor de Jesús le avisó:

«Tu madre, tus hermanos y tus hermanas están fuera y te buscan.»

³³ Él les contestó:

«¿Quiénes son mi madre y mis hermanos?»

³⁴ Y mirando a los que estaban sentados a su alrededor, añadió:

«Estos son mi madre y mis hermanos. ³⁵ Todo el que hace la voluntad de Dios, ese es mi hermano, mi hermana y mi madre.»

Parábola del sembrador

4 Otra vez comenzó Jesús a enseñar a la orilla del lago. Como se reunió una gran multitud, subió a una barca que había en el lago y se sentó, mientras la gente se quedaba en la orilla. ² Y se puso a enseñarles muchas cosas por medio de parábolas.

En su enseñanza les decía:

³ «Oíd esto: Un sembrador salió a sembrar. ⁴ Y al sembrar, una parte de la semilla cayó en el camino, y llegaron las aves y se la comieron. ⁵ Otra parte cayó entre las piedras, donde no había mucha tierra; aquella semilla brotó pronto, porque la tierra no era profunda; ⁶ pero el sol, al salir, la quemó, y como no tenía raíz, se secó. ⁷ Otra parte cayó entre espinos, y los espinos crecieron y la ahogaron, de modo que la semilla no produjo grano. ⁸ Pero otra parte cayó en buena tierra, y creció y dio una buena cosecha: unas espigas

dieron treinta granos por semilla, otras dieron sesenta granos y otras cien.»

⁹Y añadió Jesús:

«Los que tienen oídos, oigan.»

El porqué de las parábolas

¹⁰ Después, cuando Jesús se quedó a solas, los que estaban cerca de él y los doce discípulos le preguntaron qué significaba aquella parábola. ¹¹ Les contestó:

«A vosotros, Dios os da a conocer el secreto de su reino; pero a los que están fuera se les dice todo por medio de parábolas, ¹² para que por mucho que miren no vean, y por mucho que oigan no entiendan; para que no se vuelvan a Dios y él los perdone.»

Jesús explica la parábola del sembrador

¹³ Les dijo: «¿No entendéis esta parábola? ¿Cómo, pues, vais a entender todas las demás? ¹⁴ El que siembra la semilla representa al que anuncia el mensaje. ¹⁵ Hay quienes son como la semilla que cayó en el camino: oyen el mensaje, pero después de haberlo escuchado viene Satanás y les quita ese mensaje sembrado en su corazón. ¹⁶ Otros son comparables a la semilla sembrada entre las piedras: oyen el mensaje, y al pronto lo reciben con gusto, ¹⁷ pero como no tienen bastante raíz no pueden permanecer firmes: por eso, cuando por causa del mensaje sufren pruebas o persecución, pierden la fe. ¹⁸ Otros son como la semilla sembrada entre espinos: oyen el mensaje, ¹⁹ pero los negocios de este mundo les preocupan demasiado, el amor a las riquezas los engaña y su deseo es poseer todas las cosas. Todo eso entra en ellos, ahoga el mensaje y no le deja dar fruto. ²⁰ Pero hay

otros que oyen el mensaje y lo aceptan y dan una buena cosecha, lo mismo que la semilla sembrada en buena tierra: algunos de estos son como las espigas que dieron treinta granos por semilla, otros son como las que dieron sesenta y otros como las que dieron cien.»

El símil de la lámpara

[21] También les dijo: «¿Acaso se trae una lámpara para ponerla debajo de una vasija o debajo de la cama? No, una lámpara se pone en alto, para que alumbre. [22] De la misma manera, no hay nada escondido que no llegue a descubrirse ni nada secreto que no llegue a ponerse en claro. [23] Los que tienen oídos, oigan.»

[24] También les dijo: «Fijaos en lo que oís. Con la misma medida con que midáis, Dios os medirá a vosotros, y os dará todavía más. [25] Pues al que tiene, se le dará más; pero al que no tiene, hasta lo poco que tiene se le quitará.»

Parábola del crecimiento de la semilla

[26] Jesús dijo también: «Con el reino de Dios sucede como con el hombre que siembra en la tierra: [27] que lo mismo si duerme que si está despierto, lo mismo de noche que de día, la semilla nace y crece sin que él sepa cómo. [28] Y es que la tierra produce por sí misma: primero brota una hierba, luego se forma la espiga y, por último, el grano que llena la espiga. [29] Y cuando el grano ya está maduro, se siega, porque ha llegado el tiempo de la cosecha.

Parábola de la semilla de mostaza

[30] También dijo Jesús: «¿A qué se parece el reino de Dios, o con qué podremos compararlo? [31] Es como una semilla de

mostaza que se siembra en la tierra. Es la más pequeña de todas las semillas del mundo; [32] pero, una vez sembrada, crece y se hace mayor que cualquiera otra planta del huerto, y echa ramas tan grandes que hasta los pájaros pueden anidar a su sombra.»

El uso que Jesús hacía de las parábolas

[33] De esta manera les enseñaba Jesús el mensaje, por medio de muchas parábolas como estas y hasta donde podían comprender. [34] Pero no les decía nada sin parábolas, aunque a sus discípulos se lo explicaba todo aparte.

La tempestad apaciguada

[35] Al anochecer de aquel mismo día, Jesús dijo a sus discípulos:

«Pasemos a la otra orilla del lago.»

[36] Entonces despidieron a la gente y llevaron a Jesús en la misma barca en que se encontraba. Otras barcas le acompañaban. [37] De pronto se desató una tormenta; y el viento era tan fuerte, que las olas, cayendo sobre la barca, comenzaron a llenarla de agua. [38] Pero Jesús se había dormido en la parte de popa, apoyado sobre una almohada. Le despertaron y le dijeron:

«¡Maestro!, ¿no te importa que nos estemos hundiendo?»

[39] Jesús se levantó, dio una orden al viento y le dijo al mar:

«¡Silencio! ¡Cállate!»

El viento se detuvo y todo quedó completamente en calma. [40] Después dijo Jesús a sus discípulos:

«¿Por qué tanto miedo? ¿Todavía no tenéis fe?»

[41] Y ellos, muy asustados, se preguntaban unos a otros:

«¿Quién es este, que hasta el viento y el mar le obedecen?»

El endemoniado de Gerasa

5 Llegaron a la otra orilla del lago, a la tierra de Gerasa. ² En cuanto Jesús bajó de la barca se le acercó un hombre que tenía un espíritu impuro. Este hombre había salido de entre las tumbas, ³ porque vivía en ellas. Nadie podía sujetarlo ni siquiera con cadenas. ⁴ Pues aunque muchas veces lo habían atado de pies y manos con cadenas, siempre las había hecho pedazos, sin que nadie le pudiera dominar. ⁵ Andaba de día y de noche entre las tumbas y por los cerros, gritando y golpeándose con piedras.

⁶ Pero cuando vio de lejos a Jesús, echó a correr y, poniéndose de rodillas delante de él, ⁷ le dijo a gritos:

«¡No te metas conmigo, Jesús, Hijo del Dios altísimo! ¡Te ruego, por Dios, que no me atormentes!»

⁸ Hablaba así porque Jesús le había dicho:

«¡Espíritu impuro, deja a ese hombre!»

⁹ Jesús le preguntó:

«¿Cómo te llamas?»

Él contestó:

«Me llamo Legión, porque somos muchos.»

¹⁰ Y rogaba mucho a Jesús que no enviara los espíritus fuera de aquella región. ¹¹ Y como cerca de allí, junto al monte, se hallaba paciendo una gran piara de cerdos, ¹² los espíritus le rogaron:

«Mándanos a los cerdos y déjanos entrar en ellos.»

¹³ Jesús les dio permiso, y los espíritus impuros salieron del hombre y entraron en los cerdos. Estos, que eran unos dos mil, echaron a correr pendiente abajo hasta el lago, y se ahogaron.

¹⁴ Los que cuidaban de los cerdos salieron huyendo, y contaron en el pueblo y por los campos lo sucedido. La

gente acudió a ver lo que había pasado. ¹⁵Y cuando llegaron a donde estaba Jesús, vieron sentado, vestido y en su cabal juicio al endemoniado que había tenido la legión de espíritus. La gente estaba asustada, ¹⁶y los que habían visto lo sucedido con el endemoniado y con los cerdos, se lo contaron a los demás. ¹⁷Entonces comenzaron a rogar a Jesús que se fuera de aquellos lugares.

¹⁸Al volver Jesús a la barca, el hombre que había estado endemoniado le rogó que le dejara ir con él. ¹⁹Pero Jesús no se lo permitió, sino que le dijo:

«Vete a tu casa, con tus parientes, y cuéntales todo lo que te ha hecho el Señor y cómo ha tenido compasión de ti.»

²⁰El hombre se fue y comenzó a contar por los pueblos de Decápolis lo que Jesús había hecho por él. Y todos se quedaban admirados.

La hija de Jairo y la mujer enferma

²¹Cuando Jesús regresó en la barca al otro lado del lago, se le reunió mucha gente, y él se quedó en la orilla. ²²Llegó entonces uno de los jefes de la sinagoga, llamado Jairo, que al ver a Jesús se echó a sus pies ²³suplicándole con insistencia: «Mi hija se está muriendo: ven a poner tus manos sobre ella, para que sane y viva.»

²⁴Jesús fue con él, y mucha gente le acompañaba apretujándose a su alrededor. ²⁵Entre la multitud había una mujer que desde hacía doce años estaba enferma, con hemorragias. ²⁶Había sufrido mucho a manos de muchos médicos, y había gastado cuanto tenía sin que le hubiera servido de nada. Al contrario, iba de mal en peor. ²⁷Esta mujer, al saber lo que se decía de Jesús, se le acercó por detrás, entre la gente, y le tocó la capa. ²⁸Porque pensaba: «Tan sólo con

que toque su capa, quedaré sana.» [29] Al momento se detuvo su hemorragia, y sintió en el cuerpo que ya estaba sanada de su enfermedad. [30] Jesús, dándose cuenta de que había salido de él poder para sanar, se volvió a mirar a la gente y preguntó:

«¿Quién me ha tocado?»

[31] Sus discípulos le dijeron:

«Ves que la gente te oprime por todas partes y preguntas: "¿Quién me ha tocado?"»

[32] Pero Jesús seguía mirando a su alrededor para ver quién le había tocado. [33] Entonces la mujer, temblando de miedo y sabiendo lo que le había sucedido, fue y se arrodilló delante de él, y le contó toda la verdad. [34] Jesús le dijo:

«Hija, por tu fe has sido sanada. Vete tranquila y libre ya de tu enfermedad.»

[35] Todavía estaba hablando Jesús, cuando llegaron unos de casa del jefe de la sinagoga a decirle al padre de la niña: «Tu hija ha muerto. ¿Para qué molestar más al Maestro?»

[36] Pero Jesús, sin hacer caso de ellos, dijo al jefe de la sinagoga:

«No tengas miedo. Cree solamente.»

[37] Y sin dejar que nadie le acompañara, aparte de Pedro, Santiago y Juan, el hermano de Santiago, [38] se dirigió a casa del jefe de la sinagoga. Allí, al ver el alboroto y la gente que lloraba y gritaba, [39] entró y les dijo:

«¿Por qué alborotáis y lloráis de esa manera? La niña no está muerta, sino dormida.»

[40] La gente se burlaba de Jesús, pero él los hizo salir a todos, y tomando al padre, a la madre y a los que le acompañaban, entró donde estaba la niña. [41] La tomó de la mano y le dijo:

«Talitá, cum» (que significa: «Muchacha, a ti te digo: levántate.»)

⁴² Al momento, la muchacha, que tenía doce años, se levantó y echó a andar. Y la gente se quedó muy impresionada. ⁴³ Jesús ordenó severamente que no se lo contaran a nadie, y luego mandó que dieran de comer a la niña.

Jesús en Nazaret

6 Jesús se fue de allí a su propia tierra, y sus discípulos le acompañaron. ² Cuando llegó el sábado comenzó a enseñar en la sinagoga. La multitud, al oir a Jesús, se preguntaba admirada:

«¿Dónde ha aprendido este tantas cosas? ¿De dónde ha sacado esa sabiduría y los milagros que hace? ³ ¿No es este el carpintero, el hijo de María y hermano de Santiago, José, Judas y Simón? ¿Y no viven sus hermanas también aquí, entre nosotros?»

Y no quisieron hacerle caso. ⁴ Por eso, Jesús les dijo: «En todas partes se honra a un profeta, menos en su propia tierra, entre sus parientes y en su propia casa.»

⁵ No pudo hacer allí ningún milagro, aparte de sanar a unos pocos enfermos poniendo las manos sobre ellos. ⁶ Y estaba asombrado porque aquella gente no creía en él.

Jesús instruye y envía a los apóstoles

Jesús recorría las aldeas cercanas, enseñando. ⁷ Llamó a los doce discípulos y comenzó a enviarlos de dos en dos, dándoles autoridad sobre los espíritus impuros. ⁸ Les ordenó que, aparte de un bastón, no llevaran nada para el camino: ni pan ni provisiones ni dinero. ⁹ Podían calzar sandalias, pero no llevar ropa de repuesto. ¹⁰ Les dijo:

«Cuando entréis en una casa, quedaos en ella hasta que os marchéis del lugar. ¹¹Y si en algún lugar no os reciben ni quieren escucharos, salid de allí y sacudíos el polvo de los pies para que les sirva de advertencia.»

¹²Entonces salieron los discípulos a decir a la gente que se volviera a Dios. ¹³También expulsaron muchos demonios y sanaron a muchos enfermos ungiéndolos con aceite.

Muerte de Juan el Bautista

¹⁴El rey Herodes oyó hablar de Jesús, porque su fama había corrido por todas partes, y algunos decían: «Juan el Bautista ha resucitado, y por eso tiene este poder milagroso.» ¹⁵Otros decían: «Es el profeta Elías.» Y otros: «Es un profeta como los antiguos profetas.» ¹⁶Pero Herodes decía al oir estas cosas: «Ese es Juan. Yo mandé cortarle la cabeza, pero ha resucitado.»

¹⁷Es que Herodes, por causa de Herodías, había mandado apresar a Juan y le había hecho encadenar en la cárcel. Herodías era esposa de Felipe, hermano de Herodes, pero Herodes se había casado con ella. ¹⁸Y Juan le había dicho a Herodes: «No puedes tener por tuya a la mujer de tu hermano.»

¹⁹Herodías odiaba a Juan y quería matarlo; pero no podía, ²⁰porque Herodes le temía y le protegía sabiendo que era un hombre justo y santo; y aun cuando al oírle se quedaba perplejo, le escuchaba de buena gana. ²¹Pero Herodías vio llegar su oportunidad cuando Herodes, en su cumpleaños, dio un banquete a sus jefes y comandantes y a las personas importantes de Galilea. ²²La hija de Herodías entró en el lugar del banquete y bailó, y tanto gustó el baile a Herodes y a los que estaban cenando con él, que el rey dijo a la muchacha:

«Pídeme lo que quieras y yo te lo daré.»

²³ Y le juró una y otra vez que le daría cualquier cosa que pidiera, aunque fuese la mitad del país que él gobernaba. ²⁴ Ella salió y preguntó a su madre:

«¿Qué puedo pedir?»

Le contestó:

«Pide la cabeza de Juan el Bautista.»

²⁵ La muchacha entró de prisa donde estaba el rey y le dijo: «Quiero que ahora mismo me des en una bandeja la cabeza de Juan el Bautista.»

²⁶ El rey se disgustó mucho, pero como había hecho un juramento en presencia de sus invitados, no quiso negarle lo que pedía. ²⁷ Así que envió en seguida a un soldado con la orden de traerle la cabeza de Juan. ²⁸ Fue el soldado a la cárcel, le cortó la cabeza a Juan y la puso en una bandeja. Se la dio a la muchacha y ella se la entregó a su madre.

²⁹ Cuando los seguidores de Juan lo supieron, tomaron el cuerpo y lo pusieron en una tumba.

Jesús da de comer a una multitud

³⁰ Después de esto, los apóstoles se reunieron con Jesús y le contaron todo lo que habían hecho y enseñado. ³¹ Jesús les dijo:

«Venid, vosotros solos, a descansar un poco a un lugar apartado.»

Porque iba y venía tanta gente que ellos ni siquiera tenían tiempo para comer. ³² Así que Jesús y sus apóstoles se fueron en una barca a un lugar apartado. ³³ Pero muchos los vieron ir y los reconocieron; entonces, de todos los pueblos, corrieron allá y se les adelantaron. ³⁴ Al bajar Jesús de la barca vio la multitud, y sintió compasión de ellos porque estaban como ovejas que no tienen pastor; y comenzó a enseñarles muchas cosas. ³⁵ Por la tarde, sus discípulos se le acercaron y le dijeron:

«Ya es tarde, y este es un lugar solitario. ³⁶ Despide a la gente, para que vayan a los campos y las aldeas de alrededor y se compren algo de comer.»

³⁷ Pero Jesús les contestó:

«Dadles vosotros de comer.»

Respondieron:

«¿Quieres que vayamos a comprar doscientos denarios de pan para darles de comer?»

³⁸ Jesús les dijo:

«¿Cuántos panes tenéis? Id a verlo.»

Cuando lo averiguaron, le dijeron:

«Cinco panes y dos peces.»

³⁹ Mandó que la gente se recostara en grupos sobre la hierba verde, ⁴⁰ y se hicieron grupos de cien y de cincuenta. ⁴¹ Luego Jesús tomó en sus manos los cinco panes y los dos peces y, mirando al cielo, dio gracias a Dios, partió los panes y se los dio a sus discípulos para que los repartieran entre la gente. Repartió también entre todos los dos peces. ⁴² Todos comieron hasta quedar satisfechos, ⁴³ y todavía llenaron doce canastas con los trozos sobrantes de pan y pescado. ⁴⁴ Los que comieron de aquellos panes fueron cinco mil hombres.

Jesús anda sobre el agua

⁴⁵ Después de esto, Jesús hizo que sus discípulos subieran a la barca, para que llegaran antes que él a la otra orilla del lago, a Betsaida, mientras él despedía a la gente. ⁴⁶ Y cuando la hubo despedido, se fue al monte a orar. ⁴⁷ Al llegar la noche, la barca ya estaba en medio del lago. Jesús, que se ha-

bía quedado solo en tierra, ⁴⁸ vio que remaban con dificultad porque tenían el viento en contra. De madrugada fue Jesús hacia ellos andando sobre el agua, pero hizo como si quisiera pasar de largo. ⁴⁹ Ellos, al verle andar sobre el agua, pensaron que era un fantasma y gritaron, ⁵⁰ porque todos le vieron y se asustaron. Pero él les habló en seguida, diciéndoles: «¡Ánimo, soy yo, no tengáis miedo!»

⁵¹ Subió a la barca y se calmó el viento. Ellos se quedaron muy asombrados, ⁵² porque no habían entendido el milagro de los panes y aún tenían la mente embotada.

Jesús sana enfermos en Genesaret

⁵³ Atravesaron el lago y llegaron a la tierra de Genesaret, donde amarraron la barca a la orilla. ⁵⁴ Tan pronto como bajaron de la barca, la gente reconoció a Jesús. ⁵⁵ Recorrieron toda aquella región, y comenzaron a llevar enfermos en camillas a donde sabían que estaba Jesús. ⁵⁶ Y dondequiera que él entraba, ya fueran aldeas, pueblos o campos, ponían a los enfermos en las plazas y le rogaban que les dejara tocar siquiera el borde de su capa. Y todos los que la tocaban quedaban sanados.

Lo que hace impuro al hombre

7 Se acercaron los fariseos a Jesús, junto con unos maestros de la ley que habían llegado de Jerusalén. ² Y al ver que algunos discípulos de Jesús comían con las manos impuras, es decir, sin haber cumplido con el rito de lavárselas, los criticaron. ³ (Porque los fariseos -y todos los judíos- siguen la tradición de sus antepasados de no comer sin antes lavarse cuidadosamente las manos. ⁴ Y al volver del mercado, no comen sin antes cumplir con el rito de lavarse. Y aun tienen otras muchas costumbres, como lavar los vasos, los jarros, las vasijas de metal y las camas.) ⁵ Por eso, los fariseos y los maestros de la ley preguntaron a Jesús:

«¿Por qué tus discípulos no siguen la tradición de nuestros antepasados? ¿Por qué comen con las manos impuras?»

⁶ Jesús les contestó:

«Bien habló el profeta Isaías de lo hipócritas que sois, cuando escribió:

"Este pueblo me honra de labios afuera,
   pero su corazón está lejos de mí.
⁷ De nada sirve que me rinda culto,
   pues sus enseñanzas son mandatos de hombres."
⁸ Porque vosotros os apartáis del mandato de Dios para seguir las tradiciones de los hombres.»

⁹ También les dijo:

«Vosotros, para mantener vuestras propias tradiciones, pasáis por alto el mandato de Dios. ¹⁰ Pues Moisés dijo: "Honra a tu padre y a tu madre" y "El que maldiga a su padre o a su madre, será condenado a muerte." ¹¹ Pero vosotros afirmáis que un hombre puede decirle a su padre o a su madre: "No puedo socorrerte, porque todo lo que tengo es corbán" (es decir, "ofrecido a Dios"); ¹² y también afirmáis que ese hombre ya no está obligado a socorrer a su padre o a su madre. ¹³ De esa manera invalidáis el mandato de Dios con tradiciones que os trasmitís unos a otros. Y hacéis otras muchas cosas parecidas.»

¹⁴ Luego Jesús llamó a la gente y dijo:

«Escuchadme todos y entended: ¹⁵ Nada de lo que entra de fuera puede hacer impuro al hombre. Lo que sale del corazón del hombre es lo que le hace impuro. [¹⁶ Vosotros que tenéis oídos, oíd]»

¹⁷ Cuando Jesús dejó a la gente y entró en casa, sus discípulos le preguntaron sobre esta enseñanza. ¹⁸ Él les dijo: «¿Así que vosotros tampoco lo entendéis? ¿No comprendéis que ninguna cosa que entra de fuera puede hacer impuro al hombre? ¹⁹ Porque no entra en el corazón, sino en el vientre, y después sale del cuerpo.»

Con esto quiso decir que todos los alimentos son puros, ²⁰ y añadió:

«Lo que sale del hombre, eso sí le hace impuro. ²¹ Porque de dentro, del corazón del hombre, salen los malos pensamientos, la inmoralidad sexual, los robos, los asesinatos, ²² los adulterios, la codicia, las maldades, el engaño, los vicios, la envidia, los chismes, el orgullo y la falta de juicio. ²³ Todas estas cosas malas salen de dentro y hacen impuro al hombre.»

La fe de una mujer extranjera

²⁴ De allí pasó Jesús a la región de Tiro. Entró en una casa sin querer que se supiera, pero no pudo ocultarlo. ²⁵ Pronto supo de él la madre de una muchacha que tenía un espíritu impuro; y fue y se arrodilló a los pies de Jesús. ²⁶ Era una mujer extranjera, de nacionalidad sirofenicia. Fue, pues, y rogó a Jesús que expulsara de su hija al demonio; ²⁷ pero Jesús le dijo:

«Deja que los hijos coman primero, porque no está bien quitar el pan a los hijos y dárselo a los perros.»

²⁸ «Sí, Señor – respondió ella –, pero hasta los perros comen debajo de la mesa las migajas que dejan caer los hijos.»

²⁹ Jesús le dijo:

«Bien has hablado. Puedes irte: el demonio ya ha salido de tu hija.»

³⁰ Cuando la mujer llegó a su casa encontró a la niña en la cama; el demonio ya había salido de ella.

Jesús sana a un sordo y tartamudo

³¹ Jesús volvió a salir de la región de Tiro y, pasando por Sidón y los pueblos de la región de Decápolis, llegó al lago de Galilea. ³² Allí le llevaron un sordo y tartamudo, y le pidieron que pusiera su mano sobre él. ³³ Jesús se lo llevó a un lado, aparte de la gente, le metió los dedos en los oídos y con saliva le tocó la lengua. ³⁴ Luego, mirando al cielo, suspiró y dijo al hombre: «¡Efatá!» (es decir, «¡Ábrete!»).

³⁵ Al momento se abrieron los oídos del sordo, su lengua quedó libre de trabas y hablaba correctamente. ³⁶ Jesús les mandó que no se lo dijeran a nadie; pero cuanto más se lo mandaba, tanto más lo contaban ellos. ³⁷ Llenos de asombro, decían: «Todo lo hace bien. ¡Hasta hace oír a los sordos y hablar a los mudos!»

Jesús da de comer a una multitud

8 Un día en que de nuevo se había juntado mucha gente y no tenían nada que comer, Jesús llamó a sus discípulos y les dijo:

² «Siento compasión de esta gente, porque ya hace tres días que están aquí conmigo y no tienen nada que comer. ³ Y si los envío en ayunas a sus casas pueden desfallecer por el camino, porque algunos han venido de lejos.»

⁴ Sus discípulos le contestaron:

«¿Pero cómo se les puede dar de comer en un lugar como este, donde no vive nadie?»

⁵ Jesús les preguntó:

«¿Cuántos panes tenéis?»

«Siete» dijeron ellos.

⁶ Mandó entonces que la gente se sentara en el suelo, tomó en sus manos los siete panes y, habiendo dado gracias a

Dios, los partió, los dio a sus discípulos y ellos los repartieron entre la gente. [7] Tenían también unos cuantos peces; Jesús dio gracias a Dios por ellos, y también mandó repartirlos. [8] Todos comieron hasta quedar satisfechos, y llenaron todavía siete canastas con los trozos sobrantes. [9] Los que comieron eran cerca de cuatro mil. Después de esto, Jesús los despidió, [10] subió a la barca con sus discípulos y se fue a la región de Dalmanuta.

Los fariseos piden una señal milagrosa

[11] Llegaron los fariseos y comenzaron a discutir con Jesús. Para tenderle una trampa, le pidieron alguna señal milagrosa que probara que él venía de parte de Dios. [12] Jesús suspiró profundamente y dijo:

«¿Por qué pide esta gente una señal milagrosa? Os aseguro que no se les dará ninguna señal.»

[13] Entonces los dejó, y volviendo a entrar en la barca se fue a la otra orilla del lago.

La levadura de los fariseos

[14] Se habían olvidado de llevar algo de comer y solamente tenían un pan en la barca. [15] Jesús les advirtió:

«Mirad, guardaos de la levadura de los fariseos y de la levadura de Herodes.»

[16] Los discípulos comentaban entre sí que no tenían pan. [17] Jesús se dio cuenta de ello y les dijo:

«¿Por qué comentáis que no tenéis pan? ¿Todavía no comprendéis ni entendéis nada? ¿Tan embotada tenéis la mente? [18] ¿Tenéis ojos y no veis, y oídos y no oís? ¿Ya no recordáis, [19] cuando repartí los cinco panes entre cinco mil hombres, cuántas canastas llenas de trozos recogisteis?»

Ellos contestaron:

«Doce.»

²⁰ «Y cuando repartí los siete panes entre cuatro mil, ¿cuántos cestos llenos recogisteis?»

Contestaron:

«Siete.»

²¹ Entonces les dijo:

«¿Todavía no entendéis?»

Jesús sana a un ciego en Betsaida

²² Llegaron a Betsaida, y llevaron un ciego a Jesús y le rogaron que lo tocara. ²³ Jesús tomó de la mano al ciego y lo sacó fuera del pueblo. Le mojó los ojos con saliva, puso las manos sobre él y le preguntó si veía algo. ²⁴ El ciego comenzó a ver y dijo:

«Veo gente. Me parecen árboles que andan.»

²⁵ Jesús le puso otra vez las manos sobre los ojos, y el hombre miró con atención y quedó sanado: ya todo lo veía claramente. ²⁶ Entonces lo mandó a su casa y le dijo:

«No vuelvas al pueblo.»

Pedro declara que Jesús es el Mesías

²⁷ Después de esto, Jesús y sus discípulos se dirigieron a las aldeas de la región de Cesarea de Filipo. En el camino preguntó a sus discípulos:

«¿Quién dice la gente que soy yo?»

²⁸ Ellos contestaron:

«Unos dicen que eres Juan el Bautista; otros, que eres Elías, y otros, que eres uno de los profetas.»

²⁹ «Y vosotros, ¿quién decís que soy?» les preguntó.

Pedro le respondió:

«Tú eres el Mesías.»

[30] Pero Jesús les ordenó que no hablaran de él a nadie.

Jesús instruye a sus discípulos

[31] Comenzó Jesús a enseñarles que el Hijo del hombre tenía que sufrir mucho, y que sería rechazado por los ancianos, por los jefes de los sacerdotes y por los maestros de la ley. Les dijo que lo iban a matar, pero que resucitaría a los tres días. [32] Esto se lo advirtió claramente. Entonces Pedro lo llevó aparte y comenzó a reprenderle. [33] Pero Jesús se volvió, miró a los discípulos y reprendió a Pedro diciéndole: «¡Apártate de mí, Satanás! Tú no ves las cosas como las ve Dios, sino como las ven los hombres.»

[34] Luego llamó Jesús a sus discípulos y a la gente, y dijo: «El que quiera ser mi discípulo, olvídese de sí mismo, cargue con su cruz y sígame. [35] Porque el que quiera salvar su vida, la perderá; pero el que pierda la vida por causa mía y del evangelio, la salvará. [36] ¿De qué le sirve al hombre ganar el mundo entero, si pierde la vida? [37] O también, ¿cuánto podrá pagar el hombre por su vida? [38] Pues si alguno se avergüenza de mí y de mi mensaje delante de esta gente infiel y pecadora, también el Hijo del hombre se avergonzará de él cuando venga con la gloria de su Padre y con sus santos ángeles.»

9 También les decía Jesús: «Os aseguro que algunos de los que están aquí no morirán sin haber visto el reino de Dios llegar con poder.»

La transfiguración de Jesús

[2] Seis días después, Jesús se fue a un monte alto, llevando con él solamente a Pedro, Santiago y Juan. Allí, en presen-

cia de ellos, cambió la apariencia de Jesús. ³ Sus ropas se volvieron brillantes y blancas, como nadie podría dejarlas por mucho que las lavara. ⁴ Y vieron a Elías y Moisés, que conversaban con Jesús. ⁵ Pedro le dijo a Jesús:

«Maestro, ¡qué bien que estemos aquí! Vamos a hacer tres chozas: una para ti, otra para Moisés y otra para Elías.»

⁶ Es que los discípulos estaban asustados y Pedro no sabía qué decir. ⁷ En esto vino una nube que los envolvió en su sombra. Y de la nube salió una voz:

«Este es mi Hijo amado. Escuchadle.»

⁸ Al momento, al mirar a su alrededor, ya no vieron a nadie con ellos, sino solo a Jesús.

⁹ Mientras bajaban del monte les encargó Jesús que no contaran a nadie lo que habían visto, hasta que el Hijo del hombre hubiera resucitado. ¹⁰ Así que guardaron el secreto entre ellos, aunque se preguntaban qué sería eso de resucitar. ¹¹ Preguntaron a Jesús:

«¿Por qué dicen los maestros de la ley que Elías tiene que venir primero?»

¹² Él les contestó:

«Es cierto que Elías ha de venir primero y ha de poner todas las cosas en orden. Pero ¿por qué dicen las Escrituras que el Hijo del hombre ha de sufrir y ser despreciado? ¹³ En cuanto a Elías, yo os digo que ya vino, y que le hicieron todo lo que quisieron, como dicen las Escrituras que le había de suceder.»

Jesús sana a un muchacho que tenía un espíritu impuro

¹⁴ Cuando regresaron a donde estaban los discípulos, los encontraron rodeados de una gran multitud, y algunos maes-

tros de la ley discutían con ellos. [15] Al ver a Jesús, todos corrieron a saludarle llenos de admiración. [16] Él les preguntó:

«¿Qué estáis discutiendo con ellos?»

[17] Uno de los presentes contestó:

«Maestro, te he traído aquí a mi hijo, porque tiene un espíritu que le ha dejado mudo. [18] Dondequiera que se encuentre, el espíritu se apodera de él y lo arroja al suelo; entonces echa espuma por la boca, le rechinan los dientes y se queda rígido. He pedido a tus discípulos que expulsen ese espíritu, pero no han podido.»

[19] Jesús contestó:

«¡Oh, gente sin fe!, ¿hasta cuándo habré de estar con vosotros? ¿Hasta cuándo habré de soportaros? ¡Traedme aquí al muchacho!»

[20] Entonces llevaron al muchacho ante Jesús. Pero en cuanto el espíritu vio a Jesús, hizo que le diera un ataque al muchacho, que cayó al suelo revolcándose y echando espuma por la boca. [21] Jesús preguntó al padre:

«¿Desde cuándo le pasa esto?»

«Desde niño» contestó el padre. [22] «Y muchas veces ese espíritu lo ha arrojado al fuego y al agua, para matarlo. Así que, si puedes hacer algo, ten compasión de nosotros y ayúdanos.»

[23] Jesús le dijo:

«¿Cómo que "si puedes"? ¡Para el que cree, todo es posible!»

[24] Entonces el padre del muchacho gritó:

«Yo creo. ¡Ayúdame a creer más!»

[25] Al ver Jesús que se estaba reuniendo mucha gente, reprendió al espíritu impuro diciéndole:

«Espíritu mudo y sordo, te ordeno que salgas de este muchacho y no vuelvas a entrar en él.»

²⁶ El espíritu gritó e hizo que al muchacho le diera otro ataque. Luego salió de él dejándolo como muerto, de modo que muchos decían que, en efecto, estaba muerto. ²⁷ Pero Jesús, tomándolo de la mano, lo levantó; y el muchacho se puso en pie. ²⁸ Luego Jesús entró en una casa, y sus discípulos le preguntaron aparte:

«¿Por qué nosotros no pudimos expulsar ese espíritu?»

²⁹ Jesús les contestó:

«A esta clase de demonios solamente se la puede expulsar por medio de la oración.»

Jesús anuncia por segunda vez su muerte

³⁰ Cuando se fueron de allí, pasaron por Galilea. Pero Jesús no quiso que nadie lo supiera, ³¹ porque estaba enseñando a sus discípulos. Les decía:

«El Hijo del hombre va a ser entregado en manos de los hombres, y lo matarán; pero tres días después resucitará.»

³² Ellos no entendían estas palabras, pero tenían miedo de hacerle preguntas.

¿Quién es el más importante?

³³ Llegaron a la ciudad de Cafarnaúm. Estando ya en casa, Jesús les preguntó:

«¿Qué veníais discutiendo por el camino?»

³⁴ Pero se quedaron callados, porque en el camino habían discutido sobre cuál de ellos era el más importante. ³⁵ Entonces Jesús se sentó, llamó a los doce y les dijo:

«El que quiera ser el primero, deberá ser el último de todos y servir a todos.»

³⁶ Luego puso un niño en medio de ellos, y tomándolo en brazos les dijo:

[37] «El que recibe en mi nombre a un niño como este, a mí me recibe; y el que a mí me recibe, no solo me recibe a mí, sino también a aquel que me envió.»

El que no está contra nosotros, está a nuestro favor

[38] Juan le dijo:

«Maestro, hemos visto a uno que expulsaba demonios en tu nombre; pero se lo hemos prohibido, porque no es de los nuestros.»

[39] Jesús contestó:

«No se lo prohibáis, porque nadie que haga un milagro en mi nombre podrá luego hablar mal de mí. [40] El que no está contra nosotros, está a nuestro favor. [41] El que os dé aunque solo sea un vaso de agua por ser vosotros de Cristo, os aseguro que tendrá su recompensa.

El peligro de caer en pecado

[42] «Al que haga caer en pecado a uno de estos pequeños que creen en mí, más le valdría que lo arrojaran al mar con una gran piedra de molino atada al cuello. [43] Si tu mano te hace caer en pecado, córtala; es mejor para ti entrar manco en la vida. que con las dos manos ir a parar al infierno, donde el fuego no se puede apagar. [[44] Donde los gusanos no mueren y el fuego no se apaga.] [45] Y si tu pie te hace caer en pecado, córtalo; es mejor para ti entrar cojo en la vida. que con los dos pies ser arrojado al infierno. [[46] Donde los gusanos no mueren y el fuego no se apaga.] [47] Y si tu ojo te hace caer en pecado, sácalo; es mejor para ti entrar con un solo ojo en el reino de Dios, que con los dos ojos ser arrojado al infierno, [48] donde los gusanos no mueren y el fuego no se apaga.

⁴⁹ «Porque todos serán salados con fuego. ⁵⁰ La sal es buena, pero si deja de ser salada, ¿cómo volveréis a hacerla útil? Tened sal en vosotros y vivid en paz unos con otros.»

La enseñanza de Jesús acerca del divorcio

10 Salió Jesús de Cafarnaúm y se fue a la región de Judea y a la tierra que está al oriente del Jordán. Allí volvió a reunírsele la gente, y él comenzó de nuevo a enseñar, como tenía por costumbre. ² Algunos fariseos se acercaron a Jesús, y para tenderle una trampa le preguntaron si al esposo le está permitido separarse de su esposa. ³ Él les contestó: «¿Qué os mandó Moisés?»

⁴ Dijeron:

«Moisés permitió despedir a la esposa entregándole un certificado de separación.»

⁵ Entonces Jesús les dijo:

«Moisés os dio ese mandato por lo tercos que sois. ⁶ Pero en el principio de la creación, Dios los creó hombre y mujer. ⁷ Por eso, el hombre dejará a su padre y a su madre para unirse a su esposa, ⁸ y los dos serán como una sola persona. Así que ya no son dos, sino uno solo. ⁹ De modo que el hombre no debe separar lo que Dios ha unido.»

¹⁰ Cuando ya estaban en casa, los discípulos volvieron a preguntarle sobre este asunto. ¹¹ Jesús les dijo:

«El que se separa de su esposa y se casa con otra, comete adulterio contra la primera; ¹² y si la mujer deja a su esposo y se casa con otro, también comete adulterio.»

Jesús bendice a los niños

¹³ Llevaron unos niños a Jesús, para que los tocara; pero los discípulos reprendían a quienes los llevaban. ¹⁴ Jesús, vien-

do esto, se enojó y les dijo: «Dejad que los niños vengan a mí y no se lo impidáis, porque el reino de Dios es de quienes son como ellos. ¹⁵ Os aseguro que el que no acepta el reino de Dios como un niño, no entrará en él.»

¹⁶ Tomó en sus brazos a los niños y los bendijo poniendo las manos sobre ellos.

El hombre rico

¹⁷ Cuando Jesús iba a seguir su viaje, llegó un hombre corriendo, se puso de rodillas delante de él y le preguntó: «Maestro bueno, ¿qué debo hacer para alcanzar la vida eterna?»

¹⁸ Jesús le contestó:

«¿Por qué me llamas bueno? Bueno solamente hay uno: Dios. ¹⁹ Ya sabes los mandamientos:

"No mates, no cometas adulterio, no robes,
no mientas en perjuicio de nadie ni engañes,
y honra a tu padre y a tu madre."»

²⁰ El hombre le dijo:

«Maestro, todo eso lo he cumplido desde joven.»

²¹ Jesús le miró con afecto y le contestó:

«Una cosa te falta: ve, vende todo lo que tienes y dáselo a los pobres. Así tendrás riquezas en el cielo. Luego, ven y sígueme.»

²² El hombre se afligió al oír esto; se fue triste, porque era muy rico.

²³ Jesús entonces miró alrededor y dijo a sus discípulos: «¡Qué difícil les va a ser a los ricos entrar en el reino de Dios!»

²⁴ Estas palabras dejaron asombrados a los discípulos, pero Jesús volvió a decirles:

«Hijos, ¡qué difícil es entrar en el reino de Dios! ²⁵ Le es más fácil a un camello pasar por el ojo de una aguja que a un rico entrar en el reino de Dios.»

²⁶ Al oírlo, se asombraron aún más, y se preguntaban unos a otros: «¿Y quién podrá salvarse?»

²⁷ Jesús los miró y les contestó:

«Para los hombres es imposible, pero no para Dios, porque para él no hay nada imposible.»

²⁸ Pedro comenzó a decirle:

«Nosotros hemos dejado todo lo que teníamos y te hemos seguido.»

²⁹ Jesús respondió:

«Os aseguro que todo el que por mi causa y por causa del evangelio deje casa, hermanos, hermanas, madre, padre, hijos o tierras, ³⁰ recibirá ya en este mundo cien veces más en casas, hermanos, hermanas, madres, hijos y tierras, aunque con persecuciones; y en el mundo venidero recibirá la vida eterna. ³¹ Pero muchos que ahora son los primeros, serán los últimos; y muchos que ahora son los últimos, serán los primeros.»

Jesús anuncia por tercera vez su muerte

³² Se dirigían a Jerusalén y Jesús caminaba delante de los discípulos. Ellos estaban asombrados, y los que iban detrás tenían miedo. Jesús, llamando de nuevo aparte a los doce discípulos, comenzó a hablarles de lo que había de sucederle:

³³ «Como veis, ahora vamos a Jerusalén, donde el Hijo del hombre será entregado a los jefes de los sacerdotes y a los maestros de la ley, que lo condenarán a muerte y lo entregarán a los extranjeros. ³⁴ Se burlarán de él, le escupirán, le golpearán y lo matarán; pero tres días después resucitará.»

Jesús responde a Santiago y Juan

³⁵ Santiago y Juan, hijos de Zebedeo, se acercaron a Jesús y le dijeron:

«Maestro, queremos que nos hagas el favor que vamos a pedirte.»

³⁶ Él les preguntó:

«¿Qué queréis que haga por vosotros?»

³⁷ Le dijeron:

«Concédenos que en tu reino glorioso nos sentemos el uno a tu derecha y el otro a tu izquierda.»

³⁸ Jesús les contestó:

«No sabéis lo que pedís. ¿Acaso podéis beber esa copa amarga que voy a beber yo, y recibir el bautismo que yo voy a recibir?»

³⁹ Ellos contestaron:

«Podemos.»

Jesús les dijo:

«Vosotros beberéis esa copa amarga y recibiréis el bautismo que yo voy a recibir, ⁴⁰ pero el que os sentéis a mi derecha o a mi izquierda no me corresponde a mí darlo. Les será dado a aquellos para quienes está preparado.»

⁴¹ Cuando los otros diez discípulos oyeron todo esto, se enojaron con Santiago y Juan. ⁴² Pero Jesús los llamó y les dijo: «Sabéis que entre los paganos hay jefes que creen tener el derecho de gobernar con tiranía a sus súbditos, y sobre estos descargan los grandes el peso de su autoridad. ⁴³ Pero entre vosotros no debe ser así. Al contrario, el que quiera ser grande entre vosotros, que sirva a los demás; ⁴⁴ y el que entre vosotros quiera ser el primero, que sea esclavo de todos. ⁴⁵ Porque tampoco el Hijo del hombre ha venido para ser servido, sino para servir y dar su vida en pago de la libertad de todos.»

Jesús sana a Bartimeo el ciego

[46] Llegaron a Jericó. Y cuando ya salía Jesús de la ciudad seguido de sus discípulos y de mucha gente, un mendigo ciego llamado Bartimeo, hijo de Timeo, estaba sentado junto al camino. [47] Al oir que era Jesús de Nazaret, el ciego comenzó a gritar:

«¡Jesús, Hijo de David, ten compasión de mí!»

[48] Muchos le reprendían para que se callara, pero él gritaba más aún:

«¡Hijo de David, ten compasión de mí!»

[49] Jesús se detuvo y dijo:

«Llamadle.»

Llamaron al ciego y le dijeron:

«Ánimo, levántate. Te está llamando.»

[50] El ciego arrojó su capa, y dando un salto se acercó a Jesús, [51] que le preguntó:

«¿Qué quieres que haga por ti?»

El ciego le contestó:

«Maestro, quiero recobrar la vista.»

[52] Jesús le dijo:

«Puedes irte. Por tu fe has sido sanado.»

En aquel mismo instante el ciego recobró la vista, y siguió a Jesús.

Jesús entra en Jerusalén

11 Ya cerca de Jerusalén, cuando estaban en Betfagé y Betania, junto al monte de los Olivos, Jesús envió a dos de sus discípulos, [2] diciéndoles:

«Id a esa aldea, y al entrar en ella encontraréis un asno atado que nadie ha montado todavía. Desatadlo y traedlo. [3] Si alguien os pregunta por qué lo hacéis, respondedle que el Señor lo necesita y que en seguida lo devolverá.»

⁴ Fueron, pues, y encontraron el asno atado en la calle, junto a una puerta, y lo desataron.

⁵ Algunos que estaban allí les preguntaron:

«¿Qué hacéis? ¿Por qué desatáis el asno?»

⁶ Ellos contestaron lo que Jesús les había dicho, y los dejaron ir. ⁷ Lo llevaron a Jesús, cubrieron el asno con sus capas y Jesús montó. ⁸ Muchos tendían sus propias capas por el camino, y otros tendían ramas que habían cortado en el campo. ⁹ Y los que iban delante y los que iban detrás gritaban:

«¡Hosana!

¡Bendito el que viene en el nombre del Señor!

¹⁰ ¡Bendito el reino que viene,

el reino de nuestro padre David!

¡Hosana en las alturas!»

¹¹ Entró Jesús en Jerusalén y se dirigió al templo. Miró por todas partes y luego se fue a Betania con los doce discípulos, porque ya era tarde.

La higuera estéril

¹² Al día siguiente, cuando salían de Betania, Jesús sintió hambre. ¹³ Vio de lejos una higuera que tenía hojas y se acercó a ver si también tenía fruto; pero no encontró más que las hojas, porque no era tiempo de higos. ¹⁴ Entonces dijo a la higuera: «¡Nunca más coma nadie de tu fruto!» Sus discípulos lo oyeron.

Jesús purifica el templo

¹⁵ Después que llegaron a Jerusalén, entró Jesús en el templo y comenzó a expulsar a los que allí estaban vendiendo y

comprando. Volcó las mesas de los que cambiaban dinero y los puestos de los que vendían palomas, ¹⁶y no permitía que nadie atravesara el templo llevando objetos. ¹⁷Se puso a enseñar, diciendo:

«Las Escrituras dicen:

"Mi casa será casa de oración
para todas las naciones",
pero vosotros la habéis convertido
en una cueva de ladrones.»

¹⁸Al oír esto, los jefes de los sacerdotes y los maestros de la ley empezaron a buscar la manera de matar a Jesús, porque le tenían miedo, pues toda la gente estaba admirada de su enseñanza. ¹⁹Pero al llegar la noche, Jesús y sus discípulos salieron de la ciudad.

Instrucción acerca de la fe

²⁰A la mañana siguiente, pasando junto a la higuera, vieron que se había secado de raíz. ²¹Entonces Pedro, acordándose de lo sucedido, dijo a Jesús:

«Maestro, mira, la higuera que maldijiste se ha secado.»

²²Jesús les contestó:

«Tened fe en Dios. ²³Os aseguro que si alguien dice a ese monte: "¡Quítate de ahí y arrójate al mar!", y no lo hace con dudas, sino creyendo que ha de suceder lo que dice, entonces sucederá. ²⁴Por eso os digo que todo lo que pidáis en oración, creed que ya lo habéis conseguido y lo recibiréis. ²⁵Y cuando estéis orando, perdonad lo que tengáis contra otro, para que también vuestro Padre que está en el cielo os perdone vuestros pecados. [²⁶Pero si vosotros no perdonáis, tampoco vuestro Padre que está en el cielo os perdonará vuestros pecados.]»

La autoridad de Jesús

²⁷ Después de esto regresaron a Jerusalén, y mientras Jesús andaba por el templo se acercaron a él los jefes de los sacerdotes, los maestros de la ley y los ancianos, ²⁸ y le preguntaron:

«¿Con qué autoridad haces estas cosas? ¿Quién te ha dado la autoridad para hacerlas?»

²⁹⁻³⁰ Jesús les contestó:

«Yo también os voy a hacer una pregunta: ¿Quién envió a Juan a bautizar: Dios o los hombres? Contestadme. Si me dais la respuesta, yo os diré con qué autoridad hago estas cosas.»

³¹ Ellos se pusieron a discutir unos con otros: «Si respondemos que Dios lo envió, va a decir: "Entonces, ¿por qué no le creísteis?" ³² ¿Y cómo vamos a decir que le enviaron los hombres?...» Y es que tenían miedo de la gente, pues todos creían que Juan era verdaderamente un profeta. ³³ Así que respondieron a Jesús:

«No lo sabemos.»

Entonces Jesús les contestó:

«Pues tampoco yo os digo con qué autoridad hago estas cosas.»

Parábola de los labradores malvados

12 Jesús comenzó a hablarles por medio de parábolas. Les dijo: «Un hombre plantó una viña, le puso una cerca, construyó un lagar y levantó una torre para vigilarlo todo. Luego la arrendó a unos labradores y se fue de viaje. ² A su debido tiempo mandó un criado a pedir a los labradores la parte de cosecha que le correspondía. ³ Pero ellos le echaron mano, le golpearon y lo enviaron con las manos vacías. ⁴Entonces el dueño mandó otro criado, pero a este lo hirieron en la cabeza y lo insultaron. ⁵Mandó otro, y a este lo mataron. Después mandó otros muchos, pero a unos los golpearon y a otros los mataron.

⁶«Todavía le quedaba uno: su propio hijo, a quien quería mucho. A él lo mandó el último, pensando: "Sin duda, respetarán a mi hijo." ⁷Pero los labradores se dijeron unos a otros: "Este es el heredero; matémoslo y la viña será nuestra." ⁸Así que lo cogieron, lo mataron y arrojaron su cuerpo fuera de la viña.

⁹«¿Qué hará el dueño de la viña? Pues irá, matará a aquellos labradores y dará la viña a otros.

¹⁰«¿No habéis leído lo que dicen las Escrituras?:
"La piedra que despreciaron los constructores
es ahora la piedra principal.
¹¹ Esto lo ha hecho el Señor
y nosotros estamos maravillados."»

¹²Quisieron entonces apresar a Jesús, porque sabían que la parábola iba contra ellos. Pero como tenían miedo de la gente, le dejaron y se fueron.

La cuestión de los impuestos

¹³Enviaron a Jesús a unos de los fariseos y del partido de Herodes, para sorprenderle en alguna palabra y acusarle. ¹⁴Estos fueron y le dijeron:

«Maestro, sabemos que tú siempre dices la verdad, sin dejarte llevar por lo que dice la gente, porque no juzgas a los hombres por su apariencia. Tú enseñas a vivir como Dios ordena. ¿Estamos nosotros obligados a pagar impuestos al césar, o no? ¿Debemos o no debemos pagarlos?»

¹⁵ Pero Jesús, que conocía su hipocresía, les dijo:
«¿Por qué me tendéis trampas? Traedme un denario, que lo vea.»

¹⁶ Se lo llevaron y Jesús les dijo:
«¿De quién es esta imagen y el nombre aquí escrito?»

Le contestaron:
«Del césar».

¹⁷ Entonces Jesús les dijo:
«Pues dad al césar lo que es del césar, y a Dios lo que es de Dios.»

Esta respuesta los dejó admirados.

La pregunta sobre la resurrección

¹⁸ Entonces algunos saduceos acudieron a ver a Jesús. Los saduceos niegan la resurrección de los muertos y por eso le plantearon este caso:
¹⁹ «Maestro, Moisés nos dejó escrito que si un hombre casado muere sin haber tenido hijos con su mujer, el hermano del difunto deberá tomar por esposa a la viuda para dar hijos al hermano que murió. ²⁰ Pues bien, había una vez siete hermanos, el primero de los cuales se casó, pero murió sin dejar hijos. ²¹ Entonces el segundo se casó con la viuda, pero él también murió sin dejar hijos. Lo mismo le pasó al tercero ²² y así hasta los siete, ninguno de los cuales dejó hijos. Finalmente murió también la mujer. ²³ Pues bien, en la resurrección, cuando vuelvan a vivir, ¿cuál de ellos la tendrá por esposa, si los siete estuvieron casados con ella?»

²⁴ Jesús les contestó:
«Estáis equivocados porque no conocéis las Escrituras ni el poder de Dios. ²⁵ Cuando los muertos resuciten, los

hombres y las mujeres no se casarán, sino que serán como los ángeles que están en el cielo. ²⁶Y en cuanto a que los muertos resucitan, ¿no habéis leído en el libro de Moisés el pasaje de la zarza ardiendo? Dios dijo a Moisés: "Yo soy el Dios de Abraham, de Isaac y de Jacob." ²⁷¡Y Dios no es Dios de muertos, sino de vivos! Así que estáis muy equivocados.»

El mandamiento más importante

²⁸Al ver lo bien que Jesús había contestado a los saduceos, uno de los maestros de la ley, que les había oído discutir, se acercó a él y le preguntó:

«¿Cuál es el primero de todos los mandamientos?»

²⁹Jesús le contestó:

«El primer mandamiento de todos es: "Oye, Israel, el Señor nuestro Dios es el único Señor. ³⁰Ama al Señor tu Dios con todo tu corazón, con toda tu alma, con toda tu mente y con todas tus fuerzas." ³¹Y el segundo es: "Ama a tu prójimo como a ti mismo." Ningún mandamiento es más importante que estos.»

³²El maestro de la ley dijo:

«Muy bien, Maestro. Es verdad lo que dices: Dios es uno solo y no hay otro fuera de él. ³³Y amar a Dios con todo el corazón, con todo el entendimiento y con todas las fuerzas, y amar al prójimo como a uno mismo, vale más que todos los holocaustos y todos los sacrificios que se queman en el altar.»

³⁴Al ver Jesús que el maestro de la ley había contestado con buen sentido, le dijo:

«No estás lejos del reino de Dios.»

Y ya nadie se atrevió a hacerle más preguntas.

¿De quién desciende el Mesías?

³⁵ Jesús estaba enseñando en el templo y preguntó: «¿Por qué dicen los maestros de la ley que el Mesías desciende de David? ³⁶ David mismo, inspirado por el Espíritu Santo, dijo:

"El Señor dijo a mi Señor:
Siéntate a mi derecha
hasta que yo ponga a tus enemigos
debajo de tus pies."

³⁷ Pero, ¿cómo puede el Mesías descender de David, si David mismo le llama Señor?»

La gente, que era mucha, escuchaba con gusto a Jesús.

Jesús denuncia a los maestros de la ley

³⁸ Jesús decía en su enseñanza: «Guardaos de los maestros de la ley, pues les gusta andar con ropas largas y que los saluden con todo respeto en la calle. ³⁹ Buscan los asientos de honor en las sinagogas y los mejores puestos en los banquetes, ⁴⁰ y so pretexto de hacer largas oraciones devoran las casas de las viudas. ¡Esos recibirán mayor castigo!»

La ofrenda de la viuda pobre

⁴¹ Jesús, sentado en una ocasión frente a las arcas de las ofrendas, miraba cómo la gente echaba dinero en ellas. Muchos ricos echaban mucho dinero, ⁴² pero en esto llegó una viuda pobre que echó en una de las arcas dos monedas de cobre de muy poco valor. ⁴³ Entonces Jesús llamó a sus discípulos y les dijo:

«Os aseguro que esta viuda pobre ha dado más que ninguno de los que echan dinero en el arca; ⁴⁴ pues todos dan de

lo que les sobra, pero ella, en su pobreza, ha dado todo lo
que tenía para su sustento.»

Jesús anuncia la destrucción del templo

13 Al salir Jesús del templo, uno de sus discípulos le dijo:
«¡Maestro, mira qué piedras y qué edificios!»
² Jesús le contestó:

«¿Ves esos grandes edificios? Pues no va a quedar de ellos
piedra sobre piedra. ¡Todo será destruido!»

Señales antes del fin

³ Luego se fueron al monte de los Olivos, que está frente al
templo. Jesús se sentó, y Pedro, Santiago, Juan y Andrés le
preguntaron aparte ⁴ cuándo habían de ocurrir esas cosas y
cuál sería la señal de que ya estaban a punto de suceder.

⁵ Jesús les contestó:

«Tened cuidado de que nadie os engañe. ⁶ Porque vendrán
muchos haciéndose pasar por mí y diciendo: "Yo soy", y en-
gañarán a mucha gente.

⁷ «Cuando oigáis alarmas de guerras aquí y allá, no os
asustéis, pues aunque todo eso ha de ocurrir, aún no será
el fin. ⁸ Porque una nación peleará contra otra y un país
hará guerra contra otro, y habrá terremotos en muchos lugares, y habrá hambres. Esto apenas será el comienzo de
los sufrimientos.

⁹ «Cuidaos vosotros mismos, porque os entregarán a las autoridades y os golpearán en las sinagogas. Os harán compa-
recer ante gobernadores y reyes por causa mía; así podréis
dar testimonio de mí delante de ellos. ¹⁰ Pues antes del fin
tiene que anunciarse el evangelio a todas las naciones. ¹¹ Y
no os preocupéis por lo que hayáis de decir cuando os lle-

ven ante las autoridades. En aquellos momentos decid lo que Dios os dé que digáis, porque no seréis vosotros quienes habléis, sino el Espíritu Santo. [12] Los hermanos entregarán a la muerte a sus hermanos, y los padres a los hijos; y los hijos se volverán contra sus padres y los matarán. [13] Todo el mundo os odiará por causa mía, pero el que permanezca firme hasta el fin, se salvará.

[14] «Cuando veáis el horrible sacrilegio en el lugar donde no debe estar (el que lee, entienda), entonces los que estén en Judea, que huyan a las montañas; [15] y el que esté en la azotea de su casa, que no baje ni entre en ella a sacar nada; [16] y el que esté en el campo, que no regrese ni siquiera para recoger su ropa. [17] ¡Pobres de las mujeres que en aquellos días estén embarazadas o tengan niños de pecho! [18] Pedid a Dios que esto no suceda en invierno, [19] porque serán días de un sufrimiento como nunca lo ha habido desde que Dios hizo el mundo, ni lo habrá después. [20] Y si el Señor no acortara aquel tiempo, nadie se salvaría. Pero lo ha acortado por amor a los suyos, a los que ha escogido.

[21] «Si alguien os dice entonces: "Mirad, aquí está el Mesías" o "Mirad, allí está", no lo creáis. [22] Pues vendrán falsos mesías y falsos profetas, y harán señales y milagros para engañar, a ser posible, incluso a los que Dios mismo ha escogido. [23] ¡Tened cuidado! Todo esto os lo he advertido de antemano.

El regreso del Hijo del hombre

[24] «Pero en aquellos días, pasado el tiempo de sufrimiento, el sol se oscurecerá, la luna dejará de dar su luz, [25] las estrellas caerán del cielo y las fuerzas celestiales vacilarán. [26] Entonces verán al Hijo del hombre venir en las nubes con gran

poder y gloria. ²⁷ Él enviará a sus ángeles y reunirá a sus es-
cogidos de los cuatro puntos cardinales, desde el último
rincón de la tierra hasta el último rincón del cielo.

²⁸ «Aprended esta enseñanza de la higuera: cuando sus ra-
mas se ponen tiernas y empiezan a brotarle las hojas, comprendéis que el verano está cerca. ²⁹ De la misma manera,
cuando veáis que suceden esas cosas, sabed que el Hijo del
hombre ya está a la puerta. ³⁰ Os aseguro que todo ello sucederá antes que haya muerto la gente de este tiempo. ³¹ El
cielo y la tierra pasarán, pero mis palabras no pasarán.

³² «En cuanto al día y la hora, nadie lo sabe, ni aun los án-
geles del cielo, ni el Hijo. Solamente lo sabe el Padre.

³³ «Por tanto, permaneced despiertos y vigilantes, porque
no sabéis cuándo llegará el momento.

³⁴ «Esto es como un hombre que, a punto de irse a otro pa-
ís, deja a sus criados al cargo de la casa. A cada cual le se-
ñala su tarea, y ordena al portero que vigile. ³⁵ Así que permaneced despiertos, porque no sabéis cuándo va a llegar el
señor de la casa: si al anochecer, a la medianoche, al canto
del gallo o a la mañana. ³⁶ ¡Que no venga de repente y os
encuentre durmiendo!

³⁷ «Y lo que os digo a vosotros se lo digo a todos: ¡Perma-
neced despiertos!»

Conspiración para arrestar y matar a Jesús

14 Faltaban dos días para la fiesta de la Pascua, cuando
se come el pan sin levadura. Los jefes de los sacerdotes y los maestros de la ley buscaban la manera de apresar a Jesús por medio de algún engaño, y matarlo. ² Pues algunos decían:

«No durante la fiesta, para que no se alborote la gente.»

Una mujer derrama perfume sobre Jesús

³ Había ido Jesús a Betania, a casa de Simón, a quien llamaban el leproso. Y mientras estaba sentado a la mesa, llegó una mujer con un frasco de alabastro lleno de un rico perfume de nardo puro, de mucho valor. Rompió el frasco y derramó el perfume sobre la cabeza de Jesús. ⁴ Algunos de los presentes, indignados, se decían unos a otros: «¿Por qué se desperdicia este perfume? ⁵ Podía haberse vendido por más de trescientos denarios, para ayudar a los pobres.» Y criticaban a la mujer.

⁶ Pero Jesús dijo:

«Dejadla. ¿Por qué la molestáis? Lo que ha hecho conmigo es bueno, ⁷ pues a los pobres siempre los tendréis entre vosotros y podréis hacerles bien cuando queráis, pero a mí no siempre me tendréis. ⁸ Esta mujer ha hecho lo que ha podido: ha perfumado de antemano mi cuerpo para mi entierro. ⁹ Os aseguro que en cualquier lugar del mundo donde se anuncie el evangelio, se hablará también de lo que ha hecho este mujer, y así será recordada.»

La traición de Judas Iscariote

¹⁰ Judas Iscariote, uno de los doce discípulos, fue a ver a los jefes de los sacerdotes para entregarles a Jesús. ¹¹ Al oírlo, se alegraron, y prometieron dinero a Judas, que comenzó a buscar una oportunidad para entregarle.

La Cena del Señor

¹² El primer día de la fiesta en que se comía el pan sin levadura y se sacrificaba el cordero de Pascua, los discípulos de Jesús le preguntaron:

«¿Dónde quieres que vayamos a prepararte la cena de Pascua?»

¹³ Entonces envió a dos de sus discípulos, diciéndoles: «Id a la ciudad. Allí encontraréis a un hombre que lleva un cántaro de agua; seguidle, ¹⁴ y al amo de la casa donde entre le decís: "El Maestro pregunta: ¿Cuál es la sala donde he de comer con mis discípulos la cena de Pascua?" ¹⁵ Él os mostrará en el piso alto una habitación grande, dispuesta y arreglada. Preparad allí la cena para nosotros.»

¹⁶ Los discípulos salieron y fueron a la ciudad. Lo encontraron todo como Jesús les había dicho, y prepararon la cena de Pascua.

¹⁷ Al anochecer llegó él con los doce discípulos. ¹⁸ Mientras estaban a la mesa, cenando, Jesús les dijo:

«Os aseguro que uno de vosotros, que está comiendo conmigo, me va a traicionar.»

¹⁹ Ellos, llenos de tristeza, comenzaron a preguntarle uno por uno:

«¿Soy yo?»

²⁰ Jesús les contestó:

«Es uno de los doce, que está mojando el pan en el mismo plato que yo. ²¹ El Hijo del hombre ha de recorrer el camino que dicen las Escrituras, pero ¡ay de aquel que le va a traicionar! Más le valdría no haber nacido.»

²² Mientras cenaban, Jesús tomó en sus manos el pan, y habiendo dado gracias a Dios lo partió y se lo dio a ellos, diciendo:

«Tomad, esto es mi cuerpo.»

²³ Luego tomó en sus manos una copa, y habiendo dado gracias a Dios se la pasó a ellos, y todos bebieron. ²⁴ Les dijo:

«Esto es mi sangre, con la que se confirma el pacto, la cual es derramada en favor de muchos. ²⁵ Os aseguro que no volveré a beber del fruto de la vid hasta el día en que beba vino nuevo en el reino de Dios.»

Jesús anuncia la negación de Pedro

²⁶ Después de cantar los salmos, se fueron al monte de los Olivos. ²⁷ Jesús les dijo:

«Todos vais a perder vuestra confianza en mí. Así lo dicen las Escrituras: "Mataré al pastor y se dispersarán las ovejas." ²⁸ Pero cuando resucite, iré a Galilea antes que vosotros.»

²⁹ Pedro le dijo:

«Aunque todos pierdan su confianza, yo no.»

³⁰ Jesús le contestó:

«Te aseguro que esta misma noche, antes que cante el gallo por segunda vez, me negarás tres veces.»

³¹ Pero él insistía:

«Aunque tenga que morir contigo no te negaré.»

Y todos decían lo mismo.

Jesús ora en Getsemaní

³² Luego fueron a un lugar llamado Getsemaní. Jesús dijo a sus discípulos:

«Sentaos aquí mientras yo voy a orar.»

³³ Se llevó a Pedro, Santiago y Juan, y comenzó a sentirse muy afligido y angustiado. ³⁴ Les dijo:

«Siento en mi alma una tristeza de muerte. Quedaos aquí y permaneced despiertos.»

³⁵ Adelantándose unos pasos, se inclinó hasta tocar el suelo con la frente, y pidió a Dios que, a ser posible, no le llegara aquel momento de dolor. ³⁶ En su oración decía:

«Padre mío, para ti todo es posible: líbrame de esta copa amarga, pero no se haga lo que yo quiero, sino lo que quieres tú.»

37 Luego volvió a donde ellos estaban y los encontró dormidos. Dijo a Pedro:

«Simón, ¿estás durmiendo? ¿Ni una hora siquiera has podido permanecer despierto? 38 Permaneced despiertos y orad para no caer en tentación. Vosotros tenéis buena voluntad, pero vuestro cuerpo es débil.»

39 Se fue otra vez, y oró repitiendo las mismas palabras. 40 Cuando volvió, encontró de nuevo dormidos a los discípulos, porque los ojos se les cerraban de sueño. Y no sabían qué contestarle. 41 Volvió por tercera vez y les dijo:

«¿Seguís durmiendo y descansando? ¡Basta ya! Ha llegado la hora en que el Hijo del hombre va a ser entregado en manos de los pecadores. 42 Levantaos, vámonos: ya se acerca el que me traiciona.»

Jesús es arrestado

43 Todavía estaba hablando Jesús, cuando Judas, uno de los doce discípulos, llegó acompañado de mucha gente armada con espadas y palos. Iban enviados por los jefes de los sacerdotes, los maestros de la ley y los ancianos. 44 Judas, el traidor, les había dado una contraseña, diciéndoles: «Aquel a quien yo bese, ese es. Apresadlo y llevadlo bien sujeto.»

45 Así que se acercó a Jesús y le dijo: «¡Maestro!» Y le besó. 46 Entonces echaron mano a Jesús y lo apresaron.

47 Pero uno de los que estaban allí sacó su espada y cortó una oreja al criado del sumo sacerdote.

48 Jesús preguntó a la gente:

«¿Por qué venís con espadas y palos a apresarme, como si fuera un bandido? ⁴⁹ Todos los días he estado entre vosotros enseñando en el templo y nunca me apresasteis. Pero esto sucede para que se cumplan las Escrituras.»

⁵⁰ Todos los discípulos abandonaron a Jesús y huyeron. ⁵¹ Pero un joven le seguía, cubierto solo con una sábana. A este lo atraparon, ⁵² pero él, soltando la sábana, escapó desnudo.

Jesús ante la Junta Suprema

⁵³ Condujeron entonces a Jesús ante el sumo sacerdote, y se juntaron todos los jefes de los sacerdotes, los ancianos y los maestros de la ley. ⁵⁴ Pedro, que le había seguido de lejos hasta el interior del patio de la casa del sumo sacerdote, se quedó sentado con los guardias del templo, calentándose junto al fuego.

⁵⁵ Los jefes de los sacerdotes y toda la Junta Suprema andaban buscando alguna prueba para condenar a muerte a Jesús, pero no la encontraban. ⁵⁶ Porque, aunque muchos presentaban falsos testimonios contra él, se contradecían unos a otros. ⁵⁷ Algunos se levantaron y le acusaron falsamente diciendo: ⁵⁸ «Nosotros le hemos oído decir: "Yo voy a destruir este templo construido por los hombres, y en tres días levantaré otro no construido por los hombres."» ⁵⁹ Pero ni aun así estaban de acuerdo en lo que decían.

⁶⁰ Entonces el sumo sacerdote se levantó en medio de todos y preguntó a Jesús:

«¿No respondes nada? ¿Qué es esto que están diciendo contra ti?»

⁶¹ Pero Jesús permaneció callado, sin responder nada. El sumo sacerdote volvió a preguntarle:

«¿Eres tú el Mesías, el Hijo del Dios bendito?»

⁶² Jesús le dijo:

«Sí, yo soy.

Y veréis al Hijo del hombre

sentado a la derecha del Todopoderoso

y viniendo en las nubes del cielo.»

⁶³ Entonces el sumo sacerdote se rasgó las ropas en señal de indignación y dijo:

«¿Qué necesidad tenemos de más testigos? ⁶⁴ Vosotros le habéis oído decir palabras ofensivas contra Dios. ¿Qué os parece?»

Todos estuvieron de acuerdo en que era culpable y debía morir.

⁶⁵ Algunos se pusieron a escupirle y, tapándole los ojos y golpeándole, le decían:

«¡Adivina quién te ha pegado!»

También los guardias del templo le daban bofetadas.

Pedro niega conocer a Jesús

⁶⁶ Pedro estaba abajo, en el patio. En esto llegó una de las sirvientas del sumo sacerdote, ⁶⁷ la cual, al ver a Pedro calentándose junto al fuego, se quedó mirándole y le dijo:

«Tú también andabas con Jesús, el de Nazaret.»

⁶⁸ Pedro lo negó, diciendo:

«No le conozco ni sé de qué estás hablando.»

Y salió fuera, a la entrada. Entonces cantó un gallo. ⁶⁹ La sirvienta vio otra vez a Pedro y comenzó a decir a los demás:

«Este es uno de ellos.»

⁷⁰ Pero él volvió a negarlo. Poco después, los que estaban allí dijeron de nuevo a Pedro:

«Seguro que tú eres uno de ellos. Además eres de Galilea.»

⁷¹ Entonces Pedro comenzó a jurar y perjurar, diciendo: «¡No conozco a ese hombre de quien habláis!»

⁷² En aquel mismo momento cantó el gallo por segunda vez, y Pedro se acordó de que Jesús le había dicho: «Antes que cante el gallo por segunda vez, me negarás tres veces.» Y rompió a llorar.

Jesús ante Pilato

15 Muy temprano, los jefes de los sacerdotes se reunieron con los ancianos, los maestros de la ley y toda la Junta Suprema. Condujeron a Jesús atado y lo entregaron a Pilato. ² Pilato le preguntó:

«¿Eres tú el Rey de los judíos?»

«Tú lo dices» contestó Jesús.

³ Como los jefes de los sacerdotes le acusaban de muchas cosas, ⁴ Pilato volvió a preguntarle:

«¿No respondes nada? Mira de cuántas cosas te están acusando.»

⁵ Pero Jesús no le contestó, de manera que Pilato se quedó muy extrañado.

Jesús es sentenciado a muerte

⁶ Durante la fiesta, Pilato ponía en libertad a un preso, el que la gente pedía. ⁷ Uno llamado Barrabás estaba entonces en la cárcel, junto con otros que habían cometido un asesinato en una revuelta. ⁸ La gente llegó y empezó a pedirle a Pilato que hiciera lo que tenía por costumbre. ⁹ Pilato les contestó:

«¿Queréis que os ponga en libertad al Rey de los judíos?»

¹⁰ Porque comprendía que los jefes de los sacerdotes lo habían entregado por envidia. ¹¹ Pero los jefes de los sacer-

dotes alborotaron a la gente para que pidiesen la libertad de Barrabás. ¹²Pilato les preguntó:

«¿Y qué queréis que haga con el que llamáis el Rey de los judíos?»

¹³«¡Crucifícalo!» contestaron a gritos.

¹⁴Pilato les dijo:

«Pues ¿qué mal ha hecho?»

Pero ellos volvieron a gritar:

«¡Crucifícalo!»

¹⁵Entonces Pilato, como quería quedar bien con la gente, puso en libertad a Barrabás; y después de mandar que azotasen a Jesús, lo entregó para que lo crucificaran.

¹⁶Los soldados llevaron a Jesús al patio del palacio, llamado pretorio, y reunieron a toda la tropa. ¹⁷Le pusieron una capa de color rojo oscuro, y en la cabeza una corona hecha de espinas. ¹⁸Luego comenzaron a gritar:

«¡Viva el Rey de los judíos!»

¹⁹Y le golpeaban la cabeza con una vara, le escupían y, doblando la rodilla, le hacían reverencias. ²⁰Después de burlarse así de él, le quitaron la capa de color rojo oscuro, le pusieron su propia ropa y lo sacaron para crucificarlo.

Crucifixión de Jesús

²¹Un hombre de Cirene, llamado Simón, padre de Alejandro y Rufo, llegaba entonces del campo. Al pasar por allí le obligaron a cargar con la cruz de Jesús.

²²Llevaron a Jesús a un sitio llamado Gólgota (que significa «Lugar de la Calavera»), ²³y le dieron vino mezclado con mirra; pero Jesús no lo aceptó. ²⁴Entonces lo crucificaron. Y los soldados echaron suertes para repartirse la ropa de Jesús y ver qué tocaba a cada uno.

²⁵ Eran las nueve de la mañana cuando lo crucificaron. ²⁶ Y pusieron un letrero en el que estaba escrita la causa de su condena: «El Rey de los judíos.» ²⁷ Con él crucificaron también a dos bandidos, uno a su derecha y otro a su izquierda. [²⁸ Así se cumplió la Escritura que dice: «Fue contado entre los malvados».]

²⁹ Los que pasaban le insultaban meneando la cabeza y diciendo: «¡Eh, tú, que derribas el templo y en tres días lo vuelves a levantar, ³⁰ sálvate a ti mismo bajando de la cruz!» ³¹ Del mismo modo se burlaban de él los jefes de los sacerdotes y los maestros de la ley. Decían: «Salvó a otros, pero él no se puede salvar. ³² ¡Que baje de la cruz ese Mesías, Rey de Israel, para que veamos y creamos!»

Y hasta los que estaban crucificados con él le insultaban.

Muerte de Jesús

³³ Al llegar el mediodía, toda aquella tierra quedó en oscuridad hasta las tres de la tarde. ³⁴ A esa misma hora, Jesús gritó con fuerza: «Eloí, Eloí, ¿lemá sabactani?» (que significa «Dios mío, Dios mío, ¿por qué me has abandonado?»).

³⁵ Algunos de los que allí se encontraban lo oyeron y dijeron:

«Oíd, está llamando al profeta Elías.»

³⁶ Entonces uno de ellos corrió, empapó una esponja en vino agrio, la ató a una caña y se le acercó a Jesús para que bebiera, diciendo:

«Dejadle, a ver si viene Elías a bajarle de la cruz.»

³⁷ Pero Jesús dio un fuerte grito y murió. ³⁸ Y el velo del templo se rasgó en dos, de arriba abajo. ³⁹ El centurión, que estaba frente a Jesús, al ver que había muerto, dijo:

«¡Verdaderamente este hombre era Hijo de Dios!»

⁴⁰También había algunas mujeres mirando de lejos. Entre ellas se encontraban María Magdalena, María la madre de Santiago el menor y de José, y Salomé. ⁴¹Estas mujeres habían seguido a Jesús y le habían ayudado cuando estaba en Galilea. También se encontraban allí muchas otras que habían ido con él a Jerusalén.

Jesús es sepultado

⁴²Cuando anochecía el día de la preparación, es decir, la víspera del sábado, ⁴³José, natural de Arimatea y miembro importante de la Junta Suprema, el cual también esperaba el reino de Dios, se dirigió con decisión a Pilato y le pidió el cuerpo de Jesús.

⁴⁴Pilato, sorprendido de que ya hubiera muerto, llamó al centurión para preguntarle cuánto hacía que murió. ⁴⁵Cuando el centurión le hubo informado, Pilato entregó el cuerpo a José. ⁴⁶Entonces José bajó el cuerpo y lo envolvió en una sábana de lino que había comprado. Luego lo puso en un sepulcro excavado en la roca, y tapó con una piedra la entrada del sepulcro. ⁴⁷María Magdalena y María la madre de José miraban dónde lo ponían.

El anuncio de la resurrección de Jesús

16 Pasado el sábado, María Magdalena, María la madre de Santiago, y Salomé, compraron perfumes para perfumar el cuerpo de Jesús. ²Y el primer día de la semana fueron al sepulcro muy temprano, apenas salido el sol, ³diciéndose unas a otras:

«¿Quién nos quitará la piedra de la entrada del sepulcro?»

⁴Pero al mirar vieron que la gran piedra que tapaba la entrada no estaba en su sitio. ⁵Y al entrar en el sepulcro vie-

ron, sentado al lado derecho, a un joven vestido con una túnica blanca. Las mujeres se asustaron, 6 pero él les dijo: «No os asustéis. Estáis buscando a Jesús de Nazaret, el crucificado. Ha resucitado; no está aquí. Mirad el lugar donde lo pusieron. 7 Id y decid a sus discípulos y a Pedro: "Él va a ir a Galilea antes que vosotros. Allí le veréis, tal como os dijo."»

8 Entonces las mujeres salieron huyendo del sepulcro, pues estaban temblando, asustadas. Y no dijeron nada a nadie, porque tenían miedo.

Jesús se aparece a María Magdalena

[9 Jesús, después de resucitado, al amanecer el primer día de la semana, se apareció primero a María Magdalena, de la que había expulsado siete demonios. 10 Ella fue y lo comunicó a los que habían andado con Jesús, que entonces estaban tristes y llorando. 11 Al oírle decir que Jesús vivía y que ella le había visto, no la creyeron.

Jesús se aparece a dos de sus discípulos

12 Después se apareció Jesús, bajo otra forma, a dos de ellos que caminaban dirigiéndose al campo. 13 Estos fueron y lo comunicaron a los demás, pero tampoco a ellos les creyeron.

El encargo de Jesús a sus discípulos

14 Más tarde se apareció Jesús a los once discípulos, mientras estaban sentados a la mesa. Los reprendió por su falta de fe y su terquedad, porque no habían creído a los que le habían visto resucitado. 15 Y les dijo: «Id por todo el mundo y anunciad a todos la buena noticia. 16 El que crea y sea bautizado, será salvo; pero el que no

crea será condenado. [17] Y estas señales acompañarán a los que creen: en mi nombre expulsarán demonios; hablarán nuevas lenguas; [18] cogerán serpientes con las manos; si beben algún veneno, no les dañará; pondrán las manos sobre los enfermos, y los sanarán.»

Ascensión de Jesús

[19] Después de hablarles, el Señor Jesús fue elevado al cielo y se sentó a la derecha de Dios. [20] Los discípulos salieron por todas partes a anunciar el mensaje, y el Señor los ayudaba, y confirmaba el mensaje acompañándolo con señales milagrosas.]

Ewangelia
według św. Marka

Ewangelia według św. Marka
Tekst polski: „Ewangelia św. Marka"
Przekład ekumeniczny na 2000-lecie chrześcijaństwa,
Warszawa 1997

©Towarzystwo Biblijne w Polsce, 1997
Wydano za zgodą
www.tb.Jezus.pl

*Tekst tłumaczenia ekumenicznego do wielojęzycznego, jubileuszowego
wydania Ewangelii według św. Marka został zaaprobowany przez:
Kościół Katolicki - Sekcja Nauk Biblijnych przy Komisji Nauki
Wiary Episkopatu Polski, Kościół Prawosławny, Kościół
Ewangelicko-Augsburski, Kościół Ewangelicko-Reformowany,
Kościół Ewangelicko-Metodystyczny, Kościół Polskokatolicki,
Starokatolicki Kościół Mariawitów, Kościół Adwentystów Dnia
Siódmego, Kościół Baptystów, Kościół Zielonoświątkowy.*

Wstęp

W jaki sposób mogę poznać Jezusa? Jak Go spotkać? Te pytania są charakterystyczne dla wszystkich, którzy o Nim słyszeli, zwłaszcza dla tych, którzy przyjęli Go jako Zbawiciela wszystkich ludzi. Odpowiedzi na nie warto więc szukać wśród świadków Jego życia, wśród tych, którzy od początku szli za Nim.

Uczniowie Jezusa
świadkami i głosicielami Ewangelii

Jezus powołał uczniów, aby szli za Nim, powołał Piotra, Andrzeja, Jana... Był z nimi na co dzień, nauczał tłumy, czynił cuda, pomagał uczniom zrozumieć swoją misję i sprzeciw, z jakim miał się spotkać. Oni byli świadkami Jego śmierci na krzyżu, Jego dobrowolnego i całkowitego poddania się woli Ojca. Po gorzkim doświadczeniu krzyża nie zerwał z nimi więzi, ale ukazał się im jako Żyjący i Zmartwychwstały. Oni zaś z wiarą rozpoznali w Nim Pana i Syna Boga. To wydarzenie, które odmieniło ich życie, miało być głoszone wszystkim ludziom jako Ewangelia, to znaczy „dobra nowina". Natchnieni przez Ducha Świętego zaczęli więc głosić, że Bóg wskrzesił Jezusa z martwych i uczynił Go Panem i Mesjaszem. Nawoływali też, aby wszyscy nawrócili się i uwierzyli w Niego.

Przez tę działalność misyjną, jak również przez sprawowanie chrztu i Eucharystii, przez spotkania modlitewne i nauczanie pierwszych chrześcijan, zaczęła nabierać znaczenia nauka Jezusa, Jego cuda, dzieła miłosierdzia, męka i zmartwychwstanie. Istotne było, aby te słowa i wydarzenia stały się ważne dla różnych społeczności, które słuchały nauczania, stąd Ewangeliści nawiązywali do tradycji tych społeczności. Tak więc powstały cztery Ewangelie, które Kościół uznaje za prawdziwe świadectwa o życiu Jezusa Chrystusa i wierze w Niego: Ewangelia według św. Mateusza, św. Marka, św. Łukasza i św. Jana.

EWANGELIA WEDŁUG ŚW. MARKA

Ewangelia, którą masz w ręku to druga z czterech. Chciałbyś wiedzieć, kto ją napisał, dla kogo i kiedy? Wczesna tradycja mówi, że jej autorem jest Marek, przedstawiony jako „tłumacz", dzisiaj powiedzielibyśmy sekretarz Piotra. Prawdopodobnie około roku 70 (pomęczeńskiej śmierci Piotra) Marek zredagował swoją Ewangelię na podstawie nauki, którą Apostoł głosił chrześcijańskiej wspólnocie w Rzymie.

Jeżeli naprawdę chcemy zrozumieć treść tej Ewangelii, powstaje inne ważne pytanie: dlaczego Marek napisał swoją Ewangelię? Przekonany, że wiara chrześcijańska koncentruje się na śmierci i zmartwychwstaniu Jezusa, Marek wierzył, że tych wydarzeń nie można zrozumieć bez odwołania się do początków historii, to jest do chwili, kiedy Jezus zaczął głosić nadejście Królestwa Boga.

W swojej Ewangelii chciał dać chrześcijanom, ożywionym silnym duchem misji, choć narażonym na ciężkie próby i prześladowania, dla których wiara była czymś nowym, środki dla zrozumienia i przyjęcia tajemnicy Jezusa oraz tego, co wiąże się z wyborem naśladowania Go.

Ewangelia według św. Marka jest znana jako „Ewangelia nawrócenia" albo, lepiej, jako Ewangelia osoby, która

wchodzi na drogę wiary, prowadzącą do pełnego i świa-
domego stania się chrześcijaninem. „Jak stać się chrześcijaninem?" – to pytanie, które i nas dotyczy. W drugiej Ewangelii możemy znaleźć tę drogę wiary i życia, która może
nam dopomóc w naszej codzienności.

EWANGELIA O JEZUSIE, MESJASZU, UKRZYŻOWANYM SYNU BOGA

Rozpoczynając lekturę jakiejś książki dobrze jest zapoznać
się ze spisem treści, aby zorientować się, jak autor ułożył
materiał. Ewangelie nie mają takiego spisu, można go jednak utworzyć. Marek sam proponuje rozwiązanie: roz-
poczyna swoje opowiadanie uroczystym stwierdzeniem,
że jest to Dobra Nowina „o Jezusie Chrystusie, Synu Boga"
(Mk 1,1). Wiemy więc, że chce nam ukazać Jezusa jako
Mesjasza i Syna Boga. Tę szczególną cechę drugiej Ewangelii możemy dostrzec w jej dwóch różnych częściach.

Pierwsza część Ewangelii (Mk 1,2–8,30) osiąga punkt
kulminacyjny, gdy Piotr w imieniu uczniów mówi do
Jezusa: „Ty jesteś Mesjaszem" (Mk 8,29). W tym momen-
cie następuje koniec wędrówki, charakteryzującej się
ciągłymi pytaniami o dzieło i osobę Jezusa, prowadzącej
nas w atmosferę podziwu i zaciekawienia związanego
z tajemnicą Jego tożsamości. Po krótkim wstępie (Mk 1,2-
13) Marek opisuje głoszenie Ewangelii w Galilei i odpowiedź pierwszych uczniów, przeciwstawiając ją tym,
którzy podważają autorytet Jezusa i zaprzeczają, że ma
On coś nowego do zaproponowania (Mk 1,14–3,6). Potem ma miejsce wybór Dwunastu i utworzenie grupy
uczniów, którzy w przeciwieństwie do niewierzących
są prawdziwą „rodziną" Jezusa i dla których została za-
strzeżona szczególna formacja (Mk 3,7–6,6a). Następnie

Jezus objawia się jako Ten, który przez dar eucharystycznego chleba gromadzi lud Boży. Otwiera On oczy uczniom, którzy jeszcze nie rozumieją tego, że w końcu rozpoznają w Nim Mesjasza (Mk 6,6b–9,21).

W drugiej części Ewangelii (Mk 8,31–16,15) Jezus zostaje przedstawiony uczniom jako Syn Człowieczy, odrzucony i zabity. Jesteśmy wezwani do takiego słuchania i rozważania, abyśmy w skandalu Jezusa ukrzyżowanego dostrzegli objawienie Syna Boga i największą manifestację Bożej miłości. W czasie podróży do Jerozolimy Jezus, przy braku zrozumienia uczniów, zwiastuje swoją mękę i zmartwychwstanie i poucza ich, na czym polega naśladowanie Go (Mk 8,31–10,52). Po przybyciu do Jerozolimy zostaje skonfrontowany ze swoimi przeciwnikami w sprawie Jego tożsamości Mesjasza i Syna Boga. Mówi też do nich o końcu czasów (Mk 11–13). W opowiadaniu o męce pojawia się jako odrzucony i potępiony Mesjasz, jako wydrwiony i wzgardzony Król Żydów, i wreszcie jako Ukrzyżowany Syn Boga (Mk 14,1–15,39). W zakończeniu Ewangelii Marek umieszcza wyznanie wiary rzymskiego żołnierza, reprezentującego pogan, którzy przyjęli Ewangelię: „Naprawdę, ten człowiek był Synem Boga" (Mk 15,39). Krótki epilog zaś prowadzi nas od refleksji nad Ukrzyżowanym do głoszenia Zmartwychwstałego Pana (Mk 15,40–16,20).

POWOŁANI NA UCZNIÓW

Ewangelia według św. Marka zaprasza nas do nawiązania osobistego kontaktu z Jezusem i dzielenia Jego losu. Jest to Ewangelia uczniów. Przewodzą nam na tej drodze sami uczniowie oraz inne, mniej ważne osoby. W powołaniu pierwszych uczniów możemy dostrzec siebie i początek naszego chrześcijańskiego życia (Mk 1,16-20). Poznajemy, że idąc za Jezusem my również możemy być krytykowani i odrzuceni przez tych, którzy nie rozpoznają znaków wyzwolenia, przebaczenia i szacunku dla życia ludzkiego, które On przynosi (Mk 2,1–3,6). Przepełnia nas jednak radość, że możemy czuć się częścią Jego rodziny (Mk 3,31-35). Jest też pocieszające to, że pomimo naszego zniechęcenia i oporu Pan nieustannie ofiaruje nam we wspólnocie wierzących wyjaśnianie swojego Słowa, aby pomóc nam je zrozumieć i wzrastać w wierze (Mk 4,13-20.34; 7,17-23).

Nie jest jednak łatwo przeniknąć mentalność Królestwa Boga. Wymaga to, abyśmy poważnie zaangażowali się w słuchanie Słowa, tak aby nie osłabła nasza wiara. Wiarę bowiem mogą osłabić burze życia, jeśli w zmartwychwstałym Jezusie nie rozpoznamy Tego, który może zachować nas od zła i od śmierci (Mk 4). Poza tym też trudno jest nam zaakceptować, że Mesjasz musiał wejść na drogę cierpienia i śmierci, całkowicie poświęcając siebie, i że jest to droga, przed którą stają ci, którzy chcą być Jego uczniami (Mk 8,31-38).

Trudności, których uczniowie doświadczyli otwierając się na dojrzałą wiarę oraz odrzucenie przez nich drogi krzyża, ukazują nam te problemy, które niesie z sobą życie chrześcijańskie i wzywają nas do podjęcia bardziej zdecydowanego zobowiązania do wytrwania w wiernym naśladowaniu Jezusa.

Poza uczniami Marek ukazuje czytelnikowi inne, mniej ważne postacie. Pojawiają się one w Ewangelii i znikają niczym meteory, jednak ich światło zawsze prowadzi nas w naszym zobowiązaniu do naśladowania Jezusa.

Bez trudu możemy przywołać kilka postaci. Trędowaty, który został uzdrowiony i mieszkaniec Gerazy, który został uwolniony od demonów, to przykłady gorliwości misyjnej, gdyż głoszą to, co Jezus dla nich uczynił (Mk 1,40-45; 5,1-20). Innym przykładem jest niewidomy Bartymeusz, który odzyskał wzrok dzięki wierze i miał tyle odwagi, aby pójść za Mistrzem drogą krzyża (Mk 10,46-52). W czasie męki natomiast przykładem Jego prawdziwych uczniów są kobiety, które wiernie szły za Jezusem od Galilei, teraz zaś towarzyszyły Mu pod krzyżem, patrzyły na miejsce, gdzie został pochowany, a kiedy przyszły do grobu otrzymały wieść o Jego zmartwychwstaniu (Mk 15,40–16,8). Ich refleksyjna cisza jest zaproszeniem do modlitewnej kontemplacji. Taką modlitwą możemy w wierze pokonać dystans między rozumieniem śmierci, będącej piętnem ludzkiego życia a perspektywą życia Boga, który wskrzesił Jezusa. Poza tym pozwoli nam ona ponownie przemyśleć historię Jezusa w świetle Jego zmartwychwstania i zaakceptować w niej możliwość nowego życia, które czeka tych, którzy uwierzyli. Wówczas też będziemy mogli przejść od tej ciszy do głoszenia i świadczenia wszystkim, że Jezus jest źródłem życia.

JAK CZYTAĆ EWANGELIĘ

Ewangelia według św. Marka, która została nam dana, wzywa nas do jej czytania. Czytajmy ją od początku do końca z prostotą i przekonaniem, wyrażającym się w słowach: „Chciałbym poznać, kim rzeczywiście jest Jezus i w jaki sposób mogę odpowiedzieć na Jego wezwanie, aby być Jego uczniem". Przyjmijmy, co od czasu do czasu nasz rozum i nasze serce odkryje przed nami. Możemy tu bowiem znaleźć przewodnika na naszej drodze, niosącego nadzieję i siłę, aby każdego dnia zmierzyć się z życiem, nawet w najtrudniejszych sytuacjach.

„W miarę jak zagłębisz się w zachwycającą historię Jezusa z Nazaretu odkryjesz, że nie jest On postacią z przeszłości. Jego słowa są Słowem Boga, które również dzisiaj oświetla ścieżki twojego życia. Jego czyny są znakami głębokiej i cierpliwej miłości Ojca niebiańskiego do ciebie. W ten sposób krok po kroku dojdziesz do wiary i do coraz większej radości i przekonania, że Bóg cię kocha, że Chrystus przyszedł dla ciebie. Dla ciebie Chrystus jest Drogą, Prawdą i Życiem" (Jan Paweł II).

„Początek Dobrej Nowiny o Jezusie Chrystusie, Synu Boga" – to pierwsze słowa Ewangelii według św. Marka. Rzeczywiście Ewangelia o Jezusie była od początku niczym fundament dla dwóch tysiącleci naszej historii. Otrzymujesz ją dzisiaj w XV Światowy Dzień Młodzieży, aby przez twoje szlachetne świadectwo stała się dla ciebie i dla przyszłych pokoleń początkiem i fundamentem trzeciego tysiąclecia.

EWANGELIA WEDŁUG ŚW. MARKA

Nauczanie Jana Chrzciciela

1 Początek Dobrej Nowiny o Jezusie Chrystusie, Synu Boga.

² Tak jak jest napisane u proroka Izajasza: Oto posyłam przed tobą mojego wysłannika, który przygotuje tobie drogę.

³ *Głos wołającego na pustyni:*
Przygotujcie drogę Pana,
prostujcie przed Nim ścieżki.

⁴ Wystąpił Jan Chrzciciel na pustyni i głosił: Opamiętajcie się i przyjmijcie chrzest, a Bóg odpuści wam grzechy.

⁵ Schodzili się do niego ludzie z całej Judei i wszyscy mieszkańcy Jerozolimy. Wyznawali swoje grzechy, a on ich chrzcił w wodach Jordanu.

⁶ Jan nosił okrycie z sierści wielbłądziej i pas skórzany wokół bioder, żywił się szarańczą i miodem leśnym.

⁷ I tak głosił: Idzie za mną mocniejszy ode mnie, a ja nie jestem godny, aby się schylić i rozwiązać rzemyk u Jego sandałów.

⁸ Ja chrzciłem was wodą, On zaś będzie chrzcił was Duchem Świętym.

Chrzest Jezusa

⁹ Wtedy właśnie przyszedł Jezus z Nazaretu w Galilei i został przez Jana ochrzczony w Jordanie.

¹⁰ W chwili gdy wychodził z wody, ujrzał rozdzielające się niebiosa i Ducha, który jakby lotem gołębia zstąpił na Niego.

¹¹ Rozległ się też głos z nieba: Ty jesteś moim umiłowanym Synem, w Tobie mam upodobanie.

Kuszenie Jezusa

¹² Zaraz potem Duch zaprowadził Go na pustynię.

¹³ Przez czterdzieści dni przebywał na pustyni wśród dzikich zwierząt. Szatan poddawał Go próbie, ale aniołowie usługiwali Mu.

Początek działalności Jezusa w Galilei

¹⁴ Gdy Jan został uwięziony, Jezus przyszedł do Galilei, głosząc Dobrą Nowinę Boga.

¹⁵ I mówił: Nadszedł czas, Królestwo Boże jest już blisko, opamiętajcie się i uwierzcie Dobrej Nowinie.

Powołanie pierwszych uczniów

¹⁶ Przechodząc obok Jeziora Galilejskiego zobaczył Szymona i jego brata Andrzeja, którzy zarzucali sieci do jeziora; byli bowiem rybakami.

¹⁷ Jezus powiedział do nich: Pójdźcie za Mną, a sprawię, że staniecie się rybakami ludzi.

¹⁸ Natychmiast porzucili sieci i poszli za Nim.

¹⁹ Idąc nieco dalej zobaczył Jakuba, syna Zebedeusza, i jego brata Jana, którzy byli w łodzi i naprawiali sieci.

²⁰ Zaraz ich zawołał, a oni pozostawili swojego ojca Zebedeusza w łodzi razem z najemnikami i poszli za Nim.

Uzdrowienie opętanego

²¹ Przyszli do Kafarnaum. I zaraz w dzień szabatu Jezus wszedł do synagogi i zaczął nauczać.

²² Zadziwił tam wszystkich swoją nauką, uczył ich bowiem z wielką mocą, a nie jak nauczyciele Prawa.

²³ A był właśnie w ich synagodze człowiek opanowany przez ducha nieczystego, który zaczął krzyczeć:

²⁴ Co Tobie do nas, Jezusie z Nazaretu? Przyszedłeś nas zniszczyć? Wiem, kim jesteś — święty Boga.

²⁵ Jezus zgromił go mówiąc: Zamilcz i wyjdź z niego!

²⁶ Wtedy duch nieczysty szarpnął nim i wyszedł z niego krzycząc na cały głos.

²⁷ Wszystkich ogarnęło zdumienie, po czym zaczęli pytać jeden drugiego: Co to jest? Jakaś nowa nauka i taka w niej moc! Nawet duchom nieczystym rozkazuje i są Mu posłuszne.

²⁸ Wieść o Nim rozeszła się szybko po całej Galilei.

Uzdrowienie teściowej Piotra oraz innych chorych

²⁹ Zaraz po wyjściu z synagogi poszli z Jakubem i Janem do domu Szymona i Andrzeja.

³⁰ Teściowa Szymona leżała nękana gorączką. I zaraz powiedziano Mu o niej.

³¹ Jezus podszedł, chwycił ją za rękę i podniósł; gorączka ustąpiła, a ona usługiwała im.

³² Wieczorem, gdy zaszło słońce, przynosili do Niego wszystkich chorych i owładniętych przez demony.

³³ Całe miasto zebrało się przed drzwiami.

³⁴ Uzdrowił wielu cierpiących na różne choroby i wypędził wiele demonów, lecz nie pozwalał demonom mówić, ponieważ Go znały.

Nauczanie w Galilei

³⁵ A wczesnym rankiem wstał jeszcze przed świtem, udał się na odludne miejsce i tam się modlił.

³⁶ Szymon i jego towarzysze pośpieszyli za Nim,
³⁷ a gdy Go znaleźli, powiedzieli Mu: Wszyscy Cię szukają.
³⁸ Lecz On rzekł do nich: Pójdźmy gdzie indziej, do sąsiednich miejscowości, abym i tam głosił Ewangelię, bo po to przyszedłem.
³⁹ I chodził po całej Galilei głosząc Ewangelię w tamtejszych synagogach i wypędzał demony.

Oczyszczenie trędowatego

⁴⁰ Wtedy przyszedł do Niego trędowaty, padł przed Nim na kolana i błagał: Jeśli chcesz, możesz mnie oczyścić.
⁴¹ Jezus, pełen współczucia, wyciągnął rękę, dotknął go i powiedział: Chcę, bądź oczyszczony!
⁴² Natychmiast ustąpił z niego trąd i został oczyszczony.
⁴³ Jezus zaraz go odprawił i surowo mu nakazał:
⁴⁴ Pamiętaj, nikomu nic nie mów, ale idź, pokaż się kapłanowi i złóż nakazaną przez Mojżesza ofiarę za swoje oczyszczenie jako świadectwo dla nich.
⁴⁵ A kiedy odszedł, zaczął rozgłaszać i wiele rozpowiadać o tym, co się wydarzyło; dlatego Jezus nie mógł już jawnie pokazać się w mieście, ale przebywał w miejscach niezamieszkałych. A ludzie zewsząd schodzili się do Niego.

Uzdrowienie sparaliżowanego

2 Po pewnym czasie wrócił do Kafarnaum i dowiedziano się, że jest w domu.
² I zgromadziło się tyle ludzi, że nawet przed drzwiami nie było miejsca, a On głosił im słowo.
³ Wtedy czterech przyniosło do Niego sparaliżowanego.
⁴ Nie mogli przedostać się do Niego z powodu tłoku, więc zerwali dach nad miejscem, gdzie Jezus się znajdował

i przez otwór spuścili posłanie, na którym leżał spara-
liżowany.

⁵ Jezus, widząc ich wiarę, powiedział do sparaliżowanego:
Dziecko, twoje grzechy są odpuszczone.

⁶ A siedzieli tam niektórzy nauczyciele Prawa, którzy
zaczęli się zastanawiać:

⁷ Jak On może tak mówić? To bluźnierstwo! Kto może od-
puszczać grzechy, prócz samego Boga?

⁸ Jezus zaraz przejrzał ich myśli i powiedział: Dlaczego to
nurtuje wasze serca?

⁹ Co jest łatwiej — powiedzieć sparaliżowanemu: odpuszczone są twoje grzechy, czy też: wstań, weź swoje
posłanie i zacznij chodzić?

¹⁰ Abyście jednak wiedzieli, że Syn Człowieczy ma na ziemi
władzę odpuszczania grzechów — rozkazał sparaliżowanemu:

¹¹ Tobie mówię: Wstań, weź swoje posłanie i idź do domu!

¹² On wstał natychmiast, wziął swoje posłanie i w obecności
wszystkich wyszedł. Zdumieli się wszyscy i uwielbiali Boga mówiąc: Nigdy dotąd nie widzieliśmy czegoś podob-
nego.

Powołanie Lewiego

¹³ Potem wyszedł znowu nad jezioro. Cały lud przychodził
do Niego, a On ich nauczał.

¹⁴ A przechodząc zobaczył Lewiego, syna Alfeusza, siedzącego w komorze celnej, i powiedział do niego: Pójdź za
Mną. On wstał i poszedł za Nim.

¹⁵ Gdy Jezus gościł w jego domu, wielu poborców podatków i grzeszników zasiadło razem z Nim do stołu.
Wielu bowiem przyszło z Nim.

¹⁶ A gdy nauczyciele Prawa spośród faryzeuszy zobaczyli,
że zasiada przy jednym stole z poborcami podatków
i ludźmi o złej sławie, powiedzieli do Jego uczniów:
Dlaczego On zasiada przy jednym stole z poborcami podatków i grzesznikami?

¹⁷ A kiedy Jezus to usłyszał, powiedział: Zdrowi nie potrze-
bują lekarza, lecz chorzy. Nie przyszedłem wzywać
sprawiedliwych, ale grzeszników.

Sprawa postów

¹⁸ Uczniowie Jana i faryzeusze pościli. Przyszli więc do
Niego i pytali: Dlaczego uczniowie Jana i uczniowie faryzeuszy zachowują post, a Twoi uczniowie nie zachowują?

¹⁹ Jezus im odpowiedział: Czy można wymagać, by goście
weselni nie jedli, dopóki pan młody jest z nimi? Nie! Tak
długo jak jest z nimi, nie mogą pościć.

²⁰ Lecz przyjdą takie dni, że zabiorą od nich pana młodego
i w ten dzień będą pościć.

²¹ Nikt nie przyszywa łaty z nowego sukna do starego ubra-
nia, ponieważ nowy materiał rozrywa stary i rozdarcie
staje się jeszcze większe.

²² Nikt też młodego wina nie wlewa do starych worków skór
zanych. W przeciwnym razie wino rozerwie worki; i wino
się zmarnuje, i worki. Ale młode wino należy wlewać do
nowych worków.

Jezus Panem szabatu

²³ W szabat Jezus przechodził wśród zbóż, a Jego uczniowie
zaczęli zrywać kłosy.

²⁴ Na to faryzeusze powiedzieli do Jezusa: Zobacz, czemu
oni robią w szabat to, czego nie wolno?

²⁵ On odpowiedział: Czy nigdy nie czytaliście, co zrobił Dawid, gdy znalazł się w potrzebie i był głodny, on i ci, co z nim byli?

²⁶ Wtedy, gdy arcykapłanem był Abiatar, wszedł do domu Bożego i jadł chleby pokładne, które wolno jeść tylko kapłanom; i dał również swoim ludziom.

²⁷ Potem Jezus dodał: To szabat został ustanowiony dla człowieka, a nie człowiek dla szabatu.

²⁸ Tak więc Syn Człowieczy jest Panem również i szabatu.

Uzdrowienie w szabat

3 Jezus znowu wszedł do synagogi. Był tam człowiek z bezwładną ręką.

² I obserwowali Go, czy uzdrowi w szabat, aby Go oskarżyć.

³ Wtedy powiedział do człowieka z bezwładną ręką: Wyjdź na środek.

⁴ Ich zaś zapytał: Czy wolno w szabat czynić dobro czy zło? Ocalić życie czy zniszczyć? Lecz oni milczeli.

⁵ Spojrzał na nich z gniewem i pełen smutku z powodu ich twardych serc, mówił do tego człowieka: Wyciągnij rękę! Wyciągnął i ręka jego znowu stała się sprawna.

⁶ Wówczas faryzeusze wyszli i razem ze stronnikami Heroda naradzali się przeciw Niemu, ażeby Go zabić.

Tłumy nad jeziorem

⁷ Jezus oddalił się ze swoimi uczniami nad jezioro. Poszło za Nim mnóstwo ludzi z Galilei, Judei,

⁸ z Jerozolimy, Idumei, z drugiej strony Jordanu oraz z okolic Tyru i Sydonu. Na wieść o czynach Jezusa wszyscy przyszli do Niego.

⁹ A On polecił swoim uczniom, aby przygotowali dla Niego łódź, bo tłum zewsząd napierał.

¹⁰ Wielu bowiem uzdrowił, dlatego ci, którzy mieli różne dolegliwości, cisnęli się do Niego, by Go dotknąć.

¹¹ Także duchy nieczyste na Jego widok padały przed Nim i wykrzykiwały: Ty jesteś Synem Boga.

¹² A On nakazał im surowo, by Go nie ujawniały.

Powołanie Dwunastu

¹³ Potem wszedł na górę i przywołał do siebie tych, których sam chciał, a oni podeszli do Niego.

¹⁴ Ustanowił Dwunastu, żeby byli z Nim, aby posyłać ich do głoszenia Ewangelii

¹⁵ i aby mieli władzę wypędzania demonów.

¹⁶ Byli to: Szymon, któremu nadał imię Piotr,

¹⁷ Jakub — syn Zebedeusza, i Jan — brat Jakuba, którym nadał przydomek Boanerges, to znaczy: Synowie Gromu,

¹⁸ Andrzej, Filip, Bartłomiej, Mateusz, Tomasz, Jakub — syn Alfeusza, Tadeusz, Szymon z Kany,

¹⁹ Judasz z Kariotu, który Go zdradził.

Władza nad demonami

²⁰ Potem poszedł do domu, a tłum znów się zgromadził, tak że nawet nie mieli kiedy zjeść chleba.

²¹ Gdy o tym dowiedzieli się Jego najbliżsi, przyszli, aby Go zabrać ze sobą. Mówili bowiem: Odszedł od zmysłów.

²² Natomiast nauczyciele Prawa, którzy przyszli z Jerozolimy, mówili: Beelzebula ma i wypędza demony mocą władcy demonów.

²³ Wtedy przywołał ich do siebie i mówił do nich w przypowieściach: Jak może szatan wypędzać szatana?

²⁴ Bo jeśli królestwo jest rozdarte niezgodą, nie może się ostać.

²⁵ A jeśli w domu brakuje zgody, to taki dom nie będzie mógł się ostać.

²⁶ Jeżeli więc szatan powstanie przeciwko sobie i będzie wewnętrznie skłócony, to nie będzie mógł się ostać, ale koniec z nim.

²⁷ Nikt wchodząc do domu siłacza nie może zagrabić jego własności, dopóki go nie zwiąże. Najpierw musi go związać, a wtedy może ograbić jego dom.

²⁸ Zapewniam was, że wszystkie grzechy i bluźnierstwa, które kiedykolwiek ludzie wypowiedzą, mogą im być przebaczone.

²⁹ Kto jednak wypowie bluźnierstwo przeciwko Duchowi Świętemu, nigdy nie otrzyma przebaczenia, ale winien będzie grzechu na wieki.

³⁰ Mówili bowiem: Ma ducha nieczystego.

Prawdziwa rodzina Jezusa

³¹ Tymczasem nadeszła Jego matka i bracia, a stojąc na zewnątrz, posłali po Niego, aby Go wywołano.

³² Wielu ludzi siedziało wokół Jezusa, gdy Mu powiedziano: Oto matka Twoja i bracia Twoi stoją na zewnątrz i pytają o Ciebie.

³³ Odpowiedział na to: Kto jest moją matką i kto moimi braćmi?

³⁴ A patrząc na siedzących wokół powiedział: Oto moja matka i moi bracia.

³⁵ Bo ten, kto czyni wolę Boga, jest moim bratem, siostrą i matką.

Przypowieść o siewcy

4 Jezus znowu zaczął nauczać nad jeziorem. A ponieważ zgromadził się przy Nim wielki tłum, wszedł do łodzi i usiadł, a cały tłum stał na brzegu jeziora.

² I nauczał ich w przypowieściach o wielu sprawach, tak do nich mówiąc:

³ Słuchajcie! Oto siewca wyszedł siać.

⁴ Kiedy siał, jedne ziarna padły na pobocze drogi; zleciały się ptaki i zjadły je.

⁵ Inne padły na grunt skalisty, który był ubogi w glebę i szybko wzeszły z powodu cienkiej warstwy ziemi.

⁶ Ale gdy słońce przygrzało, wypaliło je i uschły, bo nie mogły się zakorzenić.

⁷ Jeszcze inne padły między osty, które rozpleniły się i zagłuszyły je tak, że nie wydały owocu.

⁸ Były też takie, które padły na żyzną glebę, zakiełkowały, wyrosły i wydały obfity plon: jedne trzydziestokrotny, inne sześćdziesięciokrotny, a jeszcze inne stokrotny.

⁹ I dodał: Kto ma uszy, niechaj słucha.

Cel nauczania
w przypowieściach

¹⁰ A gdy zostali sami, ci, którzy razem z Dwunastoma byli przy Nim, pytali o te przypowieści.

¹¹ On im odpowiedział: Wam powierza się tajemnicę Królestwa Boga, innym zaś, którzy są z zewnątrz, wszystko podaje się w przypowieściach,

¹² *aby patrzyli i patrzyli, a nie widzieli,*
słuchali i słuchali, a nie rozumieli,
żeby się nie nawrócili i nie dostąpili odpuszczenia.

Wyjaśnienie przypowieści o siewcy

¹³ I powiedział im: Nie rozumiecie tej przypowieści? Jak więc wszystkie inne zdołacie zrozumieć?

¹⁴ Siewca sieje słowo.

¹⁵ Niektórzy są jak ziarna, które padły na pobocze drogi. Gdy słowo pada, słyszą je, ale zaraz przychodzi szatan i zabiera słowo zasiane w nich.

¹⁶ Podobnie zasiewem na gruncie skalistym są ci, którzy gdy usłyszą słowo, natychmiast przyjmują je z radością,

¹⁷ lecz nie są zakorzenieni i są niestali. Gdy przyjdzie ucisk lub prześladowanie z powodu słowa, zaraz się załamują.

¹⁸ Inni są jak ziarna zasiane między ciernie: Ci wprawdzie słyszą słowo,

¹⁹ ale troski doczesne, pragnienie bogactwa i pożądanie innych rzeczy dochodzą do głosu, zagłuszają słowo, tak że pozostaje bezowocne.

²⁰ Jak ziarna zasiane w dobrą glebę są ci, którzy słuchają słowa, przyjmują je i przynoszą owoc: jedni trzydziestokrotny, drudzy sześćdziesięciokrotny, inni stokrotny.

Królestwo Boże w przypowieściach

²¹ I powiedział im: Czy wnosi się lampę, aby ją wstawić pod korzec lub pod łóżko? Czy raczej nie po to, aby ją postawić na świeczniku?

²² Nie ma bowiem nic ukrytego, co by nie miało zostać ujawnione. Nie ma nic tajnego, co by nie wyszło na jaw.

²³ Kto ma uszy, niechaj słucha.

²⁴ I powiedział im: Uważajcie na to, czego słuchacie. Jaką miarą mierzycie, taką wam odmierzą, a nawet dadzą więcej.

²⁵ Bo temu, kto ma, będzie dodane; a temu, kto nie ma i to, co ma, będzie odebrane.

²⁶ I mówił: Z Królestwem Boga jest tak, jak z człowiekiem, który rzuca ziarno w ziemię.

²⁷ Czy śpi, czy czuwa, we dnie i w nocy, nasienie kiełkuje i rośnie, a on nie wie jak.

²⁸ Bo ziemia sama z siebie wydaje plon, najpierw źdźbło, potem kłos, a potem pełne ziarno w kłosie.

²⁹ Gdy zaś plon dojrzeje, zaraz bierze się sierp, bo nadeszło już żniwo.

³⁰ Powiedział też: Do czego porównamy Królestwo Boga lub w jakiej przypowieści je przedstawimy?

³¹ Jest jak ziarnko gorczycy, które w chwili siewu jest najmniejsze ze wszystkich nasion na ziemi.

³² Kiedy zostanie zasiane, wyrasta i staje się większe od innych roślin; wypuszcza gałęzie tak wielkie, że w ich cieniu gnieżdżą się fruwające ptaki.

³³ I w wielu takich przypowieściach nauczał ich, tyle, ile mogli pojąć.

³⁴ A bez przypowieści nie przemawiał do nich. Na osobności zaś objaśniał wszystko swoim uczniom.

Uciszenie burzy

³⁵ Tego samego dnia, gdy zapadł wieczór, powiedział do nich: Przeprawmy się na drugą stronę.

³⁶ Pozostawili więc tłum, a Jego — tak jak był w łodzi — zabrali. Także inne łodzie popłynęły z Nim.

³⁷ Nagle zerwała się gwałtowna burza. Fale zalewały łódź, tak że już napełniała się wodą.

³⁸ On zaś spał na rufie łodzi, opierając się na podgłówku. Budzą Go i wołają: Nauczycielu, nie obchodzi Cię to, że giniemy?

³⁹ Wtedy wstał, zgromił wicher i powiedział do jeziora:
Milcz, ucisz się! Wicher się uspokoił i nastała wielka cisza.

⁴⁰ Potem zapytał ich: Czemu jesteście tak bojaźliwi? Jesz-
cze nie macie wiary?

⁴¹ Oni zaś przerażeni tym pytali się wzajemnie: Kim jest
Ten, że wiatr i jezioro są Mu posłuszne?

Uzdrowienie opętanego

5 Przybyli na drugą stronę jeziora do kraju Gerazeńczy-
ków.

² Gdy Jezus wychodził z łodzi, spośród grobowców wy-
biegł Mu naprzeciw człowiek owładnięty przez ducha
nieczystego.

³ Mieszkał on stale w grobowcach i nawet łańcuchem nikt
nie mógł go skrępować,

⁴ bo często nakładano mu pęta i łańcuchy, a on zrywał
pęta, kruszył łańcuchy i nikt nie mógł go ujarzmić.

⁵ Wciąż krzyczał dniem i nocą w grobowcach i po górach,
kalecząc się kamieniami.

⁶ Gdy zobaczył Jezusa z daleka, przybiegł, oddał Mu pokłon

⁷ i głośno zawołał: Czego chcesz ode mnie, Jezusie, Synu
Boga Najwyższego? Zaklinam Cię na Boga, nie dręcz
mnie!

⁸ Powiedział mu bowiem: Wyjdź duchu nieczysty z tego
człowieka!

⁹ I zapytał go: Jak ci na imię? Odpowiedział Mu: Na imię
mi „Legion", bo jest nas wielu.

¹⁰ I bardzo Go prosił, aby ich nie wyganiał z tego kraju.

¹¹ A pasło się tam w pobliżu góry wielkie stado świń.

¹² Prosiły Go więc: Poślij nas w te świnie, abyśmy w nie
weszły.

¹³ I pozwolił im. Wtedy opuściły go i weszły w świnie. A całe stado świń liczące około dwóch tysięcy sztuk ruszyło pędem po urwistym zboczu i utonęło w jeziorze.

¹⁴ Wtedy ci, którzy ich pilnowali, uciekli i rozpowiedzieli o tym w mieście i po wsiach, a ludzie zbiegli się zobaczyć, co się stało.

¹⁵ Gdy przyszli do Jezusa, spostrzegli, że opętany, który przedtem miał w sobie legion demonów, siedzi ubrany i przy zdrowych zmysłach. I przelękli się.

¹⁶ A naoczni świadkowie opowiedzieli im, co się stało z opętanym, a także o świniach.

¹⁷ Wtedy zaczęli Go prosić, aby odszedł z ich okolicy.

¹⁸ A kiedy wsiadał do łodzi, prosił Go ten, który był opętany, aby mógł z Nim zostać.

¹⁹ Ale Jezus nie zgodził się na to, tylko powiedział do niego: Wracaj do domu, do swoich, i opowiedz im wszystko, co Pan tobie uczynił i jak ci okazał miłosierdzie.

²⁰ Odszedł więc i zaczął rozgłaszać w Dekapolu to, co Jezus uczynił dla niego. A wszyscy się dziwili.

Córka Jaira i kobieta cierpiąca na krwotok

²¹ Gdy Jezus przeprawił się z powrotem łodzią na drugi brzeg, zebrał się przy Nim wielki tłum, a On był nad jeziorem.

²² Wtedy przyszedł jeden z przełożonych synagogi, imieniem Jair. Gdy Go zobaczył, padł Mu do nóg

²³ i usilnie prosił: Moja córeczka umiera, przyjdź i połóż na nią ręce, aby została uzdrowiona i żyła.

²⁴ Poszedł więc z nim, a szedł za Nim wielki tłum i napierał na Niego.

²⁵ A była tam pewna kobieta, która od dwunastu lat miała krwotoki

²⁶ i dużo ucierpiała, choć leczyła się u wielu lekarzy. Wydała całe swoje mienie, a nic jej to nie pomogło, przeciwnie — czuła się jeszcze gorzej.

²⁷ Kiedy usłyszała o Jezusie, przyszła w tłumie i z tyłu dotknęła Jego płaszcza.

²⁸ Bo pomyślała: Gdybym nawet dotknęła tylko Jego szat, wyzdrowieję.

²⁹ Natychmiast przestała krwawić i wyraźnie poczuła, że jest wyleczona ze swojej dolegliwości.

³⁰ W tej samej chwili Jezus odczuł, że moc wyszła z Niego. Zwrócił się do tłumu i zapytał: Kto dotknął mojego płaszcza?

³¹ Odpowiedzieli Mu uczniowie: Widzisz, że tłum napiera ze wszystkich stron, a Ty pytasz: Kto mnie dotknął?

³² On jednak rozglądał się, by ujrzeć tę, która to uczyniła.

³³ Wtedy kobieta przestraszona i drżąca — świadoma tego, co się z nią stało — podeszła, padła przed Nim i wyznała całą prawdę.

³⁴ On zaś powiedział do niej: Córko, twoja wiara uzdrowiła cię; idź w pokoju i bądź wolna od swojego cierpienia.

³⁵ Gdy jeszcze mówił, nadeszli ludzie przełożonego synagogi i powiedzieli: Twoja córka umarła, czemu jeszcze trudzisz Nauczyciela?

³⁶ A kiedy Jezus usłyszał, co mówiono, powiedział do przełożonego synagogi: Nie bój się, tylko wierz!

³⁷ I nie pozwolił nikomu iść ze sobą z wyjątkiem Piotra, Jakuba i Jana, brata Jakuba.

³⁸ Zbliżając się do domu przełożonego synagogi zauważył zamieszanie, płacz i głośne zawodzenie.

³⁹ Wszedł i powiedział do nich: Czemu robicie zgiełk i płaczecie? Dziecko nie umarło, ale śpi.

⁴⁰ I naśmiewali się z Niego. Lecz On usunął wszystkich, wziął tylko ojca i matkę dziecka oraz tych, którzy z Nim przyszli i wszedł tam, gdzie leżało dziecko.

⁴¹ Ujął dziecko za rękę i powiedział: Talitha kum, to znaczy: Dziewczynko, tobie mówię, wstań!

⁴² Dziewczynka natychmiast wstała i chodziła, a miała dwanaście lat. I ogarnęło ich wielkie zdumienie.

⁴³ Nakazał im stanowczo, żeby nikt o tym nie dowiedział się i polecił, aby jej dali jeść.

Jezus wzgardzony w Nazarecie

6 Jezus wyruszył stamtąd i przyszedł w swoje rodzinne strony. A razem z Nim Jego uczniowie.

² Gdy nadszedł szabat, zaczął nauczać w synagodze; a wielu przysłuchując się, pytało ze zdziwieniem: Skąd On to ma? I skąd wzięła się ta Jego mądrość? I te cuda, które dzieją się przez Jego ręce?

³ Czyż to nie jest ten cieśla, syn Marii, brat Jakuba, Józefa, Judy i Szymona? I czy Jego siostry nie mieszkają tu u nas? I odrzucili Go.

⁴ A Jezus powiedział im: Tylko w swojej ojczyźnie, wśród swoich krewnych i w swoim domu prorok nie ma uznania.

⁵ I nie mógł tam uczynić żadnego cudu, jedynie na kilku chorych położył ręce i uzdrowił ich.

⁶ I dziwił się, że brak im było wiary. Potem obchodził okoliczne wsie i nauczał.

Misja Dwunastu

⁷ Następnie przywołał Dwunastu i zaczął posyłać ich parami. Dał im też władzę nad duchami nieczystymi

⁸ i polecił im, żeby w drogę nic ze sobą nie brali prócz laski: ani chleba, ani torby, ani pieniędzy w trzosie,

⁹ i żeby nie wkładali na siebie dwóch sukien, ale aby włożyli sandały.

¹⁰ I mówił do nich: Gdy do jakiegoś domu wejdziecie, zostańcie tam, aż odejdziecie z tej miejscowości.

¹¹ A jeśli gdzieś was nie przyjmą i nie będą słuchać, odejdźcie stamtąd i strząśnijcie kurz z nóg waszych, na świadectwo dla nich.

¹² A oni wyruszyli i wzywali do opamiętania.

¹³ Wypędzali wiele demonów, namaszczali też wielu chorych olejem i uzdrawiali.

Śmierć Jana Chrzciciela

¹⁴ Król Herod dowiedział się o Jezusie, gdyż imię Jego stało się znane; mówiono o Nim, że to Jan Chrzciciel, który powstał z martwych i dlatego niezwykłe moce działają przez niego.

¹⁵ Inni twierdzili: To Eliasz, a jeszcze inni: To prorok, jeden z dawnych proroków.

¹⁶ Herod, gdy o tym usłyszał, powiedział: To pewnie Jan, którego kazałem ściąć, zmartwychwstał.

¹⁷ Ten właśnie Herod kazał pochwycić Jana, związać go i wtrącić do więzienia; powodem była Herodiada, żona jego brata Filipa, którą Herod poślubił.

¹⁸ Jan bowiem napominał Heroda: Nie godzi ci się mieć żony swojego brata.

¹⁹ Herodiada zawzięła się na niego i chciała go zgładzić, lecz nie mogła.

²⁰ Herod odczuwał lęk przed Janem wiedząc, iż jest to mąż prawy i święty, dlatego też brał go w obronę i chętnie

słuchał, mimo że słowa Jana wzbudzały w nim wielki niepokój.

²¹ Nadarzyła się jednak odpowiednia okazja. Herod w dzień swoich urodzin wydał przyjęcie dla swych dostojników, dowódców wojskowych i znakomitych osobistości z Galilei.

²² Wtedy weszła córka Herodiady i swoim tańcem urzekła Heroda i gości. Król obiecał dziewczynie: Proś mnie, o co chcesz, a dam ci.

²³ Złożył jej nawet uroczystą przysięgę: Dam ci, o co tylko poprosisz, nawet połowę mojego królestwa.

²⁴ Ona wyszła i zapytała swoją matkę: O co mam poprosić? Na to Herodiada: O głowę Jana Chrzciciela.

²⁵ Natychmiast śpiesznie wróciła do króla i poprosiła: Chcę, żebyś mi zaraz dał na tacy głowę Jana Chrzciciela.

²⁶ A król bardzo się zasmucił, ale ze względu na przysięgę i na gości nie chciał złamać danego słowa.

²⁷ Zaraz też król posłał kata i kazał przynieść głowę Jana. Ten poszedł i ściął go w więzieniu.

²⁸ Potem przyniósł na tacy jego głowę i podał dziewczynie, ona zaś dała ją swojej matce.

²⁹ A gdy uczniowie Jana o tym usłyszeli, przyszli, zabrali jego ciało i złożyli w grobie.

Powrót apostołów

³⁰ Wtedy apostołowie zebrali się u Jezusa i opowiedzieli o wszystkim, co zdziałali i czego nauczali.

³¹ A On im polecił: Idźcie teraz odpocząć trochę w samotności. Tak wielu bowiem przychodziło i odchodziło, że nawet nie mieli wolnej chwili na posiłek.

³² Odpłynęli więc łodzią w zaciszne i odosobnione miejsce.
³³ Lecz widziano ich odpływających. Wielu zauważyło to, ruszyli za nimi pieszo ze wszystkich miast i przybyli tam przed apostołami.
³⁴ Po wyjściu z łodzi Jezus zobaczył wielki tłum i litował się nad nimi, bo *byli jak owce bez pasterza*. I zaczął wygłaszać różne pouczenia.

Nakarmienie pięciu tysięcy

³⁵ A gdy zrobiło się późno, uczniowie podeszli do Jezusa i powiedzieli: Jesteśmy tu na pustkowiu i pora już późna;
³⁶ każ ludziom rozejść się do okolicznych osad i wiosek, aby kupili sobie coś do jedzenia.
³⁷ Odpowiedział im Jezus: Wy dajcie im jeść. Zapytali Go: Czy mamy iść i kupić chleba za dwieście denarów, żeby dać im jeść?
³⁸ On na to: Idźcie i zobaczcie, ile macie chlebów. Gdy to sprawdzili, powiedzieli: Pięć i dwie ryby.
³⁹ Wtedy polecił im wszystkim usiąść grupami na zielonej trawie.
⁴⁰ I rozłożyli się gromada przy gromadzie, po sto osób i po pięćdziesiąt.
⁴¹ Wtedy Jezus wziął pięć chlebów i dwie ryby, podniósł wzrok ku niebu i pobłogosławił. Potem łamał chleby i dawał uczniom, by kładli przed ludźmi. Dwie ryby również podzielił między wszystkich.
⁴² Wszyscy najedli się do syta.
⁴³ I zebrali jeszcze dwanaście pełnych koszy okruszyn i resztek z ryb.
⁴⁴ Tych, którzy jedli było pięć tysięcy mężczyzn.

Jezus chodzi po jeziorze

⁴⁵ Zaraz też wymógł na uczniach, aby wsiedli do łodzi i jako pierwsi przepłynęli na drugi brzeg do Betsaidy, gdy On tymczasem odprawi tłumy.

⁴⁶ Pożegnał się z nimi i wszedł na górę, aby się modlić.

⁴⁷ Wieczór zapadł, łódź była już na środku jeziora. Jezus sam został na brzegu.

⁴⁸ Widząc, że są zmęczeni wiosłowaniem, bo wiatr był przeciwny, około czwartej straży nocnej przyszedł do nich. A idąc po falach zamierzał ich minąć.

⁴⁹ Gdy Go spostrzegli idącego po wodzie, myśleli, że to zjawa i zaczęli krzyczeć.

⁵⁰ Wszyscy Go zobaczyli i przerazili się. A Jezus natychmiast odezwał się do nich: Odwagi! Ja jestem! Nie bójcie się!

⁵¹ Wszedł do nich do łodzi, a wiatr się uciszył. I poruszyło ich to do głębi.

⁵² Nie rozumieli także, jak to było z tymi chlebami, gdyż serce ich nie było w stanie tego pojąć.

Uzdrowienia w Genezaret

⁵³ Gdy przeprawili się na drugi brzeg, dotarli do ziemi Genezaret; przybili do brzegu

⁵⁴ i wysiedli z łodzi. Zaraz też Go rozpoznano.

⁵⁵ Ludzie rozbiegli się po całej tamtejszej okolicy i zaczęli przynosić chorych na noszach tam, gdzie słyszeli, że Jezus przebywa.

⁵⁶ A gdy wchodził do jakiejś wsi, miasta czy osady, kładli chorych na placach i prosili Go, by mogli dotknąć choćby frędzla u Jego szaty; a ci, którzy Go dotknęli, odzyskiwali zdrowie.

Spór o tradycje

7 Wtedy zebrali się wokół Jezusa faryzeusze i pewni nauczyciela prawa, którzy przybyli z Jerozolimy.

² I spostrzegli, że niektórzy z Jego uczniów jedzą chleb nieczystymi, to znaczy nie obmytymi rękami.

³ Faryzeusze bowiem, i w ogóle Żydzi, trzymają się tradycji starszych: nie jedzą, jeśli sobie rąk nie obmyją choćby garścią wody.

⁴ Gdy wracają z rynku, nie jedzą, dopóki się nie obmyją. Jest jeszcze wiele innych zwyczajów, które przejęli i których przestrzegają, jak: obmywanie kubków, dzbanów i garnków.

⁵ Zapytali Go więc faryzeusze i nauczyciele Prawa: Dlaczego Twoi uczniowie nie postępują według tradycji starszych, lecz jedzą chleb nie obmytymi rękami?

⁶ Odpowiedział im: Słusznie Izajasz prorokował o was obłudnikach, jak jest napisane:
Lud ten czci mnie wargami,
lecz sercem daleko jest ode mnie.

⁷ *Daremnie cześć mi oddają,*
ucząc zasad, które są wymysłem ludzkim.

⁸ Porzuciliście przykazanie Boże, a trzymacie się ludzkiej tradycji.

⁹ I mówił do nich: Zręcznie potraficie omijać przykazanie Boga, byle tylko utrzymać waszą tradycję.

¹⁰ Przecież Mojżesz tak powiedział: *Czcij ojca swego i matkę swoją*; oraz — *Ktokolwiek złorzeczy ojcu lub matce, poniesie karę śmierci.*

¹¹ Wy zaś uczycie: Jeśli ktoś oświadczy ojcu lub matce: Korban, to znaczy — to, co tobie należy się ode mnie, ja przeznaczam na ofiarę Bogu,

¹² to już nie pozwalacie mu nic uczynić ani dla ojca, ani dla matki.
¹³ W ten sposób unieważniacie słowo Boga ze względu na waszą tradycję, którą sobie przekazujecie. Wiele też innych podobnych rzeczy czynicie.

Prawdziwa nieczystość

¹⁴ Potem przywołał znowu lud do siebie i powiedział: Słuchajcie Mnie wszyscy i starajcie się to pojąć!
¹⁵ Nic, co wchodzi z zewnątrz w człowieka, nie czyni go nieczystym; lecz co wychodzi z człowieka, to czyni go nieczystym.
¹⁶ Kto ma uszy, niech słucha uważnie!
¹⁷ Gdy oddalił się od ludu i wszedł do domu, uczniowie pytali Go o sens tej przypowieści.
¹⁸ Odpowiedział im: Czy wy też tego nie rozumiecie? Nic z tego, co dostaje się z zewnątrz do człowieka, nie może uczynić go nieczystym,
¹⁹ ponieważ nie wchodzi do jego serca, lecz do żołądka, a następnie jest wydalane. Tak oczyścił wszystkie pokarmy.
²⁰ I dodał jeszcze: Co wychodzi z człowieka, to go plugawi.
²¹ We wnętrzu bowiem, w sercu ludzkim, rodzą się złe zamysły, rozwiązłość, kradzieże, zabójstwa,
²² cudzołóstwa, chciwość, przewrotność, podstęp, wyuzdanie, zazdrość, obelgi, pycha i głupota.
²³ Całe to zło pochodzi z wnętrza człowieka i plugawi go.

Wiara pogańskiej kobiety

²⁴ Odszedł stamtąd i przyszedł w okolice Tyru. Wszedł do domu i nie chciał, żeby ktoś o tym wiedział, lecz nie można było tego ukryć.

²⁵ Zaraz usłyszała o Nim kobieta, której córeczka była opętana przez ducha nieczystego. Przyszła, padła Mu do nóg —

²⁶ a była to Greczynka, pochodząca z Syrofenicji — i prosiła Go, żeby wyrzucił demona z jej córki.

²⁷ Odrzekł jej: Pozwól najpierw nasycić się dzieciom, bo nie należy dzieciom odbierać chleba i rzucać go szczeniętom.

²⁸ Ona Mu odpowiedziała: Tak, Panie, ale i szczenięta żywią się pod stołem tym, co nakruszą dzieci.

²⁹ Wtedy jej powiedział: Ponieważ tak mówisz — idź, demon opuścił już twoją córkę!

³⁰ Gdy wróciła do domu, zastała dziecko leżące w łóżku uwolnione od demona.

Uzdrowienie głuchoniemego

³¹ Znowu opuścił okolice Tyru i przez Sydon przyszedł nad Jezioro Galilejskie, przechodząc przez środek ziemi Dekapolu.

³² Przyprowadzili do Niego głuchoniemego i prosili, żeby położył na niego rękę.

³³ Odszedł z nim na osobność, włożył palce w jego uszy, poślinił rękę i dotknął jego języka;

³⁴ spojrzał w niebo, westchnął i powiedział do niego: Effatha, tc znaczy — otwórz się!

³⁵ Zaraz odzyskał słuch i zdolność mówienia, tak że mógł poprawnie mówić.

³⁶ Jezus zabronił komukolwiek o tym rozpowiadać. Lecz im bardziej zabraniał, tym więcej to rozgłaszali.

³⁷ I ogarnięci zdumieniem mówili: Dobrze uczynił wszystko. Nawet głuchym słuch przywraca i niemym mowę.

Nakarmienie czterech tysięcy

8 Wtedy właśnie, gdy znowu zebrało się wiele ludzi i nie mieli co jeść, przywołał do siebie uczniów i powiedział im:

2 Żal mi tych ludzi, bo już od trzech dni są ze Mną i nie mają nic do jedzenia.

3 Jeśli odejdą stąd głodni do swoich domów, zasłabną w drodze, bo niektórzy z nich przyszli z daleka.

4 Odpowiedzieli uczniowie: Jak na takim odludziu będzie mógł ktoś nakarmić ich chlebem?

5 Zapytał ich: Ile macie chlebów? Odpowiedzieli: Siedem.

6 I polecił wszystkim usiąść na ziemi. Wziął tych siedem chlebów, zmówił modlitwę dziękczynną, łamał i podawał uczniom, aby je rozdali. I rozdali ludziom.

7 Mieli też kilka rybek. Te również pobłogosławił i kazał rozdać.

8 Najedli się do syta, a pozostałych resztek zebrali siedem dużych koszy.

9 Było tam około czterech tysięcy ludzi. Potem ich odprawił.

10 Zaraz też wsiadł z uczniami do łodzi i przybył w okolice Dalmanuty.

Żądanie znaku z nieba

11 Nadeszli faryzeusze i zaczęli z Nim rozprawiać, a wystawiając Go na próbę, domagali się od Niego znaku z nieba.

12 Jezus westchnął głęboko i powiedział: Czemu to pokolenie domaga się znaku? Zapewniam was, że żaden znak nie będzie dany temu pokoleniu.

13 Opuścił ich, wsiadł do łodzi i przeprawił się na drugi brzeg.

Kwas faryzeuszy

¹⁴ Uczniowie zapomnieli zabrać więcej chleba i mieli ze sobą w łodzi tylko jeden chleb.

¹⁵ Wtedy im nakazał: Uważajcie, wystrzegajcie się kwasu faryzeuszów i kwasu Heroda.

¹⁶ Oni rozmawiali między sobą o tym, że nie mają chleba.

¹⁷ Usłyszał to Jezus i powiedział: Czemu martwicie się tym, że nie macie chleba? Wciąż nic nie rozumiecie i nie pojmujecie? Czy aż tak otępiałe są wasze serca?

¹⁸ Macie oczy, a nie widzicie; macie uszy, a nie słyszycie? Nie pamiętacie, ile zebraliście koszów pełnych resztek,

¹⁹ kiedy podzieliłem pięć chlebów dla pięciu tysięcy? Odpowiedzieli: Dwanaście.

²⁰ A kiedy podzieliłem siedem chlebów dla czterech tysięcy, ile zebraliście koszów pełnych resztek? Odpowiedzieli: Siedem.

²¹ I zapytał: Jeszcze nie rozumiecie?

Uzdrowienie niewidomego z Betsaidy

²² Potem przyszli do Betsaidy. Tam przyprowadzono do Niego niewidomego prosząc, żeby go dotknął.

²³ Jezus uchwycił niewidomego za rękę i wyprowadził go poza wieś. Pomazał mu oczy śliną, położył na niego ręce i zapytał: Czy coś widzisz?

²⁴ On spojrzał w górę i odpowiedział: Dostrzegam ludzi, ale gdy chodzą, wyglądają mi jak drzewa.

²⁵ Potem znowu położył mu ręce na oczy. Wtedy został uzdrowiony, przejrzał i widział wszystko wyraźnie.

²⁶ I odesłał go do domu mówiąc: Tylko nie wstępuj do wsi!

Wyznanie Piotra

²⁷ Potem Jezus poszedł ze swoimi uczniami do wiosek
w pobliżu Cezarei Filipowej. Po drodze pytał uczniów:
Za kogo uważają Mnie ludzie?

²⁸ Odpowiedzieli Mu: Za Jana Chrzciciela, inni za Eliasza,
jeszcze inni za jednego z proroków.

²⁹ On ich zapytał: A wy za kogo Mnie uważacie? Na to Piotr
odpowiedział: Ty jesteś Mesjaszem.

³⁰ Wtedy surowo im nakazał, aby nikomu o Nim nie mówili.

Pierwsza zapowiedź męki,
śmierci i zmartwychwstania

³¹ Potem zaczął ich pouczać, że Syn Człowieczy musi wiele
wycierpieć, że zostanie odrzucony przez starszych,
arcykapłanów i nauczycieli Prawa, że musi ponieść
śmierć, ale po trzech dniach zmartwychwstanie.

³² A mówił o tym otwarcie. Wtedy Piotr wziął Go na bok
i zaczął stanowczo odwodzić od tego.

³³ Lecz On odwrócił się i patrząc na swoich uczniów ostro
skarcił Piotra mówiąc: Zejdź Mi z oczu, szatanie, bo nie
myślisz o tym, co Boże, ale o tym, co ludzkie.

Naśladowanie Jezusa w cierpieniu

³⁴ Potem przywołał do siebie ludzi razem ze swoimi uczniami i powiedział do nich: Jeśli ktoś chce pójść za Mną,
niech wyrzeknie się samego siebie, niech weźmie swój
krzyż i niech Mnie naśladuje!

³⁵ Bo kto chce ocalić swoje życie, utraci je; a kto straci swoje
życie z mojego powodu i dla Ewangelii, ten je ocali.

³⁶ Cóż pomoże człowiekowi, choćby cały świat zyskał, a na
duszy swojej szkodę poniósł?

³⁷ Bo co może dać człowiek w zamian za swoją duszę?

³⁸ Kto się bowiem wstydzi Mnie i moich słów wobec tego
wiarołomnego i grzesznego pokolenia, tego też Syn Człowieczy będzie się wstydził, gdy przyjdzie w chwale Ojca
swojego razem ze świętymi aniołami.

9 Potem powiedział do nich: Zapewniam was, że niektórzy ze stojących tutaj nie doświadczą śmierci, dopóki
nie zobaczą Królestwa Bożego przychodzącego w mocy.

Przemienienie Jezusa

² Po sześciu dniach wziął Jezus z sobą Piotra, Jakuba i Jana i zaprowadził ich samych na miejsce odosobnione na
wysokiej górze. Tam w ich obecności został przemie-
niony.

³ Jego odzienie stało się lśniąco białe tak, jak żaden far-
biarz na ziemi wybielić nie zdoła.

⁴ I ukazał się im Eliasz z Mojżeszem, którzy rozmawiali
z Jezusem.

⁵ Wtedy Piotr powiedział do Jezusa: Rabbi, dobrze nam tu
być; postawmy trzy namioty — jeden dla Ciebie, jeden
dla Mojżesza i jeden dla Eliasza.

⁶ Nie wiedział bowiem, co powiedzieć, ponieważ byli
przerażeni.

⁷ Pojawił się obłok, otoczył ich, a z obłoku rozległ się głos:
Ten jest mój Syn umiłowany, Jego słuchajcie!

⁸ Zaraz potem rozejrzeli się, ale nikogo już nie widzieli
obok siebie, tylko samego Jezusa.

⁹ A gdy schodzili z góry, nakazał im, aby nikomu nie
rozgłaszali o tym, co zobaczyli, zanim Syn Człowieczy nie
powstanie z martwych.

¹⁰ Zachowali to polecenie, dyskutowali tylko między sobą, co znaczy powstać z martwych.

¹¹ I pytali Go: Czemu nauczyciele Prawa twierdzą, że najpierw musi przyjść Eliasz?

¹² Odpowiedział im: Owszem, Eliasz przyjdzie najpierw i wszystko odnowi. Dlaczego jednak o Synu Człowieczym jest napisane, że wiele wycierpi i będzie wzgardzony?

¹³ Lecz mówię wam: Eliasz już przyszedł i postąpili z nim, jak tylko chcieli, zgodnie z tym, co o nim napisano.

Uzdrowienie epileptyka — moc wiary

¹⁴ Gdy przyszli do uczniów, zobaczyli wielki tłum wokół nich i nauczycieli Prawa, którzy rozprawiali z nimi.

¹⁵ Kiedy zobaczyli Jezusa, poruszenie ogarnęło wszystkich i biegnąc do Niego pozdrawiali Go.

¹⁶ On ich zapytał: O czym rozprawiacie z nimi?

¹⁷ Odpowiedział jeden z tłumu: Nauczycielu, przyprowadziłem do Ciebie mojego syna, któremu duch odjął mowę.

¹⁸ Ten, gdziekolwiek go pochwyci, rzuca nim, a on wtedy pieni się, zgrzyta zębami i drętwieje. Powiedziałem Twoim uczniom, żeby wyrzucili tego ducha, ale nie potrafili.

¹⁹ On zaś powiedział do nich: O, rodzie niewierny! Jak długo jeszcze mam być z wami? Jak długo mam was jeszcze znosić? Przyprowadźcie go do Mnie!

²⁰ I przyprowadzili go do Niego. Gdy duch zobaczył Jezusa, zaraz zaczął szarpać chłopcem, tak że upadł na ziemię i tarzał się, a z ust wychodziła mu piana.

²¹ Jezus zapytał ojca: Od kiedy to się zdarza? Odpowiedział: Od dzieciństwa.

²² I często wrzucał go nawet do ognia i do wody, aby go zgładzić. Lecz jeśli masz moc, zlituj się nad nami i pomóż nam!

²³ Jezus mu odpowiedział: Mówisz — Jeśli masz moc? Wszystko jest możliwe dla wierzącego.

²⁴ Wtedy ojciec chłopca natychmiast zawołał: Wierzę, ratuj mnie w mojej niewierze!

²⁵ A Jezus widząc, że tłum się zbiega, rozkazał duchowi nieczystemu: Duchu niemy i głuchy, Ja ci rozkazuję, wyjdź z niego i więcej nie powracaj!

²⁶ A on krzyknął i po licznych wstrząsach wyszedł z niego. Chłopiec leżał jak martwy, tak że wielu mówiło: Nie żyje!

²⁷ Wtedy Jezus wziął go za rękę i podniósł, a on wstał.

²⁸ Gdy Jezus przyszedł do domu, uczniowie pytali Go na osobności: Dlaczego my nie mogliśmy go wypędzić?

²⁹ Odpowiedział im: Tego rodzaju nie można wypędzić żadną inną mocą, jak tylko przez modlitwę.

Druga zapowiedź męki, śmierci i zmartwychwstania

³⁰ A gdy wyszli stamtąd, chodzili po Galilei. Jezus nie chciał jednak, aby o tym wiedziano.

³¹ Pouczał bowiem swoich uczniów i mówił do nich: Syn Człowieczy zostanie wydany w ręce ludzi i zabiją go, lecz zabity za trzy dni zmartwychwstanie.

³² Oni zaś nie rozumieli tego, co mówił, lecz bali się Go zapytać.

Spór o pierwszeństwo

³³ Przyszli do Kafarnaum, a gdy był w domu, zapytał ich: O czym to rozprawialiście w drodze?

³⁴ Oni zaś milczeli. W drodze bowiem posprzeczali się o to, kto z nich jest najważniejszy.

³⁵ Gdy Jezus usiadł, przywołał Dwunastu i powiedział im: Jeśli ktoś chce być pierwszy, niech będzie ze wszystkich ostatni i sługą wszystkich. ³⁶ Potem wziął dziecko, postawił je na środku, przytulił do siebie i powiedział do nich: ³⁷ Kto by przyjął jedno z takich dzieci w moim imieniu, ten Mnie przyjmuje, a kto by Mnie przyjął, nie przyjmuje Mnie, lecz Tego, który Mnie posłał. ³⁸ Powiedział do Niego Jan: Nauczycielu, widzieliśmy kogoś, kto w Twoim imieniu wypędzał demony i zabranialiśmy mu, bo nie chodził z nami. ³⁹ Na to powiedział Jezus: Nie zabraniajcie mu, nikt bowiem nie będzie działał z mocą w moim imieniu i natychmiast mi złorzeczył. ⁴⁰ Kto bowiem nie jest przeciwko nam, ten jest z nami. ⁴¹ Zapewniam was: Kto poda wam kubek wody dlatego, że należycie do Chrystusa, tego nie minie zapłata.

Ostrzeżenie przed złem

⁴² Kto by doprowadził do złego jednego z tych najmniejszych, którzy wierzą we Mnie, temu byłoby lepiej zawiesić u szyi wielki kamień i wrzucić go w morze. ⁴³ Jeśli przyczyną zła jest twoja ręka, odetnij ją! Lepiej, abyś zyskał życie będąc ułomnym, niż mając obie ręce poszedł do Gehenny, w ogień nieugaszony, [⁴⁴*tam gdzie robactwo żeruje i ogień nie gaśnie.*] ⁴⁵ I jeśli twoja stopa prowadzi ciebie do zgorszenia, odetnij ją; lepiej jest, abyś zyskał życie będąc kulawym, niż abyś z dwiema stopami był wrzucony do Gehenny, [⁴⁶*tam gdzie robactwo żeruje i ogień nie gaśnie.*]

⁴⁷ A jeśli przyczyną zła jest twoje oko, wyłup je! Lepiej jest dla ciebie, abyś z jednym okiem wszedł do Królestwa Boga, niż mając dwoje oczu został wrzucony do Gehenny,
⁴⁸ *gdzie męka ich nie ma końca i ogień nie gaśnie.*
⁴⁹ Ogień bowiem jak sól oczyści każdego.
⁵⁰ Sól jest dobra, lecz jeśli sól przestanie być słona, czym ją wówczas przyprawić? Miejcie sól w sobie i zachowujcie pokój między sobą.

Małżeństwo i rozwód

10 Wybrał się stamtąd i przyszedł na pogranicze Judei, po drugiej stronie Jordanu. Znowu tłumy przybyły do Niego i jak zwykle znowu je nauczał.
² Podeszli do Niego faryzeusze i podstępnie Go pytali: Czy wolno mężowi rozwieść się z żoną?
³ On wtedy zapytał: A Mojżesz co wam przykazał?
⁴ Odpowiedzieli: Mojżesz pozwolił napisać dokument rozwodowy i rozwieść się.
⁵ Wówczas Jezus powiedział: Dał wam to przyzwolenie ze względu na twardość waszych serc.
⁶ Lecz przecież od początku stworzenia *uczynił ich jako mężczyznę i kobietę:*
⁷ *dlatego pozostawi człowiek swoich rodziców, a połączy się ze swoją żoną,*
⁸ *i będą oboje jednym*, a odtąd już nie są dwoje, ale jedno ciało.
⁹ Co więc Bóg złączył, tego człowiek niech nie rozdziela!
¹⁰ W domu uczniowie ponownie pytali Go w tej sprawie.
¹¹ Powiedział im: Kto rozwiedzie się ze swoją żoną, a poślubi inną, cudzołoży wobec niej.

¹² Tak samo i ona, jeśli odejdzie od swojego męża i poślubi innego, cudzołoży.

Jezus i dzieci

¹³ I przynosili do Niego dzieci, żeby ich dotknął; lecz uczniowie nie pozwalali na to.
¹⁴ A gdy Jezus to zobaczył, oburzył się i powiedział do nich: Pozwólcie dzieciom przychodzić do Mnie, nie zabraniajcie im, bo do takich jak one należy Królestwo Boga.
¹⁵ Zapewniam was: Kto nie przyjmie Królestwa Boga tak jak dziecko, ten nie wejdzie do niego.
¹⁶ I tuląc je do siebie, kładł na nie ręce i błogosławił.

Bogaty młodzieniec

¹⁷ Gdy wybierał się w drogę, podbiegł do Niego ktoś, upadł na kolana i pytał: Nauczycielu dobry, co mam robić, aby otrzymać życie wieczne?
¹⁸ Jezus mu odpowiedział: Dlaczego masz Mnie za dobrego? Nikt nie jest dobry, jak tylko jeden Bóg.
¹⁹ Znasz przykazania: *Nie zabijaj, nie łam wierności małżeńskiej, nie kradnij, nie zeznawaj fałszywie, nie oszukuj, czcij swego ojca i matkę.*
²⁰ On odpowiedział Jezusowi: Nauczycielu, tego wszystkiego przestrzegałem od swojej młodości.
²¹ Wtedy Jezus popatrzył na niego, umiłował go i powiedział: Jednego ci nie dostaje. Odejdź stąd, sprzedaj wszystko, co posiadasz, rozdaj ubogim, a będziesz miał skarb w niebie. Potem przyjdź i chodź za Mną!
²² Lecz on na te słowa zmartwił się i odszedł przygnębiony, miał bowiem duże posiadłości.

²³ Wtedy Jezus rozejrzał się dookoła i powiedział do swoich uczniów: Jak trudno posiadającym bogactwa dostać się do Królestwa Boga.

²⁴ Uczniowie zdumieli się na Jego słowa, lecz Jezus po raz drugi powiedział im: Dzieci, jakże trudno jest dostać się do Królestwa Boga.

²⁵ Prędzej wielbłąd przejdzie przez ucho igły, niż bogaty dostanie się do Królestwa Boga.

²⁶ A oni tym bardziej się dziwili i mówili między sobą: Kto zatem może być zbawiony?

²⁷ Jezus spojrzał na nich i powiedział: U ludzi to niemożliwe, ale nie u Boga; u Boga wszystko jest możliwe.

²⁸ Wtedy Piotr odezwał się do Niego: Oto my pozostawiliśmy wszystko i poszliśmy za Tobą.

²⁹ Jezus odpowiedział: Zapewniam was, kto dla Mnie i dla Dobrej Nowiny opuści teraz dom, rodzeństwo, rodziców, dzieci i pola,

³⁰ otrzyma już teraz, w doczesności, sto razy tyle domów, braci, sióstr, ojców i matek, dzieci i pól, chociaż wśród prześladowań, a w czasie przyszłym życie wieczne.

³¹ Wtedy wielu pierwszych będzie ostatnimi, a ostatnich pierwszymi.

Trzecia zapowiedź męki, śmierci i zmartwychwstania

³² Byli w drodze. Szli do Jerozolimy, zaś Jezus szedł przed nimi, a ci, którzy szli za Nim dziwili się i lęk ich ogarniał. Wtedy ponownie wziął ze sobą Dwunastu i zaczął im mówić o tym, co miało Go spotkać:

³³ Oto wstępujemy do Jerozolimy. Tam Syn Człowieczy zostanie wydany arcykapłanom i nauczycielom Prawa; skażą Go na śmierć i wydadzą poganom.

³⁴ Będą drwić z Niego, oplują Go, ubiczują i zabiją, ale On po trzech dniach powstanie z martwych.

Synowie Zebedeusza

³⁵ Jakub i Jan, synowie Zebedeusza, podeszli do Niego i powiedzieli: Nauczycielu, pragniemy, żebyś dla nas zrobił to, o co Cię prosimy.

³⁶ On zapytał: Co takiego miałbym dla was zrobić?

³⁷ Oni odpowiedzieli: Spraw, abyśmy zasiedli w Twojej chwale, jeden po prawej, a drugi po lewej stronie.

³⁸ Jezus im odparł: Nie wiecie, o co zabiegacie. Czy macie dość siły, żeby pić z kielicha, z którego Ja piję, albo przyjąć chrzest, którym Ja jestem chrzczony?

³⁹ Odpowiedzieli Mu: Mamy. Na to Jezus im odrzekł: Wprawdzie z kielicha, z którego Ja piję, wy pić będziecie i chrzest, który Ja przyjmuję i wy przyjmiecie,

⁴⁰ jednak nie moja to rzecz posadzić was po prawej lub przydzielić miejsce po mojej lewej stronie, ale otrzymają je ci, dla których zostały przygotowane.

⁴¹ Gdy dziesięciu to usłyszało, zaczęli się oburzać na Jakuba i Jana.

⁴² Wtedy Jezus przywołał ich do siebie i powiedział: Wiecie, że władcy narodów panują nad nimi, a przywódcy dają odczuć im władzę.

⁴³ Pomiędzy wami tak być nie może. Kto z was chce być wielkim, niech będzie waszym sługą,

⁴⁴ a kto chciałby być pierwszy pomiędzy wami, niech będzie niewolnikiem wszystkich.

⁴⁵ Przecież i Syn Człowieczy nie przyszedł, aby Jemu usługiwano, lecz aby służyć i oddać swoje życie jako okup za wielu.

⁴⁶ I tak przyszli do Jerycha.

Uzdrowienie Bartymeusza

Kiedy razem z uczniami i sporą grupą ludzi wychodził z Jerycha, niewidomy Bartymeusz, syn Tymeusza, siedział przy drodze i żebrał.

⁴⁷ Gdy usłyszał, że to jest Jezus z Nazaretu, zaczął wykrzykiwać: Synu Dawida! Jezusie! Zlituj się nade mną!

⁴⁸ Wielu strofowało go, aby zamilkł; lecz on jeszcze głośniej krzyczał: Synu Dawida! Zlituj się nade mną!

⁴⁹ Jezus przystanął i polecił: Zawołajcie go. Wołają więc niewidomego i mówią mu: Zaufaj! Wstawaj! Woła cię.

⁵⁰ On zrzucił swój płaszcz, zerwał się ze swego miejsca i przyszedł do Jezusa.

⁵¹ A Jezus przemówił do niego: Co chcesz, abym zrobił dla ciebie? Niewidomy odpowiedział: Rabbuni, żebym znowu widział.

⁵² Jezus powiedział do niego: Idź, twoja wiara cię uratowała. Natychmiast odzyskał wzrok i poszedł za Nim w drogę.

Wjazd do Jerozolimy

11 A kiedy zbliżali się do Jerozolimy, przez górę Oliwną, od strony Betfage i Betanii, posłał dwóch swoich uczniów

² z poleceniem: Idźcie do wsi, która jest przed wami. Tuż przy wejściu do niej znajdziecie uwiązanego osiołka, którego dotąd nikt jeszcze nie dosiadał. Odwiążcie go i przyprowadźcie.

³ A gdyby was ktoś pytał: Co robicie? odpowiedzcie: Pan go potrzebuje, ale zaraz go odeśle.

⁴ Poszli więc i znaleźli osiołka uwiązanego przy wyjściu na zewnątrz, od drogi. I odwiązali go.

⁵ Niektórzy z obecnych tam pytali ich: Co robicie? Czemu odwiązujecie osiołka?

⁶ Oni odpowiedzieli tak, jak Jezus im polecił i zostawiono ich w spokoju.

⁷ Przyprowadzili osiołka do Jezusa, położyli na niego swoje okrycia, a Jezus dosiadł go.

⁸ Jedni rozkładali swoje okrycia na drodze, drudzy gałązki ścięte na polach.

⁹ Ci, którzy szli przed Nim i za Nim wykrzykiwali: *Hosanna! Błogosławiony, który przychodzi w imieniu Pana!*

¹⁰ Błogosławione Królestwo Ojca naszego Dawida, które nadchodzi! Hosanna na wysokościach!

¹¹ Tak wszedł do Jerozolimy i do świątyni. A gdy wszystko obejrzał, wyszedł wraz z Dwunastoma do Betanii, bo był już późny wieczór.

Nieurodzajny figowiec

¹² Na drugi dzień, gdy wyszli z Betanii, poczuł głód.

¹³ Z daleka dostrzegł figowiec pokryty liśćmi, podszedł z zamiarem znalezienia czegoś na nim i gdy zbliżył się do niego, nic nie znalazł, tylko same liście. A czy nie był to czas na figi?

¹⁴ Odezwał się do drzewa: Niech już nigdy, na wieki, nikt nie je twego owocu. Słyszeli to Jego uczniowie.

Wypędzenie handlarzy
ze świątyni

¹⁵ I przyszli do Jerozolimy. Wszedł do świątyni i zaczął wyrzucać sprzedawców i kupujących ze świątyni. Powywracał stoły tych, którzy wymieniali pieniądze, oraz ławy sprzedawców gołębi.

16 Nie pozwolił, aby ktokolwiek przenosił jakiś sprzęt przez świątynię.

17 I nauczał: Czy nie jest napisane, *że mój dom będzie nazwany domem modlitwy dla wszystkich narodów*, a wy zamieniliście go w spelunkę łotrów.

18 Arcykapłani i nauczyciele Prawa usłyszeli o tym i szukali sposobu, jak Go zgładzić, ale lękali się Go, gdyż cały lud zachwycał się Jego nauką.

19 A gdy wieczór zapadł, wychodzili poza miasto.

Moc wiary

20 Rano, gdy przechodzili, zobaczyli figowiec doszczętnie uschnięty.

21 Piotr przypomniał: Rabbi, figowiec, który przekcąłeś, usechł.

22 Jezus im odpowiedział: Miejcie wiarę w Boga.

23 Zapewniam was, że kto powie tej górze: Podnieś się i rzuć w morze, a zarazem nie zwątpi w sercu swoim, lecz będzie wierzył, że stanie się to, co mówi, to tak będzie.

24 Dlatego powiadam wam: Wierzcie, że otrzymacie wszystko, o co się modlicie i prosicie, a stanie się wam.

25 A gdy stoicie i modlicie się, przebaczajcie, jeśli macie coś przeciwko komuś, aby także Ojciec wasz, który jest w niebie, wybaczył wam wasze występki.

[26 A jeśli wy nie przebaczycie, także Ojciec wasz, który jest w niebie, nie wybaczy waszych występków.]

Prawo do nauczania

27 Znowu przyszli do Jerozolimy. A gdy przechadzał się w świątyni, podeszli do Niego arcykapłani, nauczyciele Prawa i starsi ludu

²⁸ z pytaniem: Jaką mocą to czynisz? Kto Ci dał taką władzę, aby to czynić?

²⁹ Jezus im odpowiedział: Ja także zadam wam jedno pytanie; odpowiedzcie Mi na nie, a powiem, jaką mocą to czynię:

³⁰ Chrzest Jana pochodził z nieba czy od ludzi? — odpowiedzcie Mi.

³¹ Oni rozważali to między sobą: Jeśli powiemy, że z nieba, to zapyta: Dlaczego więc nie uwierzyliście jemu?

³² A jeśli powiemy, że od ludzi? — Bali się tłumu, ponieważ wszyscy byli przekonani, że Jan rzeczywiście był prorokiem.

³³ Odpowiedzieli więc Jezusowi: Nie wiemy. A Jezus powiedział: To i Ja wam nie powiem, jaką mocą to czynię.

Przypowieść o dzierżawcach winnicy

12 I zaczął mówić w przypowieściach: Pewien człowiek założył winnicę, otoczył ją ogrodzeniem, wykuł dół pod kadź i zbudował wieżę, potem wydzierżawił ją rolnikom i odjechał.

² Gdy nadszedł czas, posłał do rolników sługę, aby odebrał od nich część owoców winnicy.

³ Oni schwytali go, pobili i odprawili z niczym.

⁴ Znów posłał do nich kolejnego sługę; również tego zranili w głowę i sponiewierali.

⁵ Wtedy posłał jeszcze innego, a tego zabili. Następnie wielu innych — jednych pobili, a drugich pozabijali.

⁶ Miał jeszcze jednego, umiłowanego syna, posłał go do nich jako ostatniego. Myślał sobie: Mojego syna uszanują.

⁷ Ale rolnicy postanowili między sobą: Ten jest dziedzicem. Chodźmy, zabijmy go, a dziedzictwo będzie nasze.

⁸ Złapali go, zamordowali i wywlekli poza winnicę.

⁹ Co uczyni pan winnicy? Przyjdzie i zabije rolników, a winnicę odda innym.

¹⁰ Czy nie czytaliście słów Pisma: *Kamień, który odrzucili budujący, stał się kamieniem węgielnym*.

¹¹ *Pan to sprawił i to budzi podziw w naszych oczach*.

¹² Zastanawiali się, jak Go schwytać, lecz bali się ludu. Zrozumieli bowiem, że przeciwko nim powiedział tę przypowieść. Odwrócili się od Niego i odeszli.

Płacenie podatków

¹³ Wysłali do Niego niektórych faryzeuszy i stronników Heroda, aby Go pochwycić w mowie.

¹⁴ Oni przyszli i powiedzieli: Nauczycielu, wiemy, że jesteś wierny prawdzie, nie dbasz o niczyje względy, nie zwracasz uwagi na wygląd ludzi i zgodnie z prawdą nauczasz drogi Bożej. Czy wolno oddawać podatek cesarzowi, czy nie? Płacić, czy nie płacić?

¹⁵ Lecz On przejrzał ich obłudę i odpowiedział im: Dlaczego Mnie kusicie? Przynieście Mi denar, abym mu się przyjrzał.

¹⁶ Oni przynieśli, a wtedy zapytał ich: Czyją jest ta podobizna i ten napis? Mówią Mu: Cesarza.

¹⁷ Wtedy Jezus odpowiedział: Cesarskie — oddajcie cesarzowi, a Boskie — Bogu. I podziwiali Go.

O zmartwychwstaniu

¹⁸ Przyszli do Niego saduceusze, którzy utrzymują, że nie ma zmartwychwstania i zadali Mu pytanie:

¹⁹ Nauczycielu, Mojżesz nakazał nam, że jeśli umrze czyjś brat i pozostawi żonę, a nie pozostawi dziecka, wtedy je-

go brat powinien wziąć ją za żonę, aby wzbudzić potomstwo swemu bratu.

20 Otóż było siedmiu braci; pierwszy ożenił się i umarł bez potomstwa.

21 Potem pojął ją drugi, lecz także umarł bezdzietnie, tak samo trzeci.

22 I tak siedmiu nie zostawiło potomstwa. Na koniec po wszystkich zmarła i kobieta.

23 Którego z nich będzie żoną, gdy zmartwychwstaną? Siedmiu przecież miało ją za żonę.

24 Jezus odpowiedział: Czyż nie dlatego błądzicie, że nie znacie Pism ani mocy Boga?

25 Po zmartwychwstaniu nikt nie będzie się żenił ani wychodził za mąż, lecz będą jak aniołowie w niebie.

26 Co zaś dotyczy umarłych, że zmartwychwstaną, czy nie czytaliście w opowiadaniu o krzewie z księgi Mojżesza, jak Bóg oznajmił: *Ja jestem Bogiem Abrahama, Bogiem Izaaka i Bogiem Jakuba*.

27 Bóg nie jest Bogiem martwych, lecz żywych. Popełniacie poważny błąd.

Najważniejsze przykazanie

28 Podszedł jeden z nauczycieli Prawa, który przysłuchiwał się, jak Go wypytywali i gdy widział, że trafnie im odpowiadał, zapytał: Które ze wszystkich przykazań jest pierwsze?

29 Jezus odpowiedział: Pierwsze jest: *Słuchaj Izraelu! Pan, Bóg nasz to Pan jedyny*.

30 *Będziesz miłował Pana Boga swego z całego swego serca, z całej swojej duszy, całą swoją myślą i z całą swoją siłą*.

31 A drugie: *Będziesz miłował bliźniego swego jak siebie samego*. Innego przykazania, większego od tych nie ma.

³² Powiedział Mu uczony w Prawie: Dobrze, Nauczycielu, zgodnie z prawdą powiedziałeś. *Jeden jest i nie ma innego poza Nim!*

³³ Miłować Go z całego serca, całą swoją myślą i całą swoją siłą i miłować bliźniego jak siebie samego — znaczy dużo więcej niż wszystkie całopalenia i ofiary.

³⁴ Gdy Jezus usłyszał tę mądrą odpowiedź, zwrócił się do niego: Nie jesteś daleko od Królestwa Boga. I nikt nie miał odwagi więcej Go pytać.

Mesjasz a Dawid

³⁵ Nauczając w świątyni Jezus zapytał: Jak mogą nauczyciele Prawa twierdzić, że Mesjasz jest synem Dawida?

³⁶ Sam Dawid dzięki Duchowi Świętemu powiedział: *Rzekł Pan do mego Pana: Usiądź po mojej prawicy, dopóki twoich wrogów nie położę ci pod stopy.*

³⁷ Skoro sam Dawid nazywa Go Panem, to jak może być jego synem? A wielki tłum chętnie Go słuchał.

Ostrzeżenie przed nauczycielami Prawa

³⁸ Głosił im swoją naukę: Wystrzegajcie się nauczycieli Prawa. Lubią przechadzać się w odświętnych szatach, oczekują pozdrowień na placach,

³⁹ zajmują pierwsze krzesła w synagogach i honorowe miejsca na ucztach.

⁴⁰ Wyzyskują domy wdów, a dla pozoru przeciągają modlitwy. Tacy otrzymają szczególnie surowy wyrok.

Wdowi grosz

⁴¹ Potem usiadł naprzeciw skarbony i przyglądał się, jak lud wrzucał do niej pieniądze. Wielu bogaczy wrzucało wiele.

⁴² Przyszła też pewna uboga wdowa, która wrzuciła dwie drobne monety, czyli grosz.

⁴³ Wtedy zawołał uczniów i powiedział im: Zapewniam was, ta uboga wdowa włożyła więcej niż wszyscy, którzy wrzucali do skarbony.

⁴⁴ Wszyscy bowiem wrzucali z tego, co mieli w nadmiarze, natomiast ona ofiarowała ze swego niedostatku wszystko, co miała, co było na życie.

Mowa eschatologiczna

13 Gdy Jezus wychodził ze świątyni, jeden z Jego uczniów powiedział do Niego: Nauczycielu, popatrz, co za kamienie i jakie budowle!

² A Jezus powiedział: Podziwiasz te ogromne budowle? Nie zostanie tu kamień na kamieniu, który by nie był zwalony.

³ Gdy siedział na Górze Oliwnej naprzeciw świątyni, wtedy Piotr, Jakub, Jan i Andrzej, pytali Go na osobności:

⁴ Powiedz nam, kiedy to nastąpi i co będzie znakiem, że to wszystko się spełni?

⁵ Wtedy Jezus zaczął im mówić: Uważajcie, nie dajcie się nikomu oszukać.

⁶ Wielu bowiem przyjdzie, podszywając się pod moje imię i mówiąc: Ja jestem. I wielu w błąd wprowadzą.

⁷ Gdy będziecie słyszeć o wojnach i odgłosy bitew, nie dajcie się zastraszyć! Musi to się stać, ale to jeszcze nie koniec.

⁸ Powstanie bowiem naród przeciw narodowi i królestwo przeciw królestwu. Zapanuje głód, a miejscami wystąpią trzęsienia ziemi. To początek boleści.

⁹ Wy zaś uważajcie na siebie! Będą was wydawać sądom i w synagogach będziecie chłostani. Z mojego powodu

staniecie przed namiestnikami i królami, by złożyć wobec nich świadectwo.

¹⁰ Ale najpierw ta Dobra Nowina musi być głoszona wszystkim narodom.

¹¹ A kiedy będą was prowadzić do sądu, aby was wydać, nie martwcie się, co macie powiedzieć. Mówcie to, co wam w tej godzinie będzie dane. Nie wy bowiem będziecie mówić, lecz Duch Święty.

¹² Brat wyda brata na śmierć, a ojciec dziecko; dzieci zwrócą się przeciwko rodzicom i spowodują ich śmierć.

¹³ Będziecie znienawidzeni przez wszystkich ze względu na moje imię. Kto jednak wytrwa do końca, będzie zbawiony.

¹⁴ A kiedy ujrzycie *odrażające świętokradztwo*, ustawione w miejscu, gdzie się nie godzi — kto czyta, niech wie, o co chodzi — wtedy mieszkańcy Judei niech uciekają w góry.

¹⁵ Kto będzie na tarasie dachu, niech nie schodzi, by wejść i zabrać coś z domu,

¹⁶ a kto będzie na polu, niech nie wraca, żeby wziąć swój płaszcz.

¹⁷ W tych dniach najtrudniej będzie kobietom ciężarnym i karmiącym.

¹⁸ Módlcie się, aby to nie nastąpiło w zimie.

¹⁹ Będą to bowiem dni takiego ucisku, jakiego nie było aż dotąd od początku stworzenia, którego dokonał Bóg, i nigdy nie będzie.

²⁰ Gdyby Pan nie skrócił tych dni, nikt by nie ocalał, ale skrócił te dni ze względu na swoich wybranych.

²¹ Jeśli ktoś wam wtedy powie: Mesjasz jest tutaj! albo: Jest tam! — nie wierzcie.

²² Pojawią się bowiem fałszywi mesjasze i fałszywi prorocy, będą dokonywać znaków i cudów, by — o ile to możliwe — wprowadzić w błąd nawet wybranych.

²³ Wy zaś uważajcie, wszystko wam przepowiedziałem.

²⁴ W dniach po tym ucisku
słońce się zaćmi
i księżyc straci swój blask,
²⁵ *gwiazdy będą spadać z nieba,*
a moce niebios zostaną poruszone.

²⁶ Wtedy ujrzą Syna Człowieczego przychodzącego na obłokach, z wielką mocą i chwałą.

²⁷ Pośle aniołów i zgromadzi wybranych z czterech stron świata aż po kraniec nieba.

Wezwanie do czujności

²⁸ Przez porównanie z figowcem nauczcie się tego: Kiedy jego gałęzie pęcznieją i wypuszczają listki, poznajecie, że zbliża się lato.

²⁹ Tak samo i wy, gdy zobaczycie, że to się dzieje, wiedzcie, że jest blisko, już we drzwiach.

³⁰ Zapewniam was, nie przeminie to pokolenie, aż to wszystko się stanie.

³¹ Niebo i ziemia przeminą, ale moje słowa nie przeminą.

³² Nikt jednak nie wie kiedy nadejdzie ten dzień i godzina, nawet aniołowie w niebie, ani Syn, tylko Ojciec.

³³ Uważajcie, bądźcie czujni, bo nie wiecie, kiedy ten czas nadejdzie.

³⁴ Może bowiem stać się tak, jak z człowiekiem, który zostawił swój dom, dał pełnomocnictwo swoim sługom, wyznaczył każdemu zadanie, a strażnikowi nakazał, żeby czuwał.

³⁵ Czuwajcie więc, bo nie wiecie, kiedy pan domu przy
jdzie: czy o zmierzchu, czy w środku nocy, o świtaniu, czy
o poranku,
³⁶ aby gdy niespodziewanie powróci, nie zastał was śpiących.
³⁷ To, co wam mówię, mówię wszystkim: czuwajcie.

Zmowa przeciwko Jezusowi

14 Dwa dni przed Paschą i Świętem Niekwaszonych
Chlebów arcykapłani i nauczyciele Prawa szukali
okazji, jak podstępnie Jezusa schwytać.
² Lecz mówili: Tylko nie w czasie świąt, aby nie doszło do
rozruchów wśród ludu.

Namaszczenie Jezusa w Betanii

³ Jezus był w Betanii, w domu Szymona trędowatego. Gdy
spoczywał przy stole, przyszła kobieta, która miała ala-
bastrowe naczynie z prawdziwym olejkiem nardowym,
bardzo kosztownym. Rozbiła naczynie i wylała olejek na
Jego głowę.
⁴ Niektórzy z obecnych tam oburzali się i mówili między
sobą: Po co to marnowanie olejku?
⁵ Przecież można go było sprzedać za więcej niż trzysta de-
narów i rozdać ubogim. I ganili ją.
⁶ A Jezus powiedział: Zostawcie ją! Czemu wyrządzacie
jej przykrość? Przecież uczyniła dobry uczynek wobec
Mnie.
⁷ Ubogich zawsze macie wśród siebie i kiedy będziecie
chcieli, możecie im wyświadczyć dobro, ale mnie nie zawsze macie.
⁸ To, co miała, wykorzystała zawczasu, namaściła moje ciało
na pogrzebanie.

⁹ Zapewniam was, gdziekolwiek na całym świecie głosić będą tę Ewangelię, będą również mówić o tym, aby upamiętnić to, co uczyniła.

Zdrada Judasza

¹⁰ Judasz z Kariotu, jeden z Dwunastu, poszedł do arcykapłanów, aby Go wydać.

¹¹ Oni, gdy to usłyszeli, ucieszyli się i obiecali dać mu pieniądze. Szukał więc odpowiedniej chwili, aby Go wydać.

Ostatnia Wieczerza

¹² W pierwszy dzień Świąt Niekwaszonych Chlebów, kiedy składano ofiarę Paschy, powiedzieli do Jezusa uczniowie: Dokąd mamy pójść, aby przyrządzić Ci wieczerzę paschalną?

¹³ Posłał dwóch uczniów swoich i powiedział im: Idźcie do miasta. Spotka was człowiek, niosący dzban wody. Pójdźcie za nim!

¹⁴ Tam, gdzie wejdzie, powiedzcie gospodarzowi domu — Nauczyciel pyta: Gdzie jest dla Mnie pomieszczenie, w którym mógłbym spożyć wieczerzę paschalną?

¹⁵ On wskaże wam dużą salę na piętrze, przygotowaną i urządzoną. Tam przyrządzicie dla nas Paschę.

¹⁶ Uczniowie odeszli i przyszli do miasta. Odnaleźli tak, jak powiedział, i przyrządzili Paschę.

¹⁷ Kiedy nastał wieczór, przyszedł z Dwunastoma.

¹⁸ Gdy zajęli miejsca i jedli, Jezus powiedział: Zapewniam was, że jeden spośród was, który ze Mną je, on Mnie wyda.

¹⁹ Zaczęli się smucić i jeden przez drugiego pytali Go: Czy to ja?

²⁰ On odpowiedział: Jeden z Dwunastu, ten, który sięga ze mną do wazy.

²¹ Wprawdzie Syn Człowieczy odchodzi, jak jest o Nim napisane, lecz biada temu człowiekowi, przez którego Syn Człowieczy będzie wydany. Byłoby lepiej dla tego człowieka, gdyby się nie urodził.

²² A gdy jedli, wziął chleb, pobłogosławił go, przełamał i dał im mówiąc: Bierzcie, to jest ciało moje.

²³ Potem wziął kielich, po dziękczynieniu podał im i pili z niego wszyscy.

²⁴ Powiedział im: To jest moja krew przymierza, która się za wielu wylewa.

²⁵ Zapewniam was: Nie będę już pił wina aż do tego dnia, kiedy na nowo będę pił je w Królestwie Boga.

²⁶ Po odśpiewaniu hymnu poszli na Górę Oliwną.

Jezus w Getsemani

²⁷ Jezus powiedział im: Wszyscy załamiecie się, gdyż napisano w Piśmie: *Uderzę pasterza, a owce się rozproszą*.

²⁸ Ale gdy wstanę z martwych, pójdę przed wami do Galilei.

²⁹ Na to odezwał się Piotr: Nawet gdyby wszyscy się załamali, to jednak nie ja.

³⁰ Jezus mu odpowiedział: Zapewniam cię — jeszcze tej nocy, zanim kogut zapieje dwa razy, ty trzy razy Mnie się wyprzesz.

³¹ Ale on tym bardziej zapewniał: Choćby mi przyszło umrzeć z Tobą, nie wyprę się Ciebie. I wszyscy mówili w ten sposób.

³² A kiedy przyszli do ogrodu zwanego Getsemani, powiedział do swoich uczniów: Usiądźcie tu, aż Ja pomodlę się.

³³ Wziął z sobą Piotra, Jakuba i Jana; i zaczął odczuwać wielki niepokój i trwogę.

³⁴ Powiedział im: Smutek napełnia duszę moją aż do śmierci. Zostańcie tu i czuwajcie!

³⁵ Oddalił się jeszcze nieco, upadł na ziemię i prosił, aby jeśli to możliwe, ominęła Go ta godzina.

³⁶ I wołał: Abba — Ojcze, Ty wszystko możesz, zabierz ode Mnie ten kielich! Lecz niech się stanie to, co Ty chcesz, a nie to, co Ja.

³⁷ Gdy wrócił zastał ich śpiących. Powiedział do Piotra: Szymonie, śpisz?! Nawet przez godzinę nie mogłeś czuwać?

³⁸ Czuwajcie i módlcie się, abyście nie upadli w czasie próby; duch wprawdzie jest pełen zapału, ale ciało słabe.

³⁹ Znów odszedł i modlił się tymi samymi słowami.

⁴⁰ Potem przyszedł do uczniów i znowu zastał ich śpiących, gdyż oczy im się zamykały i nie wiedzieli, co mają Mu odpowiedzieć.

⁴¹ Gdy przyszedł po raz trzeci, powiedział im: Wciąż śpicie i odpoczywacie? Dosyć tego! Nadeszła godzina, oto Syn Człowieczy zostanie wydany w ręce grzeszników.

⁴² Wstańcie, idziemy! Oto zbliża się ten, który Mnie zdradzi.

⁴³ I zaraz, gdy On jeszcze to mówił, zbliżył się Judasz, jeden z Dwunastu, a z nim zgraja z mieczami i kijami od arcykapłanów, nauczycieli Prawa i starszyzny.

⁴⁴ A zdrajca ustalił z nimi taki znak: Ten, którego pocałuję, to będzie On; Jego schwytajcie i prowadźcie ostrożnie!

⁴⁵ Kiedy tylko przyszedł, zbliżył się do Niego i powiedział: Mistrzu mój! I pocałował Go.

⁴⁶ Tamci zaś schwytali Go za ręce i obezwładnili.

⁴⁷ A jeden ze stojących wyciągnął miecz, uderzył sługę arcykapłana i odciął mu ucho.

⁴⁸ A Jezus zwrócił się do nich i powiedział: Przyszliście z mieczami i kijami jak po zbrodniarza, żeby mnie złapać.

⁴⁹ Codziennie przebywałem u was w świątyni i nauczałem, dlaczego wtedy nie schwytaliście Mnie? Musiało się spełnić to, co mówią Pisma.

⁵⁰ Wtedy opuścili Go wszyscy i uciekli.

⁵¹ A jakiś chłopiec szedł za Nim, owinięty tylko w prześcieradło. Chcieli go pochwycić,

⁵² lecz on porzucił prześcieradło i nagi uciekł.

Proces przed Sanhedrynem

⁵³ Zaprowadzili Jezusa do arcykapłana, gdzie zgromadzili się wszyscy arcykapłani, przełożeni ludu i nauczyciele Prawa.

⁵⁴ A Piotr w pewnej odległości szedł za Nim, aż na dziedziniec pałacu arcykapłana; tam usiadł ze służbą i ogrzewał się przy ogniu.

⁵⁵ Tymczasem arcykapłani i cały Sanhedryn szukali dowodu przeciwko Jezusowi, aby Go skazać na śmierć, ale nie znaleźli.

⁵⁶ Wielu składało fałszywe zeznania przeciwko Niemu, lecz nie były one zgodne ze sobą.

⁵⁷ A jeszcze inni wystąpili i złożyli przeciwko Niemu fałszywe zeznanie. Mówili:

⁵⁸ Słyszeliśmy, jak mówił: Tę świątynię wzniesioną ludzkimi rękami Ja zburzę w ciągu trzech dni, a wzniosę nową, nie uczynioną ręką ludzką.

⁵⁹ Lecz także to zeznanie nie było zgodne.

⁶⁰ Wtedy arcykapłan wyszedł na środek i zapytał Jezusa: Nie zaprzeczasz temu, co oni zeznają przeciwko Tobie?

⁶¹ On zaś milczał i nic nie odpowiedział. Arcykapłan zapytał Go ponownie: Czy Ty jesteś Mesjaszem, synem Błogosławionego?

⁶² Jezus odpowiedział: Ja jestem! Ujrzycie Syna Człowieczego siedzącego po prawicy Wszechmocnego i przychodzącego na obłokach niebiańskich!

⁶³ Wtedy arcykapłan rozerwał swoje suknie i powiedział: Czy potrzeba nam jeszcze więcej świadków?

⁶⁴ Słyszeliście bluźnierstwo! Jakie jest wasze zdanie? Oni wszyscy orzekli, że zasługuje na śmierć.

⁶⁵ Wówczas niektórzy z nich zaczęli pluć na Niego, zasłaniali Mu twarz i policzkowali Go. Mówili do Niego: Prorokuj! Także służba biła Go pięściami po twarzy.

Załamanie się Piotra

⁶⁶ Piotr był na dziedzińcu, na dole. Przyszła jedna ze służących arcykapłana,

⁶⁷ zobaczyła Piotra, że ogrzewa się, popatrzyła na niego i powiedziała: I ty byłeś z Jezusem Nazarejczykiem!

⁶⁸ Lecz on wyparł się i powiedział: Nie wiem ani nie rozumiem, co mówisz. I wyszedł na zewnątrz na dziedziniec. A kogut zapiał.

⁶⁹ Służąca zobaczyła go i zaczęła znowu mówić do tych, którzy stali wokoło: On także jest jednym z nich.

⁷⁰ On zaś ponownie się wyparł. Za chwilę ci, co tam stali, powtórzyli Piotrowi: Z pewnością i ty jesteś jednym z nich.

⁷¹ On zaś zaczął zaklinać się i przysięgać: Nie znam tego człowieka, o którym mówicie.

⁷² I w tej chwili kogut zapiał po raz drugi. Wówczas Piotrowi przypomniały się słowa, które powiedział mu Jezus: Zanim kogut dwa razy zapieje, ty trzy razy wyprzesz się Mnie. Zakrył twarz i rozpłakał się.

Jezus przed Piłatem

15 Wczesnym rankiem arcykapłani zebrali się na naradę razem z przełożonymi ludu, nauczycielami Prawa i całym Sanhedrynem. Związanego Jezusa wyprowadzili i wydali Piłatowi.

² Piłat zapytał Go: Czy Ty jesteś Królem Żydów? A On odpowiedział: Ty sam to mówisz.

³ Wtedy arcykapłani oskarżali Go jeszcze gwałtowniej.

⁴ Piłat zapytał Go jeszcze raz: Nic nie odpowiadasz? Zobacz, jak Cię oskarżają.

⁵ Ale Jezus nic już więcej nie powiedział. I zdumiewało to Piłata.

⁶ Z okazji świąt zwalniał im jednego więźnia, tego, o którego prosili.

⁷ A był wtedy uwięziony razem z buntownikami, którzy w czasie rozruchów popełnili morderstwo, przestępca o imieniu Barabasz.

⁸ Tłum podszedł i zaczął domagać się, żeby uczynił im tak, jak to było w zwyczaju.

⁹ Piłat odpowiedział im: Czy chcecie, abym uwolnił wam Króla Żydów?!

¹⁰ Wiedział bowiem, że arcykapłani wydali Go z nienawiści.

¹¹ Ale arcykapłani podburzyli tłum, żeby uwolnił im raczej Barabasza.

¹² Ponownie Piłat ich zapytał: Co więc mam zrobić z Tym, którego nazywacie Królem Żydów?

¹³ Lecz oni krzyczeli: Ukrzyżuj Go!
¹⁴ Piłat odparł: Ale co złego uczynił? Oni zaś jeszcze głośniej krzyczeli: Ukrzyżuj Go!
¹⁵ Wtedy Piłat, by zadowolić tłum, postanowił uwolnić im Barabasza, a Jezusa kazał ubiczować i wydał na ukrzyżowanie.

Męka i ukrzyżowanie Jezusa

¹⁶ Wtedy żołnierze zaprowadzili Go na wewnętrzny dziedziniec, to jest do pretorium, i zwołali cały oddział wojska.
¹⁷ Ustroili Go w purpurę i włożyli Mu na głowę koronę skręconą z cierni.
¹⁸ I zaczęli Go pozdrawiać: Witaj, Królu Żydów!
¹⁹ Uderzali Go trzciną po głowie, pluli na Niego, przyklękali i bili przed Nim pokłony.
²⁰ A gdy Go wydrwili, ściągnęli z Niego purpurę i ubrali Go w Jego własne szaty i wyprowadzili, aby Go ukrzyżować.
²¹ Przechodził tam Szymon z Kyreny, ojciec Aleksandra i Rufusa, który wracał z pola; zmusili go więc, aby poniósł krzyż Jezusa.
²² I przyprowadzili Go na miejsce Golgota, co w tłumaczeniu znaczy: Miejsce Czaszki.
²³ Podali Mu wino zmieszane z mirrą, ale On nie przyjął.
²⁴ Ukrzyżowali Go. Rozdzielili Jego szaty i rzucili los o nie, co komu przypadnie.
²⁵ Była godzina trzecia, kiedy Go ukrzyżowali.
²⁶ Wypisano napis Jego winy: Król Żydów.
²⁷ Ukrzyżowali z Nim dwóch łotrów, jednego z prawej, a drugiego z lewej strony.
[²⁸ Tak wypełniło się Pismo, które mówi: Zaliczony został do łamiących prawo.]

²⁹ Ci, którzy przechodzili tamtędy, bluźnili Mu, potrząsali głowami i mówili: Ej! Ty, który potrafisz zburzyć świątynię i odbudować w ciągu trzech dni,

³⁰ ratuj samego siebie, zejdź z krzyża.

³¹ Podobnie arcykapłani i nauczyciele Prawa wspólnie szydzili mówiąc: Innych ratował, a siebie samego ocalić nie może.

³² Mesjasz, król Izraela, niech zejdzie teraz z krzyża, żebyśmy zobaczyli i uwierzyli. Również ci, którzy byli z Nim współukrzyżowani urągali Mu.

³³ O godzinie szóstej stała się ciemność na całej ziemi, aż do godziny dziewiątej.

³⁴ O godzinie dziewiątej Jezus zawołał silnym głosem: *Eloi, Eloi, lema sabachthani*, co w tłumaczeniu znaczy: Boże mój, Boże mój, czemu mnie opuściłeś?

³⁵ Ci, którzy stali obok, słysząc to powiedzieli: Oto Eliasza przywołuje.

³⁶ Ktoś pobiegł, nasączył gąbkę octem winnym, nabił na trzcinę, podał Mu do picia i powiedział: Zaczekajcie, zobaczymy, czy nadejdzie Eliasz, żeby Go zdjąć.

³⁷ Lecz Jezus zawołał silnym głosem i oddał ducha.

³⁸ A zasłona w świątyni rozdarła się na dwie części, od góry aż do dołu.

³⁹ Centurion zaś, który stał naprzeciw, widząc, że w ten sposób oddał ducha, powiedział: Naprawdę, ten człowiek był Synem Boga.

⁴⁰ Były tam i kobiety, które przyglądały się z oddali, a wśród nich Maria Magdalena, Maria — matka Jakuba Małego i Józefa oraz Salome.

⁴¹ To one, kiedy był w Galilei, towarzyszyły Mu i posługiwały, oraz wiele innych, które wraz z Nim przyszły do Jerozolimy.

Złożenie ciała Jezusa do grobu

⁴² Zapadł wieczór, a ponieważ był dzień Przygotowania przed szabatem,

⁴³ przyszedł Józef z Arymatei, dostojnik Rady, który także oczekiwał na Królestwo Boga. Zdobył się na odwagę, poszedł do Piłata i poprosił o ciało Jezusa.

⁴⁴ Piłat zdziwił się, że już zmarł i zawoławszy centuriona zapytał, czy rzeczywiście już nie żyje.

⁴⁵ A gdy mu to centurion potwierdził, wydał zwłoki Józefowi.

⁴⁶ Ten kupił prześcieradło, zdjął ciało Jezusa, owinął w płótno i złożył w grobowcu wykutym w skale i zatoczył kamień przed wejście do grobowca.

⁴⁷ A Maria Magdalena i Maria Józefa przyglądały się, gdzie Go pochowano.

Zmartwychwstanie Jezusa

16 Kiedy minął szabat, Maria Magdalena, Maria — matka Jakuba — i Salome kupiły wonności, aby pójść Go namaścić.

² Wczesnym rankiem w pierwszy dzień po szabacie przyszły do grobowca, gdy wzeszło słońce.

³ Mówiły między sobą: Kto nam odsunie kamień od wejścia do grobowca?

⁴ Kiedy spojrzały, zobaczyły kamień odsunięty, a był bardzo wielki.

⁵ Weszły do grobowca, ujrzały młodzieńca ubranego w białą szatę, siedzącego po prawej stronie i osłupiały.

⁶ Lecz on powiedział do nich: Nie trwóżcie się! Szukacie ukrzyżowanego Jezusa z Nazaretu? Nie ma Go tu, zmartwychwstał. Oto miejsce, gdzie Go położono.

⁷ Ale ruszajcie i powiedzcie Jego uczniom i Piotrowi, że idzie przed wami do Galilei, tam Go zobaczycie, jak wam powiedział.

⁸ Wyszły i uciekły od grobu; ogarnął je bowiem lęk i zdumienie. Nikomu też nic nie powiedziały, bo rzeczywiście bały się.

Jezus ukazuje się Marii Magdalenie

⁹ Po swoim zmartwychwstaniu Jezus ukazał się wczesnym rankiem w pierwszy dzień po szabacie najpierw Marii Magdalenie, z której przedtem wyrzucił siedem złych duchów.

¹⁰ Ona poszła i oznajmiła to tym, którzy byli z Nim, pogrążonym w smutku i płaczu.

¹¹ Lecz oni słysząc, że żyje i że Go widziała, nie chcieli jej uwierzyć.

Jezus ukazuje się dwóm uczniom

¹² Po tym wszystkim w innej postaci ukazał się na drodze dwom z nich, gdy szli na wieś.

¹³ Ci również powrócili i opowiedzieli o tym pozostałym. Lecz im też nie uwierzyli.

Ukazanie się zmartwychwstałego Jezusa jedenastu uczniom

¹⁴ Na końcu ukazał się samym Jedenastu, gdy byli za stołem, i wypomniał im brak wiary i upór, ponieważ nie uwierzyli tym, którzy widzieli Go zmartwychwstałego.

¹⁵ I powiedział do nich: Idźcie na cały świat i głoście Ewangelię wszelkiemu stworzeniu!

¹⁶ Kto uwierzy i zostanie ochrzczony, będzie zbawiony; a kto nie uwierzy, zostanie potępiony.
¹⁷ Tym, którzy uwierzą, takie znaki towarzyszyć będą: w imię moje złe duchy będą wyrzucać, będą mówić nowymi językami;
¹⁸ węże brać będą i jeśli by coś zatrutego wypili, nie zaszkodzi im. Na chorych będą kłaść ręce i ci odzyskają zdrowie.

Wniebowstąpienie

¹⁹ Po rozmowie z nimi Pan Jezus został wzięty do nieba i zasiadł po prawicy Boga.
²⁰ Oni zaś rozeszli się i wszędzie głosili Dobrą Nowinę, podczas gdy Pan współdziałał z nimi i potwierdzał ich słowa znakami, które im towarzyszyły.